Der Schrei des Kranichs

Ein Grab in Weißrußland

Brigitte Römpp
Heinz Fiedler

Literareon · München

Dieses Buch ist nicht beim Verlag
sondern ausschließlich über den Buchhandel
bei **Books on Demand GmbH**

Umschlagentwurf: Anja Römpp
Fotos: Brigitte Römpp

Die Deutsche Bibliothek – CIP-Einheitsaufnahme

Ein Titeldatensatz für diese Publikation ist
bei Der Deutschen Bibliothek erhältlich

ISBN 3-89675-802-0

© 2000 · Brigitte Römpp

Literareon im Herbert Utz Verlag GmbH · München
Tel. 089-307796-93 · Fax 089-307796-94

Druck und Vertrieb: **Books on Demand GmbH, Hamburg**

Inhalt

Vorwort	Brigitte Römpp	
Fahrt nach Weißrußland 4004km in 72 Stunden (Mai 1995)	Brigitte Römpp	1
Ein Grab in Weißrußland	Brigitte Römpp	7
Auch ein Unglück hat sein Gutes (Herbst 96)		11
Auf Spurensuche (Mai 97)		16
Ein Stückchen Leben	Heinz Fiedler	22
Der 6. Tag	Brigitte Römpp	130
Der Schrei des Kranichs	Brigitte Römpp	134
Zurück in die Zukunft	Brigitte Römpp	138
Literaturhinweise		143

Vorwort

von Brigitte Römpp

Immer wieder. Immer wieder die Vergangenheit hervorholen? Immer wieder Altes aufwärmen? Oder gar das Nest beschmutzen?

Nein! Ich denke: im Gegenteil! Wir zeigen Verantwortung für die Zukunft, wenn wir uns mit Fakten und neuen Erkenntnissen auseinandersetzen. Und wir zeigen „soldatische Tugenden", nämlich Mut und Aufrichtigkeit, die einst einer Generation zum Verhängnis wurden. Wir schaffen die Voraussetzungen für ein friedliches, partnerschaftliches Verhältnis zu unseren Nachbarvölkern, wenn wir endlich ohne wenn und 'aber die anderen haben auch' die Vergangenheit betrachten. Unsere Nachbarn sind so grosszügig mit uns. Aus schlimmen Erfahrungen mit Hitler wie mit Stalin geben sie nicht dem Volk die Schuld, sondern den Führern. Sie öffnen uns die Tür. Wir sollten sie uns nicht durch irgendwelche Dünkel verbauen.

Auf den folgenden Seiten stehen Geschichten aus der Gegenwart, der ganzen Zeit eines Soldatenlebens unter Hitler und zwei Beispiele von Soldaten, die nicht überlebt haben. Immer sind es auch Stellvertreter- geschichten, denn es ist vielen so gegangen. Möge der Leser selbst seinen Standpunkt finden in diesem 'Stückchen Leben'.

Verbrechen - so der Stand der Ethik - sind erst dann gesühnt, wenn dem Opfer die Würde zurückgegeben wurde. Das versucht dieses Buch.

Fahrt nach Weißrußland
(4004 km in 72 Stunden)

Über uns kreisen Störche. Ein Kranich schwingt sich mit einem Schrei auf. Vor uns schnurgerade Straße, breit, gesäumt von Birken, meist doppelreihig.

Die Straße führt von Baranovici nach Sluck. Wie kommt man auf so eine Straße, die unseren Köpfen doch auf einem weißen Fleck auf der Landkarte liegt?
    Eigentlich ist im Leben alles Zufall. Oder Führung?
Durch Krankheit in die Invalidität gezwungen, mußte ich meinen Lehrberuf aufgeben, hatte aber die Möglichkeit, stundenweise „Aussiedler" aus der ehemaligen Sowjetunion in Deutsch zu unterrichten. Diese Leute sind auf neudeutsch „Zarin Katharina emigrants", d.h., sie sind Nachfahrn jener Siedler, die die Zarin vor über 200 Jahren ins Land „Mütterchen Rußland" holte, die dieses Land an der Wolga urbar machten und ihm zu Reichtum verhalfen. Unter Stalin starben viele. Die Männer durch Erschießen und Folter, die Frauen in den Lagern. Sie wurden in die entlegensten Teile des Riesenreiches vertrieben: nach Sibirien, an die Grenze Chinas, nach Kasachstan. Besondere Gesetze erlauben ihnen bis heute die Rückkehr nach Deutschland. Ihre Sprache ist ein altmodischer schwäbischer Dialekt oder eben Russisch. Da mich Menschen interessieren, kamen wir immer wieder ins Gespräch. Gegen Ende des Kurses sagten sie mir, nun habe ich ihnen so viel von Deutschland erzählt, nun wollten sie mir ihre Heimat, Mütterchen Rußland, Sibirien, Kasachstan, Jekaterinburg, Omsk und Tomsk näherbringen.
    Redet nur, dachte ich, Rußland ist so groß und so weit, da verliere ich mich, da will ich nicht hin.
    Aus einem Hinterstübchen meines Kopfes wand sich aber bald wie ein Wurm ein Gedanke in den Vordergrund: deine Omi, der liebste Mensch auf der Welt, wenn sie denn noch leben würde, hätte für ihr Leben gern am Grab ihres Sohnes gestanden irgendwo in der Weite jenes Landes, mit Blumen in der Hand und hätte wenigstens von ihm Abschied genommen. Warum tust du das nicht? Jetzt hast du die Gelegenheit. Die Aussiedler werden deine Dolmetscher und Führer sein. Warum eigentlich nicht? machte sich dieser Gedanke breit. Wer weiß schon, wann die politische Lage wieder eine Reise in Richtung Sowjetunion erlaubt?
Also begann ich mit der Vorbereitung, mit Erkundungen über die Einreisebedingungen. Schazilki, sagte die Kriegsgräberfürsorge, ist der Ort, an dem mein Onkel 1941 gefallen ist. Aber diesen Ort gab es nicht auf aktuellen Landkarten. Bis ich herausfand, daß es heute eine Stadt mit Namen Svertlagorsk gibt, wo einst das Dorf Schazilki stand. Dorthin war praktisch nur mit dem Pkw zu kommen. Visafragen mußten geklärt werden. Dann fragte ich jene Aussiedler, die sich grossspurig angeboten hatten. Genauso grossspurig lehnten sie ab. Also mußte ich weiter fragen. Frauen wollten mich begleiten, aber davon riet man uns ab. So blieb mir dann nur German aus Karaganda und seine junge Frau Olga, geboren in

Weißrussland, eine Tante wohnt noch in Minsk. Als Termin entschlossen wir uns für die Tage um den 1. Mai, da brauchte German nur einen Tag Urlaub zu nehmen und die Jahreszeit erschien mir günstig.
Was wußte ich schon über das Land, in das ich fahren wollte? Nichts, eben ein weißer Fleck auf der Landkarte. Und doch ist es für unsere Zeit nicht so weit. Über die Teilungen „Weißrutheniens" zwischen Deutschland und Rußland wußte ich vage Bescheid. In den ersten Büchern, die mir in die Hand fielen, las ich von 20 Mil. Toten in den Jahren des deutschen Eroberungskrieges von 1941 - 1944. Unvorstellbare Zahlen. Was mochte uns da an Feindseligkeit erwarten?

Wir starten am Freitag, den 28. April 1995 pünktlich um Mitternacht. Meine Begleiter sind Olga, gebürtig ausWeißrußland aus der Nähe von Baranovici und ihr Mann German aus Kasachstan. Die Start-bedingungen sind nicht toll. Es schüttet. Vor Aufregung konnte ich natürlich nicht schlafen und kämpfe gleich mit meinen schweren Augenliedern. Die Sicht ist schlecht, glitschige Fahrbahn und viel Verkehr - woher kommen nur all die Lkw? Bei Nürnberg wechseln wir schließlich das Steuer, German fährt und ich bin der Lotse. Wir passieren Dresden gegen 7 00 Uhr früh, Breslau gegen 11 Uhr. Hier erleben wir unseren ersten Crash: es fährt uns jemand hinten drauf. Es kracht fürchterlich und ich denke „jetzt hängt die Stoßstange und wir müssen umkehren!" Aber an meinem Auto ist nichts passiert. Schnell weiter!
Warschau erreichen wir in der schlimmsten Rush-Hour. Aber German behält total die Nerven und kurvt sicher durch den fünfspurigen, stinkenden Verkehr. Einmal verfahren wir uns, finden aber ohne großen Umweg zurück auf die Hauptstrecke. Nach 1.400km erreichen wir Brest gegen 19 Uhr.

Jetzt beginnt das eigentliche Drama. Russen verlangen DM 50,--, damit wir 'gut und schnell' über die Grenze kommen. Wir werden auf einen Parkplatz gelotst, später in eine Lücke. Sofort kommt die Grenzpolizei, beschimpft uns, schickt uns an das Ende der Schlange und uns ist klar, daß wir einen Fehler gemacht haben. Olga und ich werden mit den Dokumenten zur Grenzabfertigung geschickt. Hier müssen wir lange warten, bis der „Chef" kommt, sich die Dokumente ansieht und uns anhört. Ja, wir werden wohl Visa bekommen. Ich soll zum Auto zurück, Olga muß dableiben. Ich suche das Auto, finde es etwa 1km weiter zurück und setze mich ans Steuer. German berichtet, die Mafia war da, will DM 1000,-- für einen reibungslosen Grenzübertritt. Wir sitzen und warten. Olga kommt, sagt, die Visa werden noch 20 - 25 Minuten dauern. Sie soll sofort wieder ins Büro zurück, eventuell müßten wir nach Warschau zurück um dort die Visa zu beantragen. Zum ersten Mal sehe ich unsere Chancen schwinden. Kaum ist Olga fort, kommt der eine feiste junge Russe, den wir der Mafia zuordnen, wieder und quatscht mich aggressiv auf Russisch an. Genauso aggressiv gebe ich zurück: „Wie bitte? Ich verstehe nicht." Er redet weiter. Ich:" Was soll das heißen? Reden Sie Deutsch mit mir!"

„Quarischiwitschi" äffe ich ihn nach. „Ich verstehe nur Deutsch!" Da ist er verdutzt und zieht langsam mit einem frustrierten Gesicht ab. Ich aber zittre nachträglich innerlich, beobachte im Spiegel die Meute junger Männer und rechne jeden Augenblick mit einem Messer im Reifen oder ähnlichem. Olga tut mir leid, sie sieht so blaß, müde und mitgenommen aus und fühlt sich unter Druck. Sie muß wieder und wieder die Dokumente übersetzen und erklären. Es ist gegen 22.30 Uhr als sie kommt und sagt 'es ist alles o.k., wir können vorfahren und brauchen nur noch auf die Visa zu warten. Ich jubele und könnte alle umarmen. Aber sie bremsen mich -mal abwarten - und sie haben recht. Wir fahren vor, werden eingewiesen - aber es tut sich nichts. Man läßt uns warten. Um 1.00 Uhr schließlich kommt erst ein junger Uniformierter und fragt, was mit uns ist. Wenig später kommt der diensthabende Chef und bittet uns in sein Büro. Nun füllt er die Visa aus, spricht mit uns, zeigt uns, wie bemüht und großzügig er ist. Aber er beeindruckt mich nicht. Ich sehe einen armen uniformierten Teufel, der versucht, eine wichtige Persönlichkeit darzustellen. Um 1.30 Uhr, nach 6 ½ Stunden haben wir grünes Licht und starten weiter in unser Abenteuer. Wir wollen möglichst weit von Brest übernachten, um der Mafia keine Angriffsfläche zu bieten. Ich sitze am Steuer. In Brest verfahren wir uns hoffnungslos und donnern durch die Schlaglöcher bis wir feststellen, daß Minsk und Moskau anfangs dieselbe Richtung haben. Jetzt sind wir schnell auf der Autobahn. Nach wenigen 100m die erste Polizeisperre mit gezogener MP. Mir läuft es kalt den Rücken runter. Aber sie sind korrekt, als sie meine Papiere sehen. Es folgen noch 3 weitere Kontrollen. Dann will German weiterfahren. Wir 3 sind völlig erschöpft. Knapp 100km hinter Brest verlassen wir die Autobahn und suchen am Rande eines kleinen Dorfes unseren ersten Schlafplatz. Olga und ich schlafen auf dem Rücksitz mit 2 Decken, German vorne mit einer sehr dünnen. Es ist jetzt 2.30 Uhr und wir fallen augen-blicklich in Tiefschlaf. Unruhig wache ich schon um 4.45 wieder auf. Es ist kalt und allmählich zieht die Morgendämmerung herauf. Ich wecke die anderen und fahre als erste, gespannt auf diesen Tag.

Heute wollen wir das Grab suchen und abends nach Minsk fahren. Die Schilder an der Autobahn tragen für uns unbekannte Bezeichnungen. Wir verlassen bei Boranovici die Autobahn um über kleinere Straßen nach Bobruisk zu gelangen. Wir fragen und bekommen zur Antwort: „pramo, pramo" bis Schild kommt. Also immer geradeaus. Das wird dann ein geflügeltes Wort für uns. Wir fragen einen Busfahrer, der uns kompetente Auskunft erteilt. Leider nehmen wir einmal die falsche Richtung. Wir fragen den Polizisten an der Kreuzung. Das hätten wir besser nicht gemacht. Er schnauzt German an: „Du wartest", dann mich, ich solle die Papiere zeigen. Da ist er an der falschen. Ich reiche ihm die Papiere ganz cool und er schrumpft etwas. Eine Weile überlegt er, dann steigt er zu uns ins Auto und ich muß ihn zum Polizeipräsidium bringen. Seine 3 Goldzähne blinken; für mich immer der Warnhinweis: Apparatschik! Wir müssen warten, aber nicht lange, dann kommt er, erklärt uns den Weg, sagt „daschuba", „Freundschaft" und verabschiedet sich mit Handschlag. Die Strecke über Sluck ist wunderschön.

Es ist jetzt ein freundlicher Frühlingsmorgen. Ich liebe die birken-gesäumten Alleen mit Sandstreifen am Rand für die Panjewagen. Stolz traben die Pferdchen mit fliegender Mähne. Mir gefällt es. Die Jahreszeit ist ideal, die Farben frühlingshaft zart und schmeichelnd.-Bald bin ich leider müde und German übernimmt das Steuer. Ich wache erst wieder auf, als wir die Abzweigung nach Hlusk nehmen, nun nach den Karten der Kriegsgräberfürsorge fahrend. Die Landschaft nimmt mich total gefangen. Die Birkenwälder, sanfte Hügel, Felder und Moor strahlen für mich soviel Frieden aus. Ich beobachte Störche und Riesenfalken, Rabenvögel mit braunem Kragen und viele andere Tiere, die für eine intakte Natur sprechen- wäre da nicht Tschernobyl. Wir steuern Rudnja an. Ich sehe die alten Holzhäuser und denke, in 50 Jahren hat sich hier auf dem Land wenig geändert. Bis auf diese Alleen, die wohl militärischen Aufmarsch ermöglichen sollen und die Kolchosen, an denen wir vorbeikommen. Ich bin ziemlich aufgeregt und gespannt. Wir fragen nach dem Weg. Die Karten sind so alt. Einmal, bei Bjarowszanka halten wir und ich finde einen alten Friedhof, der frisch gebrannt hat. Noch kohlende Holzkreuze liegen umher. Kommen wir zu spät? Wir nehmen einige Semper vivum mit. Wir nähern uns Tschirkowitschi und begegnen mehreren Kriegsdenkmälern. Es finden sich nur russische Namen darauf. Ein Schild „Rudnja" führt uns an die Beresina. Einem kleinen Jungen, der uns entgegenkommt, biete ich einen Teddy an. Er rennt
schreiend davon, als hätte er grüne Marsmännchen
gesehen. Wir müssen umkehren. Eine Frau am Weg gibt uns bereitwillig Auskunft. Es stellt sich heraus, daß sie außerordentlich gut Deutsch spricht. Nach wenigen Metern erreichen wir den kleinen Flecken Rudnja. Als erstes fällt ein bescheidenes Kriegsgrab auf. Sofort entsteht vor meinen Augen das Bild von Onkel Wilhelms Grab. Dahinter ein ortstypischer Friedhof mit den Metallumzäunungen. Wie ein Geigerzähler schreit alles in mir: „Hier ist es". Ich bin am Ziel angekommen, im wahrsten Sinne des Wortes. Wir suchen jemand, der hier wohnt. Olga ruft. Keine Antwort. Vom nächsten Hoftor schiebe ich den Riegel hoch. Hier spielen zwei Kinder. Olga spricht mit ihnen. Die Babuschka kommt aus dem Haus und hört Olga an. Ich winke dem kleineren Jungen und er geht vertrauensvoll mit mir zum Auto. Ihm biete ich auch den Teddy an und werde mit einem unnachahm-lichen von Herzen kommenden „spaziba" belohnt. Ich gebe ihm auch den anderen Teddy, die Puppe für seine Schwester und etwas Schokolade. Die Babuschka kommt und fragt: „Hast du auch danke gesagt?" Ich verstehe kein Russisch aber irgendwie jedes Wort. Olga erklärt mir das Ergebnis ihres Gesprächs. Ja, hier waren deutsche Soldaten begraben. Sie wurden jedoch entfernt und russische an ihrer Stelle bestattet. - Da trifft die deutschsprechende Frau wieder ein - ehemals als Lehrerin in der DDR beschäftigt - und stellt sich uns zur Verfügung. Zuerst müssen wir tanken. An der Tankstelle gibt es bleifreies Benzin, aber es steht „njet" an den Zapfsäulen. Olga fragt und bietet Dollar. Während sie verhandelt beschäftige ich mich mit einem einäugigen Hund und gebe ihm eines meiner Riesensandwichs mit Schinken. Er ist's zufrieden. Wir bekommen eine Tankfüllung für 10$. Mehrere Einheimische werden abgewiesen, das Bleifreie sei alle und zapfe

schon Luft. Sie sind wütend auf uns und ich verstehe sie gut. Die Lehrerin lotst uns zu einem Soldatenfriedhof, dann nach Tschirkowitschi. Hier spricht sie einen Mann mit Lederjacke an, der zu uns ins Auto steigt. Wir fahren ein paar 100m zu einem weiteren Ehrenmal. Es wird viel diskutiert. Mehrere Männer kommen hinzu. Ich verstehe nichts von der Diskussion. In Svertlagorsk seien Unterlagen im Archiv, sagt man. Der in der Lederjacke geht zum Telefonieren. Die Lehrerin will uns zu Behörden schicken. Aber für mich ist und bleibt das Grab in Rudnja. Ich will zurück. Also begleiten uns die Lehrerin und der in der Lederjacke, der Bürgermeister, wie man mir später sagt. In Rudnja kommt uns eine Tochter der Babuschka entgegen, eine hochgewachsene, stolze Frau. Sie sagt, auf dem kleinen Friedhof sind noch 8 deutsche Soldaten begraben. Ihre Hügel sind nur undeutlich zu erkennen, aber alle wissen, wo sie liegen. Ich frage, ob man den Stein hier liegen lassen kann? Alle nicken. Ja, das geht. Also gehen German und ich den Stein, das Grabgesteck und die Bäumchen holen. Es kommen immer mehr Menschen. Auch mein Freund, der kleine Junge, ist wieder dabei. Ein älterer Mann spricht immer wieder mit mir. Wir reden mit den Händen – und verstehen uns. Ich lege den Stein nieder, die Blumen am Kopf, links und rechts Thuja und Wacholder, die Eibe am Fuß. Viele Hände helfen mir. Sie rupfen mit mir das Gras. Es geht leicht in der sandigen Erde. Ich sehe auf und merke, daß alle mich verstehen. Die Botschaft auf dem Stein, die Blumen, die Bäumchen kommen an. Es ist, als hätten alle darauf gewartet. Plötzlich steht ein Mann mit Brett und Säge da, einer mit Zement, einer mit Wasser..... In Sekundenschnelle ist das Brett zu einer Verschalung zersägt und wird eingepaßt, Zement gerührt und in die Verschalung gefüllt, der Stein hineingelegt. So viele Menschen helfen. Olga und ich stehen weinend am Rand. Auch der alte Mann, Stephan, wie ich später lerne, vergießt Tränen während er arbeitet. Es geht so schnell, die Grabstelle ist fertig. Liebevoll gießt jemand die Bäumchen und auch das Gesteck bekommt Wasser. Ich spreche einige Worte, Olga übersetzt: 'ich bin überwältigt von der Hilfe und Freundlichkeit der Menschen, ich wollte doch nur ein Zeichen am Grab meines Onkels niederlegen, wo noch nie jemand von der Familie stand. Ich meine, was die russische Inschrift auf dem mitgebrachten Stein sagt:
WIR HABEN NUR EINE WELT - FRIEDE DEN VÖLKERN. ' Ich spreche noch ein Vaterunser. Amen verstehen sie. Stephan sagt noch, das einfache Volk will keinen Krieg, es sind die Hitlers und Stalins, die Kriege führen. Inzwischen sind es 20-30 Menschen. Ich bedanke mich und gebe jedem die Hand. Eine Diskussion ent-brennt. Es geht um die Einzäunungen. Hier ist ein Grab erst ein Grab, wenn es einen Metallzaun hat. Stephan führt mich zu einem Grab am Rande mit schwarzem, schmiedeeisernen Gitter. Es gefällt mir. „Ob ich auch so etwas haben wolle?" fragt er. Ich traue meinen Ohren nicht. Ja, sie wollen so eine Umzäunung anfertigen. Sie machen alles selbst, nur das Material müssen sie kaufen. Ich lasse Olga fragen, ob 100$ reichen? Ja, das sei genug. Ich bedanke mich völlig ergriffen. Jemand sagt, hier lägen so viele Deutsche, man habe sich schon immer gewundert, warum sich niemand darum kümmert. Wir holen unseren kleinen Vorrat an Bierdosen, Keksen und Pralinen und verteilen ihn. Der Familie, die

neben dem Friedhof wohnt, gebe ich Erbsen-, Bohnen- und Salatsamen. Als ich Mohn und Lupinen dazu lege, deutet jemand aufs Grab: dahin. Ich bin fassungslos. Sie verstehen mich und ich ver-stehe sie, obwohl jeder eine andere Sprache spricht. Ein winziges Pflaster auf die Wunden des Krieges? Die Lehrerin berichtet mir, daß Stephan als 11-jähriger in ein deutsches Konzentrationslager gebracht worden war. Er ist der, der am meisten hilft. Er sagt, wir können ihm vertrauen. Er wird das Grab herrichten und pflegen. Nie hat er verstanden, warum sich niemand um die vielen deutschen Gefallenen kümmert. Wieder ist mir, als hätten viele auf diesen Tag gewartet. Ich verabschiede mich, gebe jedem die Hand. Eine ältere Nachbarin sagt, ich sei willkommen. Stephan sagt, ich müsse nächstes Jahr wiederkommen. Ich verspreche es. Aber zuerst muß ich die Fotos schicken und sie werden mir antworten. Mir ist, als würde ich einen wichtigen Platz in meinem Leben verlassen. Ich bin tief bewegt. Die Lehrerin und der, den man mir als Bürgermeister bezeichnet hat, wollen an den Bahnhof in Svertlagorsk gebracht werden. Winkend werden wir verabschiedet. Während der Weiterfahrt nach Minsk rinnen mir dauernd die Tränen. Was ist heute alles passiert? Gegen 17.00 Uhr erreichen wir Minsk und finden in der 3 Mill.-Metropole mühelos zu Olgas Tante. Das Appartement befindet sich im 7. Stock. Das Auto stellen wir darunter - mitten in eine Grünanlage. So haben wir es gut im Auge. Die Nachbarn sollten uns die Garage leihen, sie sind aber nicht da. Olgas Lieblingstante ist 70. Als junges Mädchen mußte sie 3 Jahre Zwangsarbeit in Ostpreußen leisten. Sie wurde von Deutschen mißbraucht und konnte danach keine Kinder mehr bekommen. Sie heiratete einen immer nörgelnden Mann, der trinkt und schimpft und auch noch durch einen Arbeitsunfall ein Bein verlor. - Ich denke, daß die Deutschen wirklich keinen Grund haben, hier überheblich aufzutreten. Wir 3 Frauen trinken einen Schluck Wodka in der Küche und es ist lustig. German bewacht zusammen mit dem kleinen Hund Stjopka das Auto, während wir zu viert in dem kleinen Appartement wie im besten Luxushotel schlafen. Am Sonntag brechen wir gegen 8.00 Uhr auf. Es gibt viele Tränen. Die Tante hat schlimmes Asthma. Sie sagt, sie ist alt und sieht Olga vielleicht zum letzten Mal. Auf der Heimfahrt sind wir alle lustig und gelöst. Es ist wieder ein sonniger Tag. Wir kommen gut voran. Sogar German bekommt Appetit und verlangt nach einem Sandwich. Aber es ist nichts mehr da. Nur noch Schinken und Bonbons. Er ist's zufrieden. 24 Stunden später, nach 1.750km nonstop, nach insgesamt 70 Stunden und 4004 km, sind wir wieder zu Hause. Die Bilder dieser Fahrt sind tief in meinem Herzen eingraviert.

Ein Grab in Weißrußland

Er blieb in seiner geliebten Heide
wie sein Kommandant bemerkte
als ihn die Kugel traf.
Sein Führer hatte ihn ausgesandt
das Land zu erobern
das Land war schnell verbrannt.
Wir verstehen es heute nicht mehr:
Das Land übersät von Gräbern
Kein einziges steht leer.
An seinem Grabe steh ich heute
viele Hände helfen mir
es sind die gleichen Leute
die ihr töten wolltet.
Wir reichen uns die Hände inFreundschaft
und Vertrauen. Es ist die Zeit gekommen
die Zukunft neu zu bauen.   Brigitte Römpp

Hier starb Wilhelm Fritsch

Vorne mein Patenkind Dima Schumow, dahinter Dima und Tanja Rudnitzky 1995

Unser Grabsuchteam 1995

Einige der Anwohner Rudnjas, die uns am Grab geholfen haben

Auch ein Unglück hat sein Gutes

II. Reise nach Rudnja vom 23.-25.09.1996

Wir haben einen Lufthansaflug gebucht für den 21.09.96 um 10 Uhr ab Frankfurt. Wir, das sind Paul Mogge als mein Dolmetscher, ehemaliger Leiter der Kunstakademie in Tomsk, heute als Rücksiedler in Kempten und ich.
Er will spätestens um 4 Uhr früh bei mir sein. Sonst soll ich anrufen. Die Nacht war sehr unruhig und als er nicht pünktlich da ist, gehe ich ans Telefon. Seine Freundin sagt, er ist schon unterwegs.- Ich verspüre ein äußerst dringendes Bedürfnis, werfe meine Tasche in die Ecke und gehe dann runter zum Auto.

In der Tasche sind sämtliche Papiere wie Paß, Visum, Tickets, Geld. Herr Mogge kommt und wir starten.

Waren die Startbedingungen im vergangenen Jahr widrig, so ist es jetzt absolut scheußlich: schwarze, neblige Finsternis, Regen und viel Verkehr. Ich fahre und es strengt mich fürchterlich an - es will und will nicht heller werden. Der Verkehr nimmt zu, kleine Staus halten uns kurz auf. Kurz vor Heidelberg will Herr Mogge den Reifendruck prüfen. Ich schaue, ob meine Tasche da ist. Denn dauernd geht mir im Kopf herum, daß ich sie noch nicht gesehen habe ...

Später erfahren wir, daß an diesem Abend in Svertlagorsk Stadtfest mit Feuerwerk war - das Feuerwerk ging in die Zuschauer und es gab Tote und Verletzte. Für uns bedeutet das Unglück des Vergessens Glück für unser Leben. Hat da jemand eingegriffen??

Völlig niedergeschlagen, frustriert, enttäuscht, verschämt canceln wir den Lufthansaflug und fahren zurück. Natürlich sagen wir auch in Rudnja Bescheid. Ich denke an das Geld, das ich nun wohl vergeblich ausgegeben habe, an die enttäuschten Leute in Rudnja und bin sehr nieder- geschlagen. Beim Reisebüro fragen wir nach Umbuchungsmöglichkeiten. Herr Mogge hat ohnehin wenig Zeit. Der nächste Lufthansaflug - täglich - würde pro Person 2.000,-- DM kosten. Ich gebe den Angestellten noch 2 Telefon- nummern von russischen Agenturen, aber im Grunde jede Hoffnung auf eine zweite Reise nach Rudnja auf. Es ist Samstag.

Längst sind alle Büros geschlossen. Da - ein Anruf vom Chef des Reisebüros - Bruder einer Freundin - daß wir am Montag nach Minsk und am Mittwoch zurückfliegen können. Also leihe ich mir Geld - auch eine komplizierte Angelegenheit am Wochenende - und wir starten am Montag erneut. Das Reisebüro ist in Offenbach. Die erste Frage an mich lautet: „Sprechen Sie kein Russisch?" Doch, Paul spricht. Wir feilschen um die Tickets. Wenn eine Samstagübernachtung drin ist, kostet es viel weniger - genau wie bei der Lufthansa. Wir bezahlen also 1.500,- DM und sollen dann in Minsk für 50,- DM umbuchen. Freudig geht's zum Einchequen nach Frankfurt. Der Flug ist problemlos. Wir landen pünktlich um 18.20 Ortszeit in Minsk - und werden von 20 -30 Uniformierten gründlichst kontrolliert noch an Bord. Keiner der Mitreisenden hat

das je erlebt. Eine Bombendrohung - stellt sich heraus und beschert uns eine weitere Verspätung. Natürlich erfahren die Wartenden im Flughafen nicht, was der Grund für die Verzögerung ist.
Wir hatten zwar die letzten Wochen oft Briefkontakt mit Sascha, aber jetzt ist Sergej am Flughafen und es kostet Nerven: am Samstag kommt überhaupt niemand, jetzt die Verspätung...

Mit Hilfe eines Schildes BRIGITTE RÖMPP findet uns der jüngere Sohn von Stephan doch noch und schließt uns glücklich in die Arme. Mit einem gemieteten Audi werden wir nach Svertlagorsk gebracht, die Strecke, die ich vom vergangen Jahr schon kenne. Es ist ziemlich spät, als wir endlich vor dem Plattenbau halten und im 2. Stock mit „Guten Tag" von den Kindern begrüßt werden. Auch Sascha, der Lieblingssohn von Stephan und seine Frau Valentina begrüßen uns herzlich. Rasch gibt es die vorbereitete Brotzeit und einen kleinen Schnaps. Valentina und ich trinken Wein. Ein paar Sachen packe ich gleich aus. Dann verabschiedet sich Sergej. Paul Mogge redet noch bis lang in die Nacht hinein mit Sascha.

Am anderen Morgen muß Valentina früh zum Unterricht. Auch uns hält es nicht lange. Ich packe meine beiden großen Koffer aus und spiele „Basar", nicht ohne einige Dinge für Opa Stephan und seine Frau und die Familie Dimas beiseite zu legen. Die mitgebrachten Medikamente und Einweg-spritzen sollen an ein medizinisches Zentrum gehen. In Svertlagorsk gibt es bei 70.000 Einwohnern 700 junge Aidskranke, junge Drogenabhängige, meist durch verschmutzte Spritzen infiziert.

Dann gib es den einzigen Wermutstropfen der Fahrt: Ich will Sascha Geld geben für die Fahrt, den Transfer von/nach Minsk. Weil hier ein Liter Benzin nur Pfennige kostet, wollte ich 50$ geben pro Fahrt plus 100$ für das Grab. Typischer Fall von denkste. Sascha holt den Taschen-rechner und rechnet: der Taxipreis für 3 Fahrten nach Minsk = 208 $ (die eine, von uns versäumte Fahrt nach Minsk nutzte Sascha privat). Ich bin enttäuscht und gebe ihm 200$, fertig. Nun habe ich nichts mehr für's Grab.

Jetzt beginnt das eigentliche Herzstück der Reise: Rudnja.
Hier ist die Stelle, wie meine Recherchen ergeben haben, wo Wilhelm Fritsch 1941 gestorben ist, getroffen von einem Scharfschützen - „ge-blieben in seiner geliebten Heide", wie sein Kommandeur in das Kriegs-tagebuch notiert. Das Grab, in das er gelegt wurde, an der Stelle, wo ihn die tödliche Kugel traf, verschwand nach 1943 - möglicherweise wurden seine Gebeine in ein Massengrab, vielleicht in Paritschi, gebracht. Aber 10 Schritte von der Stelle, wo er starb liegt jetzt seine Gedenktafel über den Gräbern von 8 deutschen Soldaten - oder ist er mit dabei?, die 1943 gefallen sind. Und der Mann, der dieses neue Grab angelegt hat mit seinen Söhnen, ist Stephan Stepanowitsch. Sein Vater wurde 1943 durch die Deutschen getötet und liegt mit zwei Brüdern im Ehrengrab, 10 Schritte weiter, mit den anderen Opfern aus Rudnja.

Alle Arme sind weit offen für uns, als wir die Stube, zugleich große Wohnküche, in Rudnja betreten - ein Aufschrei und eine lange herzliche Umarmung von Stephan Stepanowitsch, dann seine Frau Natascha, dann Sergej, seine hübsche Frau und deren beide Kinder Natascha und Aljoscha (gerade mal 2 1/2 Jahre und sehr pfiffig). Nachdem ich zuerst meine kleinen Mitbringsel abgegeben habe, gehen Paul und Sergej mit mir zum Grab. Stephan hat noch zu tun. Paul Mogge und ich bringen einen Koffer mit Sachen zu Dima's Familie, den Schumows, jenem kleinen Jungen, der mir damals als erster so vertrauensvoll die Hand gegeben hat und mir damit soviel Mut machte, weiter auf die Leute zuzugehen. Nur seine Oma und Uroma sind da. Auch hier eine herzliche Umarmung. Die Oma war es die sofort befürwortet hat, daß wir den Gedenkstein mit der russischen Aufschrift: „Wir haben nur eine Welt - Friede den Völkern" anbringen - was ja in Deutschland ganz undenkbar wäre. Herr Mogge verhandelt alleine, denn Dima, der heute im Kindergarten ist, soll mein Patenkind werden, aber es soll nicht an die große Glocke. Denn zuviel Leid ist der Bevölkerung durch die Deutschen geschehen. „Fremdenfeindlichkeit", die dann Dimas Familie ausbaden müßte, wäre nur eine allzu verständliche Reaktion.

Unterdessen widmen Sascha, Sergej und ich uns dem Grab. Wir setzen die Eibe um, die zu dicht am Stein wächst und Platz haben soll, sich zu entfalten. Ich setze einige Tulpenzwiebeln und Schneeglöckchen, die Lieblingsblumen meiner Omi Fritsch. Die Semper vivum, die wir letztes Jahr aus einem Wald in der Nähe mitbrachten, sind wunderbar gediehen. Sergej packt noch einen Sack der sandigen russischen Erde für mich daheim. Der Zöllner wird verwundert fragen, was das soll.

Wir gehen zurück zu den Stephanowitschs und durch den Garten und Feld zu einem kleinen Gewässer, wo Paul Mogge einen Karpfen angeln soll, der natürlich nicht anbeißt (zum Glück, denke ich.) Hier holt uns Stephan zu einem 2. Frühstück mit allen Köstlichkeiten, die Haus und Keller zu bieten haben: frische Fladen (plini) Salate, geräucherte Aale, Schinken, Leberwurst..... Es schmeckt köstlich.

Jedesmal, wenn ich Stephan etwas über den Krieg frage, rollen seine Tränen, z.B. „was er gedacht habe, als wir das erste Mal so unerwartet in Rudnja auf dem Friedhof aufgetaucht sind?" - Vielleicht könne er den Leuten helfen! Aber dann war der Gesuchte vielleicht gerade jener Deutsche, der seinen Vater erschossen hat? Egal - das ist lange her und es muß damit Schluß sein!' Aber seine Tränen rinnen und ich wische sie ihm weg und weine mit ihm.

Nachmittags wollen Sergej, Paul und Sascha in die Stadt nach Svertlagorsk zum Einkaufen. Mich lockt die Stadt nicht. Ich sage, ich will in Rudnja bleiben und Stephan freut sich riesig darüber. Wir sitzen zusammen an dem kleinen Teich und schauen nach den Karpfen, die nicht beißen. Die Kinder bringen frische Weintrauben, die an Sergejs Haus wachsen, andere reichen uns Sonnenblumen zum Auspicken. Ich fühle mich wohl und sehr an meine Kindheit in Patershausen erinnert, an diese herrliche, freie, unabhängige Leben und sage das auch. Dann setzt sich Stephans Frau zu mir, sagt, wie bedauerlich es sei, daß wir nicht direkt miteinander reden können, wo ich doch jetzt ihre Schwester sei. Sofort kommen die Kinder alle 4, vornedran Natascha, und plappern, daß ich jetzt ihre babuschka sei, die dritte, und kuscheln sich an mich. Mit allen vier Kindern an der Hand macht Stephan zuerst einen Rundgang mit mir durch sein Reich, zeigt mir stolz Gewächshaus und Hühnerstall, Schweine und Ziege und vor allem die randvollen Kartoffelkeller mit den Zwiebelzöpfen und anderen Vorräten wie verschiedenen Rüben. Wie früher gibt es hier natürlich temperierte Vorratskeller mit eingemachtem Obst, Gemüse und Pilzen. Dann geht es über die „Felder", wo ich noch Reste der im vergangenen Jahr mitgebrachten Gemüse entdecke, z.B. Broccoli. Die „Felder" sind insgesamt vielleicht 3 - 4000m2 groß und gehören in gleicher Größe zu jedem Haus hier. Alle sind praktisch Selbstversorger, zumindest, wenn sie so erfolg- reich wirtschaften, wie Stephan. Er ist jetzt 64 und schon in Rente, seine Frau Natascha 62 und Hausfrau. Die Söhne wohnen und arbeiten in der Stadt. Sascha ist Musiklehrer, seine Frau Grundschullehrerin. Sergej ist im kaufmännischen Bereich tätig. So genau kann man das nicht übersetzen, sagt Paul. Jedenfalls bewirtschaften sie die Felder mit - Sergej hat eigene - und leben davon.

Dann geht Stephan mit mir an der Hand und den Kindern an der meinen zum Friedhof. Mir ist das Bild jetzt schon so vertraut, als wäre ich oft hier. Er gießt fürsorglich die Pflanzen, sicher gut bei dem sandigen Boden. Er zeigt mir das Grab, an dem er gearbeitet hat, als wir das 1. Mal kamen. Immer wieder weint er, ich wische ihm die Tränen ab und wir lachen wieder gemeinsam.

So vergeht der Nachmittag. Sascha kommt dazu und fügt noch eine Anekdote an: im Krieg wohnte ein Storchenpaar in Rudnja. Das Weibchen wurde abgeschossen. Da stieg der Storch hoch in den Himmel, legte die Flügel an und ließ sich herabstürzen. Die Leute in Rudnja erzählen noch heute davon.

Alle warten auf Paul und Sergej. Das Essen, das in einem riesigen gekachelten Ofen in der Asche gekocht wird, steht längst auf dem Tisch. Ein Nachbar, der in Deutschland war, schaut vorbei. Wir fangen an. Endlich kommen auch die beiden. Mein letzter Toast lautet: „Wegen der Toten kam ich, doch die Lebenden fand ich und die waren es, die die Welt wieder in Ordnung gebracht haben!"
Darüber wird lange diskutiert. Ein guter Toast finden alle. Wir trinken auf die Zukunft.

Dann rascher Aufbruch. Alle begleiten uns zum Bus. Nicht enden- wollende Umarmungen mit Stephan und seiner Frau, viele Spazibas. Der Bus kommt und wir steigen ein. Sergej steigt in Svertlagorsk aus, wir müssen noch umsteigen. Die Wohnungen werden erst ab 1. Oktober geheizt und sind recht kühl bei Außentemperaturen kaum über Null.

Am anderen Morgen holt uns das Auto um 7 Uhr zum Flughafen ab. Dieses alte, ungeheizte Auto, ist wahrlich keinen Taxipreis wert! Als wir in Minsk die Abfertigungshalle betreten, wird gerade unser Flug aufgerufen.
Also gehen wir an den Abfertigungsschalter. Unsere Tickets gelten erst für den 30. September, meint die Frau am Schalter. Nun beginnt noch einmal ein langes Hickhack, an derem Ende wir neue Tickets für je DM 350,- kaufen müssen. Mein Geld reicht nicht, Paul muß etwas leihen, - aber er ist noch beim Schnäppchen kaufen. Zum Glück kommt er noch rechtzeitig. In Offenbach werden mir später DM 80,- pro Person erstattet. Der Rückflug geht glatt, aber nur zwei Tage nach unserer Rückkehr ruft mich Herr Mogge an: Seine Mutter ist gestorben, sein Vater nach 62 Jahren Ehe Witwer.

Am Grab mit der Babuschka Schumow 1996

Das ist die Geschichte von einem Grab in Weißrußland, über dem wir durch viele Fügungen zu Freunden geworden sind. Es ist das Grab von Wilhelm Fritsch aus Patershausen.

P.S.: Wir durften natürlich nicht nach Hause, ohne vollbepackt zu sein mit Geschenken wie Speck, Bohnen, Zwiebeln und Gläsern.

Auf Spurensuche

III. Reise nach Rudnja - vom 1. - 4. Mai 1997

Zunächst sieht alles nach Routine aus: zum 3. Mal starten wir nun nach Weißrußland. Herrn Mogge hole ich bei seinem Vater ab. In Sprendlingen treffen wir Arno Baumbusch, den Grund unserer diesjährigen Reise. Denn ich will ihm helfen, das Grab seines vor 52 Jahren gefallenen und in Paritschi bestatteten Vaters zu finden. Paul muß noch Zeichnungen anfertigen. So bleibt uns Zeit, mit Herrn Miedtank, dem ehemaligen Offizier von meinem Onkel Wilhelm Fritsch, der dabei war, als er starb, zu sprechen. Arno gibt uns dann noch Bilder von der Beerdigung seines Vaters Ernst zu betrachten. Ernst Baumbusch fiel ' in einem Partisanenhinterhalt in Petrowitschi'und wurde mit großem SS-Pomp in Paritschi auf einem Friedhof begraben, der eigentlich Offizieren vorbehalten war.

So starten wir am anderen Morgen mit der Lufthansa nach Minsk. Arno's Sohn - ein Feuerwehrkommandant - fährt uns. Später erfahren wir dann, daß dies Arno's erster Flug überhaupt war. - Pünktlich landen wir in Minsk und Sascha holt uns ab. Er hat den Führerschein neu - wohl von den 200$, die er mir letztes Mal abgeknöpft hat - und sein Freund ebenfalls. Das bedeutet, daß wir nur 70kmh fahren dürfen! Außerdem kennen sie den Weg nicht und fahren zuerst nach Minsk rein, was natürlich ein Umweg ist. So dauert die Fahrt statt angenommener 2 Stunden fast 5 Stunden. Unterwegs konnte ich sogar ein Schild lesen, an dem sie in die falsche Richtung fuhren, sie darauf hinweisen und so schlimmeres verhindern. Paul übernimmt dann auch das Steuer, weil die beiden noch unerfahren und riskant fahren.

Aber bei der Ankunft in Paritschi sind wir gleich an einem Friedhof. Wir zeigen die Bilder und fragen. Aber der Mann ist Veterinär und will nur unsere Kuh behandeln. Mit todernster Mine erklärt er, wir hätten doch mindestens ein Schwein! Wir müssen lachen, ist wohl nichts.

Wir fahren den Berg hinunter und fragen wieder.
Nun gibt es auch wieder öfter Kirchen mit den typischen Kuppeln, meist goldglänzend und neu. Ich möchte gerne eine fotografieren, komme aber während der ganzen Fahrt nicht dazu. Nur etwa 2km vom 1. Friedhof gelangen wir auf ein Parkgelände direkt an der Beresina. Unschwer ist zu erkennen, daß hier früher Gräber waren. Es ist aber nur ein russisches Mahnmal mit vielen hundert Namen zu sehen. Wir vergleichen die Fotos mit dem Steinzaun: schon ähnlich, aber nicht genau genug. Wir fragen einen alten Mann mit einem sehr bissigen Hund und schreiten die Länge ab. Dies ist wohl nicht der Platz, obwohl zunächst einiges dafür gesprochen hat.

Also steigen wir wieder ein und fahren zurück zum ersten Friedhof, diesmal auf die andere Seite. Augenblicklich fallen uns die Steinpfosten ins Auge, die wir von den alten Fotos kennen. Damals waren sie sehr weiß. Heute sind sie grau. Aber zweifelsfrei ist dies der Eingang zu dem ehemaligen Offiziersfriedhof. Wir haben die Grabstelle von Ernst Baumbusch gefunden!

Arno scheint zu wenig aufgeregt für diesen spannenden Augenblick, auf den er doch 52 Jahre gewartet hat. Oder ist das zu viel für einen Menschen: der erste Flug im Leben, ganz unspektakulär irgendwo landen und in eine Auto steigen - und dann gleich diesen Ort finden?
Hier steht unverändert ein Teil des Gebäudes von den alten Fotos, die wir mitgebracht haben. Es ist heute eine Poliklinik und an ihrer Ostseite finden sich viele Einschüsse.

Im rechten Winkel zu dem alten Backsteingebäude wurde ein identischer Teil angebaut - 1963, wie wir erfahren - aus weißem Backstein, der die Geburtsabteilung beherbergt. Ansonsten ist das Gebäude nicht sehr gepflegt, aber auch nicht wüst, wie man es bei der hiesigen finanziellen Situation erwarten könnte. Einige Bäume stehen, die auf dem Friedhof noch nicht waren. Das Grabmal eines deutschen Generals ist ver- schwunden. Auch sonst erinnert nichts für Unkundige an den Friedhof.

Der Chefarzt erkundigt sich nach dem Grund unseres Interesses und sagt uns Unterstützung zu, falls wir sie brauchen. Im ersten Augenblick dachte er, wir wären für die Planung einer Eisenbahn durch dieses Gelände zuständig.
In einem weiteren Nebengebäude befindet sich offensichtlich eine Küche, denn es wird von mageren, auch nach Streicheln hungrigen Hunden belagert.

Arno mißt die Schritte und lokalisiert das Grab seines Vaters genau unter dem Südflügel des Anbaus. Die hier befindliche Geburtsabteilung ist ihm nicht unsympathisch. Eine Frau kommt und redet mit uns. Sie erzählt, daß sie den Friedhof noch gekannt hat und beim Neubau die gefundenen Gebeine an einer Stelle, die jetzt von Bäumen umsäumt ist, eingegraben hat. Andere Frauen hätten ihr geholfen. Es ist also nicht gezielt ein Massengrab angelegt worden.

Es wird Zeit, wir müssen nach Rudnja. Und hier ist der Empfang wie immer - wie bei guten Freunden - überaus herzlich. Gleich gehe ich mit Stephan zum Friedhof. Zuerst bringe ich diesmal einen Pflanzkorb mit Rosen und Stiefmütterchen an das Ehrenmal für die Gefallenen aus Rudnja, darunter Stepahns Vater und dessen 2 Brüder. Dann pflanze ich auf Onkel Wilhelms Grab 2 Buchsbäumchen, die ich in der russischen Erde gezogen habe. Das Grab ist an seinen Betonteilen frisch getüncht und sieht ansprechender denn je aus. Stephan bietet sofort an, für Arnos Vater da-neben ein zweites Grab anzulegen. Hier liegen ja noch die anderen Deutschen. Aber für so einen kleinen Ort wie Rudnja scheint mir das etwas provokativ. Wir sagen, wir müssen noch darüber nachdenken.

Diesmal gibt es nach dem köstlichen Abendbrot Musik. Da steht nämlich ein Akkordeon und ich frage, warum denn niemand spielt. Also nimmt Sascha das Instrument und die Frauen singen dazu. Auch die Kinder. Nun weiß ich, woher seine musikalische Begabung kommt: Natascha, seine Mutter, singt sehr gut. Stephan singt nicht mit. Er ist zur Zeit in Behandlung und hat fast keine Zähne. Er traut sich nicht, den Mund aufzumachen.

Die Zeit verfliegt und wir bekommen den Schlafplatz hinter dem Ofen angeboten. Uns ist es eigentlich viel zu warm. Bis ein Uhr höre ich Natascha die Kinder aufs Sofa betten, den Ofen schüren und schließlich selbst auf dem Sofa schlafen. Um 5 Uhr steht sie schon wieder auf, um mit der Arbeit zu beginnen, die der Besuch mit sich bringt.

Während wir auf Paul und Sascha warten, die natürlich in der Stadt übernachtet haben, gehen wir wieder zum Friedhof und treffen dort fast alle Leute, die ich im Mai 95 gesehen habe. Dimas Großmutter, eine andere alte Frau, die mich damals willkommen geheißen hat, der Nachbar...

Es weht ein eiskalter Wind, der mir durch und durch geht. Endlich treffen Paul und Sascha ein. Es ist so lausig kalt, daß ich verstehe, warum man hier so viel wattierte Kleidung braucht. Die Kinder tragen die Anoraks, die ich im letzten Herbst mitgebracht habe.

Sascha hatte - zu unserem Glück - eine Panne mit seinem Auto und mußte Ersatz und Fahrer suchen. Dieser - Andrej - stellt sich als Schatz heraus und fährt uns sicher über Land. Denn wir wollen ja heute nach
Petrowitschi und die Brücke suchen, bei der Ernst Baumbusch 1942 fiel.

Petrowitschi ist nicht weit entfernt auf der Karte. Die alten Wehrmachtskarten sind überholt. Es wurden neue Straßen angelegt. Aber es liegt etwas im Hinterland und ist Welten entfernt.

Es ist hier noch winterlich kalt, grau und braun die Dörfer, durch die wir fahren - erbarmungswürdig trostlos. Hier spürt man Armut und Hunger ohne konkret etwas zu sehen. Ohne den Anbau von Kartoffeln, der gerade beginnt, wäre es wohl katastrophal. Einmal steht eine Frau neben unserem Auto, die wattierte Jacke vielfach geflickt, aber wohl das wichtigste Kleidungsstück und noch immer unersetzlich.

In Petrowitschi gibt es 2 Brücken, die beide über zerfurchte Feldwege nur mühsamst zu erreichen sind. Die erste liegt idyllisch an einem Waldrand. Aber der Bach, den sie quert, ist zu klein. Er wurde sicher begradigt, wie überhaupt die Landschaft wohl durch Entwässerung, begradigte Flußläufe und maschinenbearbeitete Felder ihren Charakter verändert haben wird.

Wir fragen und fahren in weitem Bogen zu der anderen Brücke.

Die Strecke fordert unserem Fahrer sein ganzes Können ab und bei uns würde keiner seinen Pkw für eine so halsbrecherische Fahrt zur Verfügung stellen. Schließlich finden wir eine neuere Betonbrücke, die einen größeren Flußlauf quert. Der Waldrand ist nicht weit und wenn man sich die Landschaft vor 50 Jahren vorstellt, so könnte das der Ort gewesen sein.

Ich binde ein paar winzige Blümchen mit einem Grashalm zusammen. Arno wirft sie ins Wasser - in memoriam Ernst Baumbusch - und wir beobachten, wie sie auf der anderen Seite der Brücke weiterschwimmen. Dann geht es zurück über asphaltierte Straßen nach Paritschi.

Wir nehmen nochmals die Bilder in uns auf.
Einer der hungrigen Hunde läßt sich dankbar von mir füttern. Gleich kommen verschiedene hier arbeitenden Personen und beteiligen sich am Gespräch. Eine Frau sagt, sie habe Verständnis für Arnos Suche nach dem Grab seines Vaters. Ihr eigener Vater sei 1937 verschleppt und ermordet worden von Stalins Leuten. Die Familie habe keine Ahnung, wo er begraben liegt. Sie selbst und ihre 5 Geschwister und die Mutter wurden 1942 hier in Paritschi mit 4000 anderen Zivilisten unter freiem Himmel interniert, als Puffer gegen die Rote Armee. Sie weiß nicht, wie sie überlebt hat, aber sie hat, ihre Geschwister auch, wohl, weil der Glaube ihnen Kraft gab. Ihren Äußerungen entnehmen wir, daß sie wohl zu den Zeugen Jehovas gehören.

Sie sagt, bei den Deutschen gab es solche und solche. In der Nähe ihres Hauses war ein deutscher Offizier getötet worden - eigentlich das Todesurteil für die Restfamilie. Aber ein anderer deutscher Offizier, der bei der Durchsuchung nur eine Frau und die Kinder fand, schickte sie „nur" ins Internierungslager - und ermöglichte so das Überleben.

Diese Großherzigkeit, die uns immer wieder begegnet, beeindruckt mich auch jedesmal aufs neue. Auch diese Frau hat sich um die Reste der Gräber gekümmert. Ihr Glaube hatte es nicht erlaubt, die Knochen unbestattet liegen zu lassen. Sie würde sich bei der Anlage des Grabes darum kümmern, bietet sie an.

Kaum sind wir in Rudnja zurück, trifft Dima Schumows Familie ein, die ich nun erstmals kennen lerne. Dima, mein 'Patenkind', bleibt selbst- bewußt neben mir sitzen, als es wieder ans Schlemmen geht. Wir reden viel. Dann verabschieden sie sich und Andrej holt uns zu einem Besuch nach Svertlagorsk ab. Hier zeigt uns Sascha seine Musikschule, die bei uns wohl eine musische Volkshochschule wäre. Aus einer Ausstellung der Malklasse suche ich mir zwei Ölbilder aus für je 10$, eines mit einer typischen Dorfszene, eines mit Birken.

Diese Nacht verbringen wir in Sergejs Datscha, hier ist es nicht so warm Im Gegenteil, das Fenster ist auf und unter meiner dünnen Decke friere ich.

Stephan kommt uns wecken mit Dima, Sascha's Sohn. Er verabschiedet sich gleich. Denn er muß heute - am Sonntag - seine Kartoffeln pflanzen. Also tuckert er mit einem Traktorpflug - oder Pflugtraktor? - davon.
Dafür überrascht uns Kusnizow, der mir bei der ersten Fahrt als eine Art Bürgermeisterr von Tschirkowitschi vorgestellt wurde und der sich als Chef von Sergej herausstellt, mit Geschenken. Mit ihm sprechen wir nachher noch über Paul. Er war es, der in Erfahrung brachte, daß unser Friedhof in Paritschi nur für deutsche Offiziere war. Gewöhnliche Soldaten wurden nur im Ausnahmefall - wie Ernst Baumbusch als Opfer eines Überfalls - als besondere Ehre dort bestattet. Es gab noch viel mehr Friedhöfe in Paritschi, es gibt aber keine mehr. Und Gedenkstätten, wie sie die Kriegsgräberfürsorge oder ehemalige Soldatenverbände anlegen, sind nicht erwünscht (dafür gibt es auch keine gesetzliche Grundlage). Gegen eine Grabstelle allerdings wie „meine" für Wilhelm Fritsch hat niemand etwas. Individuelles Schicksal wird toleriert. Er hat schon einen Polizeichef gefragt und der meint, es ist nicht verboten, und wenn die von der Klinik nichts dagegen haben, ist es möglich.

So kommt der Abschied. Natürlich halten wir noch in Paritschi. Arno legt die mitgebrachten Blumen nieder und läßt sich von Sascha fotografieren. Leider stellt sich später heraus, daß kein Film in der Kamera war. Ich lege einen Strauß auch im Andenken an die russischen Opfer nieder. Paul Mogge übersetzt.

In meinen Abschiedsworten betone ich, wie wertvoll mir die Freund- schaft und Gastfreundschaft dieser Menschen ist und daß ich überall von ihren großen Herzen erzählen werde. Für Arno ist Rudnja darauf der Ort, wo die Menschen mit den großen Herzen wohnen.

Am Flughafen habe ich fast schon den Schalter passiert, als mir jemand auf die Schulter tippt: Es ist Andrej, der mir eine Flachspuppe hinhält. Ich bin echt gerührt.

So problemlos, wie der Flug die Reise beendet, scheint nun alles routinemäßig abgewickelt. Wir beschließen, per Fax das Hospital um Erlaubnis für ein Grabmal ähnlich Rudnja zu bitten mit dem Angebot einer Hilfslieferung für die Klinik. Auf die Antwort bin ich schon gespannt.

Aber das seltsame ist, daß ich nicht zu meiner Routine im Allgäu zurück finde. Vor meinem Auge ziehen endlos Kolonnen im Jeep, mit Lastwagen, Krädern vorüber. Panzer zerwühlen das Gelände und über der Landschaft liegt Tod, Kummer und Not. Ich rieche die moorige Luft, höre das Dröhnen der Motoren mal näher - mal ferner und die Melancholie des Landes hält mich gefangen. Es mischen sich wohl die Erfahrungen des hautnahen Erlebens der heutigen Armut in der kargen Landschaft und den trostlosen Dörfern mit den Erinnerungen aus frühester Kindheit. Damals waren allerdings die Militärkolonnen amerikanisch, aber meine Sinne machen keinen Unterschied. Was bleibt? Ein Gefühl läßt mich nicht los: Es gibt noch viel zu tun: Doswedanja - Belarus!

Typische Szene

Plini werden in der Datscha gebacken

Ein Stückchen Leben
von Heinz Fiedler

Um auf der Welt zu sein, muß man geboren werden. So war es auch bei mir. Gegen 5 Uhr des 9. Oktober 1922 schenkte mir meine liebe Mutter das Leben. Geholfen hat ihr dabei die Wehmutter Frau Grünhardt. Gewiß war ich kein Wunschkind, denn ich war das Dritte in schwerer Nachkriegszeit. Vater Walter war Hüttenmaurer bei der damaligen Mansfelder Kupferschiefer bauenden AG. Wir bewohnten eine Mietwohnung im 2. Stock. Adresse: Hettstedt, Luisenplatz 3. Stube, Kammer und Küche besaßen je Dachschräge. Dennoch kann man mich getrost „hochwohl-Geboren" nennen. Meine Wiege stand im 2. Stock, wohlauf war ich und geboren wurde ich. Meine Erinnerung setzte ein und ich fand mich mehr bei der Wirtsfrau als in der kleinen elterlichen Wohnung. Frau Reimann war seit 1916 Kriegerwitwe und hatte einen Sohn und sechs Töchter. Alle sagten zu der Frau „Mutter" und ich sagte das natürlich auch. Ich zählte wie ein Nachkömmling zu den Großen und war der kleine Heini. Meine leibliche Mutter nannte ich Mutti und meines Vaters Mutter war die Großmutter.
An unserem Wohnhaus floß die Wipper entlang und im Sommer konnte man fein darin baden. (Damals war das Wasser noch klar) Wenn bei Hochwasser das kleine Flüßchen übertrat und das Wasser in die Furt eindrang, konnte man da fein kleine Papierschiffchen schwimmen lassen. Natürlich gab es dabei auch nasse Füsse. Inzwischen starben meine kleine Schwester Annemarie und der nach mir geborene Bruder Kurt. An beide kann ich mich nicht mehr erinnern. Also blieben nur mein Bruder Gerhard (Jahrgang 1917) und ich. – Weil ich mit einem Leistenbruch zur Welt gekommen war und nach dem Säugen stets heftig weinte, wurde ich von einer alten Frau „gebüßt". Im Alter von 5 Jahren mußte ich dann doch im Gerbstedter Krankenhaus operiert werden. Später erzählte man mir, der dortige Arzt habe geschielt. „Warum guckst du anders als andere Leute?" hätte ich ihn gefragt. So ein Bürschchen war ich. Anfang 1929 wurde ich in der Hettstedter Knabenvolksschule eingeschult. Ich hatte schon einiges aus den Schulbüchern meines Bruders gelernt.

Auf dem Platz vor unserem Haus spielten wir Knaben, was damals so Mode war: Brummkiesel, Reifen kullern, Kullerschösse schieben und v.a.m. Ich hatte zwei gute Freunde: Erich Große und Heinz Busch. Dessen Mutter war eine große schöne Frau und nähte „Weiß" für ein Geschäft. Weil wir gar zu beengt wohnten, faßten meine Eltern den Entschluß, selbst zu bauen. Weil schon damals ein Gesetz zur Wohnraumbeschaffung bestand, mußten zwei Wohnungen erstellt werden. Meine Eltern besaßen keinen Pfennig Kapital, nur vier Hände. Der einzige Besitz war die Baustelle und Ca 600 qm Garten dabei, das Erbteil meines Vaters.
Am 1. Oktober 1929 zogen wir ein. Natürlich wieder in das Obergeschoß mit halbschrägen Wänden. Parterre mußte vermietet werden, denn die Abgaben waren

groß, für die damaligen Verhältnisse riesengroß. Der Bauunternehmer war zwar der Onkel meines Vaters, doch der besaß auch keine Münzwerkstatt. Die Arbeitslöhne waren hoch. Der Bau kostete 19.000 Mark! Und Vater verdiente 40, -- Mark brutto die Woche. Trotz eigener Wohnung begann für uns alle eine unbeschreibliche Notzeit. Vater ging auf drei Schichten arbeiten. Mutter versuchte, trotz allem Mangel unsere Kindheit sonnig zu gestalten. Bis in ihr hohes Alter deckte sie den Tisch mit viel Geschirr und Besteck und einem stets sauberen Tischtuch. So weiß ich z.B. , daß ¼ Pfund Gehacktes mit viel Semmel dazwischen für jeden zu Mittag ein Gehacktesklößchen gab. Gemüse oder Salat lieferte der Garten. Auch Kompotte aller Art. Mein Vater glich einem Berufsgärtner. Keiner konnte ihm eine Gartenarbeit recht machen. Im Sommer mußten wir Knaben nach dem Gießen das Bassin an der Pumpe vollschucken. Als ich halbwegs beinig war, mußte ich Salat, Erdbeeren, Stachel- und Johannisbeeren und Grünkohl an Privatkunden austragen. Das waren meistens Geschäftsleute, aber auch das Hotel zur Sonne und der Kaiserhof und auch der Ratskeller. Von der Frau des Zahnarztes bekam ich regelmäßig einen Fünfer Botenlohn. Deshalb ging ich gern dorthin. Aber nicht nur deswegen. Es waren dort drei Töchter und die Älteste ging mit in meine Schulklasse und war vom ersten Tag an mein Augenstern. Dies blieb sie, bis ich ein Jüngling war.

Doch ihr Vater war Akademiker und meiner Maurer - - - also trennten uns Welten! Ich habe der Annelie nie von meiner Liebe gesprochen. Meine Mutter ließ mir einen kleinen Tragkorb flechten und im Sommer ging ich mit ihr nach der Schule und in den Ferien Ähren lesen. Der Weizen war für die Hühner, den Roggen tauschten wir in der Untermühle Körbitz gegen Mehl um. Daraus buk Mutter Brot nach schlesischer Art mit Kümmel. Von den Ähren wurde das Stroh abgeschnitten. Die Ähren kamen in einen Sack. Darauf wurde mit dem Dreschflegel geschlagen, bis die Körner raus sprangen. Das wurde danach in einem Siebe „gerollt", d.h., die Spreu von den Körnern getrennt.
 Ja, jedes so gewonnene Brot sparte 60 Pfennig ein!
 Die nahegelegene Saigerhütte kaufte derzeit laufend reinen Pferdemist ohne Stroh für die Gießformen auf. Ich weiß aber nicht, wie das flüssige Eisen mit den Pferdeäpfeln verwandt war! ?
Pferdeanspannung gab es ja damals in der Landwirtschaft, den Brauereien, den Molkereien usw.- Also sammelten wir Jungens, wie viele andere auch, auf den Straßen Pferdeäpfel. Der Scheffel kostete 70 Pfennig. Das war ausreichend für ein Brot und ¼ Pfund Napfsülze von Fleischer Hüber. Unser Handwagen faßte gut einen Scheffel Pferdeäpfel.
 In den Wintermonaten saß meine Mutter Nächte hindurch beim Behäkeln von Taschentüchern für ein Geschäft. Weil der Strom zu teuer war, hockte sie bei einer Karbid-Lampe. Den Karbid brachte Nachbar Wetzig vom Schachte mit. Soweit ich mich ereinnere, bekam sie für ein Tuch zwischen 60 und 90 Pfennig.
 Doch manchmal blieb auch ein Streit zwischen den Eltern nicht aus, weil einfach kein Geld da war für das Haus, das doch völlig auf Kredit gebaut war. Doch Mutter

kam immer wieder irgendwie zurecht. Sie hielt alles sehr ordentlich und sauber. Wenn ich aus der Schule kam, mußte ich mich umziehen und in die Holzpantoffeln schlüpfen. So zwischendurch wurde ich zwo mal an den Polypen operiert, dann mit 12 Jahren nochmals am Leistenbruch. Den hatte ich mir beim Turnen zugezogen. Scheinbar war ich etwas dazu veranlagt, denn Großmutter und mein Vater haben sich lebenslang mit argen Leistenbrüchen plagen müssen.

Trotz allem erlebte ich eine gute Kindheit. – Einmal hatte ich mit meinem Bruder gemeinsam die Masern. Da bekamen wir jeder eine Rolle Knete für je 10 Pfennig zum Spielen. Gerhard hatte dunkelrote, ich grüne. – Von Klein an war ich ein Pferdenarr und böse auf die Kutscher, die ihre Tiere mißhandelten. Der Traum der Zeit war eine richtige Rollpeitsche! Aber die kostete viel Geld. Ich legte Fünfer und Kupferpfennige beieinander und wartete auf den Jahrmarkt. Der wurde alljährlich zwei mal in Hettstedt abgehalten. Auf dem Markt wurden jeweils für zwo Tage diverse Buden und Verkaufsstände aufgebaut. Mutter belieferte Frau Jähnert aus Thüringen mit warmen Kaffee. Sie handelte mit Porzellanwaren. Die waren auf Stroh an der Erde feilgeboten. Ich lief Wege für eine Würstchenbude, holte Wasser, Senf, Brötchen und sollte dafür eine Bockwurst erhalten. Obwohl mein Appetit groß war, erbat ich mir doch lieber den Groschen, den das Würstchen kosten sollte, in bar und bekam ihn auch. Verlockend war es, Karussell zu fahren, Türkischen Honig zu lecken, Pfannkuchen oder Lakritzstangen, gebrannte Mandeln zu essen oder oder oder. - Allein, ich blieb fest! Die große Sehnsucht blieb die Peitsche. An den zwei Tagen des Marktes habe ich den Händler wohl an die 50 mal nach dem Preise des Idols gefragt. Er hielt unter einem großen blauen Schirm Rasierklingen, Hosenträger, Schnürsenkel u.v.a.m. feil. – Nun, die Peitsche kostete 125 Pfennig und mein ganzes Vermögen bestand aus 90 Pfennig, die ich schweißnaß in meiner linken Hosentasche festhielt. Die Tränen standen mir in meinen Augen.

Da geschah das Wunder! Zu guter Letzt gab mir dieser dicke Mann die Peitsche mit Riemen für 90 Pfennige! ! !. – Die Leute hatten gesagt, er wäre ein Jude. Ich wußte damals noch nicht, was das bedeutete. Für mich war dieser Mensch ein Engel, den ich beglückt in Windeseile verließ, damit ihn der Handel nicht noch reute. Wir wohnten auf der Promenade, einer Ausfallstraße Hettstedts. An deren Ende führte ein langer Tunnel unter der Reichsbahn hindurch.

Dort knallte ich nun fortwährend mit meiner Peitsche, weil es in dem Tunnel viel lauter echote als im Freien. Wenn wir Jungens „Pferd" spielten, hatte mir mein Großvater schon oft eine Peitsche von Haselnuß- oder Rüstergerten gemacht. Aber die waren ja steif. Bald war es aus mit der Knallerei! Die Schnur war alle. Ein Lederriemen allein knallt nämlich nicht. An das Ende muß eine kleine Schnur von Sisal angebracht werden. Und so eine Schnur kostete beim Sattler 2 Pfennige. – Und ich war blank!

Der rettende Weg führte mich zur Großmutter, die direkt neben uns wohnte. „Grosemudder, hasten ä Zweier for mich for änne Peitschenschnure. Wenn' de mich awer ä Fünnewer jiwwest, kreie ich dreie." „Nä, mei Junge, ich kann Dich nich ä Pfennig jähm, mir krein erscht ewwermorgen in Jroßvader seine Rende."

Ich wußte zwar noch nicht, was eine Rente ist, aber ich begriff, daß ich noch zwei Tage warten mußte.

Später hatte ich einen Schulfreund Heinz Weise. Dessen Eltern hatten Landwirtschaft und Fuhrbetrieb mit 6-7 Pferden. Dort lernte ich, wie man aus dem Bindfaden der Strohbunde selbst Schnüren drehen konnte.

Doch zurück zur Großmutter. Ich bekam einen Zweier und holte vom Sattlermeister Schützendübel auf dem Markte eine Schnur! Wie herrlich! Großmutter besaß im Gegensatz zu uns eine gemauerte Grude, die mit Koks geheizt wurde. Der Koksmann kam wöchentlich zwei mal durch die Straßen gefahren. Er hatte zwei kleine braune Pferde vor seinem grau gestrichenen Wagen. Ich wußte damals noch nicht, ob Stuten oder Wallache. Jedenfalls waren die Tiere gut genährt und gepflegt, das Geschirr stets sauber geputzt. Ich hörte, der Koksmann sei Kavallerist gewesen.

Im Winter saßen meine Basen und Vettern gegen Abend bei den Großeltern In der Stube. Die Lampe, ein großer Porzellanschirm mit einem Kranz grüner Perlen behängt und mit einer 15 Watt Birne versehen, wurde natürlich nicht angeknipst. Großvater saß neben dem dreistöckigen, gußeisernen, schwarzen Ofen und machte uns Bratäpfel. Er rauchte dabei seine sogenannte halblange Pfeife, die hatte einen Porzellan-Kopf, auf dem ein springender Hirsch zu sehen war. Einen Deckel hatte der Pfeifenkopf aus Weißblech. Mir erschien er damals wie aus Silber. Der Tabak, Grobschnitt, 250g für 50 Pfennig, befand sich in einer selbst gefertigten Blechdose, die am Kopf des roten Plüsch-sofas stand. Zum Anzünden des Tabaks wurde selbstverständlich innerhalb des Hauses kein Streichholz verwandt, sondern ein Fidibus. Dies ist ein langes, ganz dünnes Stäbchen aus Fichte oder Kiefer und wurde zwischen Wand und Ofen aufbewahrt. Am Herdfeuer wurde so ein Fidibus bei Bedarf angezündet und nach Gebrauch sofort wieder ausge-blasen, damit er recht oft verwendet werden konnte.

Großvater war ein stattlicher Mann, ehemals Bergschmied. Er hatte weißes, silber-lockiges Haar und einen Schnauz- und Knebelbart. Er war ein guter Gärtner und besaß viel handwerkliches Geschick. Ich erinnere mich noch, daß er an Messer und Gabeln feine Stiele aus Pflaumenholz anbrachte. Die wurden später ganz dunkel. Die viel kleinere Großmutter Marie saß indes auf der Hitsche (= Fußbank). Durch drei kleine Zuglöcher im Ofen flackerte so viel Licht, wie sie zum Stricken brauchte - und sie strickte fast immer. Meistens Strümpfe. Derweil erzählte sie uns Märchen und ich fragte sie dabei vieles. Einmal strickte sie während der Adventszeit an einem Bezug für eine sogenannte Kaffee-mütze, die damals Mode waren. Ich muß sie wohl entsetzlich mit meiner Fragerei gequält haben, was das denn werden solle. Sie antwortete schließlich sehr barsch, das würde eine Nachtmütze mit Ärmeln: nun, bei aller Fantasie konnte ich mir darunter nichts vorstellen.

Einmal hatte ich sonntags eine weiße Matrosenbluse mit dunkelblauem Kragen an. In der nahen Aschengrube hatten wir Jungens ein Feuerchen angezündet! Dabei hatte ich mir am Bauch die weiße Bluse versengt.   Guter Rat war da teuer! Einmal hatte ich Angst vor (verdienten) Prügeln und zum anderen wollte ich

meine Mutter mit meinem Ungehorsam nicht betrüben. Großmutter wußte Rat. Mit einem Stückchen Kreide wurde der Fleck übermalt und bis zur nächsten Wäsche war nichts zu sehen.
Manchmal besuchte ich auch die Mutter. Da gab es eine Bemme mit Fett oder Pflaumen-mus. Ich gehörte einfach immer noch zu ihren Kindern. Besonders ihrer Tochter Hildegard verdanke ich viel. Sie hat sich als Kind sehr mit mir abgemüht.
Ein Erlebnis ist mir noch besonders gegenwärtig: Als ich noch bei der „Mutter" wohnte, sollte ich mal für 10Pfennig Kartoffelmehl holen. In der Eile hatte ich aber nur „Kartoffeln" vernommen. Deshalb lief ich zur Firma Meyer auf dem Freimarkt und kaufte dort Kartoffeln ein. Weil sie aber nicht in meinen kleinen Einkaufsbeutel paßten, mußte ich noch einige Knollen im Hemdenlatz unterbringen und man hatte lange auf mich gewartet.
Natürlich hatte ich auch einen festen Schulfreund. Er hieß Ewald Klanert und wohnte in der Talstr. 7. Weil Ewald klein war, hatte er den Beinamen „der Fünfer". Er hatte noch 8 lebende Geschwister. Sein Vater war lange arbeitslos. Ewald aß oft bei uns mit. Besonders das selbst gekochte Apfelgelee meiner Mutter hatte es ihm angetan. Bei schlechtem Wetter spielten wir in unserer kleinen Küche oder auf dem Überboden, der gedielt war. Ich hatte mal vom Christkind einen kleinen blauen Blechwagen mit zwei Tonpferdchen bekommen. Ein Fuchs und ein brauner waren etwa 8cm groß. Die Zugstränge schienen von einer Uhr mit Gewichten zu stammen. Es gab allerlei zu fahren. Meine Mutter hatte kleine Säckchen genäht und mit feinem Sand gefüllt. Das war Mehl für die Bäcker. Sperrholz gab Ladungen für Sägewerk und Holzhändler. – Am nächsten Weihnachten bekam ich noch ein drittes Pferd als Vorspänner. Es kostete 65 Pfennig bei Bethmanns auf dem Markte.
Im Sommer war ich oft bei Klanerts. Tante Klanert war eine gute Frau, wie wohl alle armen Leute. Ich aß denn auch mit, weil es unter so vielen besonders gut schmeckte. Zum Abendbrot gab es pro Kopf zwei Bemmen. Die waren belegt mit Scheiben von Pellkartoffeln und Salz war drauf gestreut. Dazu aus einem großen blauen Topf selbst gesuchten Wald- und Wiesentee. Der Topf war innen ganz braun. Dann gab es am Sonnabend zu dritt einen Hering dazu. Sonntags waren die Löcher im Brot mit D-Zugtempo mit Haushaltsmargarine (das war die billigste Sorte!) verschmiert und mit Harz-Käse belegt. Anstatt Tee gab es Kakao! Und alles schmeckte so herrlich. Selige Zeit! Die Geschwister schliefen unter dem Ziegeldach. Eine Wand aus Zaunlatten trennte die Geschlechter. Im Winter rieselte Schnee durch die Dachritzen auf die Betten.
Die Tante Klanert sah ich gar oft an der Waschwanne stehen; per Waschbrett, Schmierseife und Bürste wurde gewaschen. Ins Spülwasser kam für 2 Pfennig Waschblau. – Mit viel Mühe wurde ein Schwein gefüttert. Ein großes Erlebnis war das Schlachtfest. Der Schlachter, Onkel Billhart, maß uns eine kleine Wurst an. (Beim Mengen der Rotwurst wurde den neugierigen Kindern ein Strich mit den blutigen Fingern über die Wange gezogen.) Das gab großes Geschrei.

Ja, und nebenbei ging ich zur Schule. Der Weg führte über den Doktorsteg (eine Wipperbrücke) zum Freimarkt. Unterm Saigertor überquerten wir die Straße. Rechts auf dem Markt gingen wir dann beim alten Zigarrenfranke rauf zur Schule. Malen und Turnen und Raumlehre interessierten mich nicht. Ebenso der Werkunterricht mit dem Bauen von Segelflugmodellen. Dagegen hatte ich in Rechnen, Schreiben und Rechtschreibung fast immer eine EINS. In Religion, Naturkunde und Biologie stand ich auf zwei. In der Rechtschreibung war ich damals eine kleiner König. Während der Deutschstunde saß ich in einem leeren Klassenzimmer und sah für den Lehrer die Diktathefte meiner Mitschüler durch. Ich strich die Fehler mit roter Tinte an, so daß der Kantor nur noch die Schrift bewerten und sein Namenszeichen setzen brauchte.

Das liebste Fach aber für mich war Germanische Geschichte und die Götter- und Heldensagen.

Wir besaßen auch einen großen Schulgarten in der Rathausstraße. Weil ich mir von Vater und Großvater einige Kenntnisse angeeignet hatte, war ich dort Gruppenführer der 8 Knaben und Mädchen. Unsere Gruppe hatte auch das Alpinum zu betreuen. Aber im Sport war ich Nichtschwimmer! Ich hatte einfach Angst, weil man mich mal plötzlich ins Tiefe geworfen hatte. Während der letzten zwei Schuljahre bot sich die Gelegenheit, kostenlos Stenografie (Deutsche Einheitskurzschrift) und Maschinenschreiben zu lernen (10-Finger-Blindsystem). Ich beteiligte mich an beiden Lehrgängen. Ich gestehe, daß ich in Stenografie kein Meister wurde, sondern es nur zum Gesellen brachte. Wäre ich in Übung geblieben, beherrschte ich sie noch heute, doch leider..... Hingegen lernte ich zügig tippen.

Im Ablauf der Zeit kam mein Vater zwei mal ins Krankenhaus zur Bruchoperation und Mutter zu einer schweren Magenoperation, von der sie sich nie mehr ganz erholt hat.

1931 erlernte mein Bruder das Elektrikerhandwerk bei einem Krauter (= privater Meister). Im 1. Lehrjahr verdiente er nichts, im 2. Pro Woche 50 Pfennig, im 3. Zwei Mark und im 4. Lehrjahr 5 Mark pro Woche! Dafür waren viele seiner Arbeitsanzüge von Säure zerfressen. Die damaligen Radios liefen mit Bleisammler und die wurden mittels Lade-station des Meisters aufgeladen. - Also, die Lehrjahre meines Bruders waren absolut keine finanzielle Hilfe für meine Eltern. Ab und zu gab es aber doch bei Leuten, bei denen er arbeitete, eine Mahlzeit und er konnte dann sein Brot am Abend daheim verzehren. (Zu den Spendern gehörte unter anderem die Gutsverwaltung von Krosigk, Helmsdorf)

Was blieb, war mein Pferdevogel. - In den Ferien durfte ich einen Tag frühmorgens 5 Uhr in den Pferdestall von Fa. Gebr. Ecke, Holzhandlung und Sägewerk mit Baumaterialhandlung. In der Schoßkelle bei Fritz Germer oder Fritz Bienhold mitzufahren war das größte Glück. Manchmal ging die Reise in weite Dörfer. Ich bekam eine Brause Spendiert und durfte die Leine nehmen.

Meinen Kenntnissen nach hätte ich wohl die Mittelschule besuchen können. Aber das kostete im Monat 8.50 M Schulgeld und viele Bücher dazu. Dies Geld konnten meine Eltern beim besten Willen nicht aufbringen. Im 7. bzw. 8. Schuljahr besuchte ich die Präparanden- bzw. die Konfirmationsstunde. Hettstedt war in Pfarrbezirke Ost und West aufgeteilt. Ich gehörte zu Ost mit Pfarrer Hermann Rhode. Pfarrer Hahn hatte den Westbezirk. - Direkt zum Gottesdienst bin ich wohl nur zur Christmette gegangen. Meine Eltern waren brave und ehrliche Leute und hatten alle Kinder taufen lassen. Doch kann ich mich außer an großen Festen an keinen gemeinsamen Kirchgang erinnern. Recht lebhaft ist mir das „Singen-Gehen" zu Sylvester in Erinnerung. Alle Schulkinder gingen gruppenweise, so wie sie in den Straßen wohnten zu Verwandten, Paten und allen Geschäftsleuten singen und wünschten ein „Gesundes Neujahr". Die Größeren nahmen die Kleineren mit, oft unwillig, weil die Kleinen bei bitterer Kälte oft keine Ausdauer hatten. Im Morgengrauen begann die Invasion auf die Stadt. In Läden oder Hausfluren wurde gesungen: „Ihr Kinderlein kommet.." oder „Alle Jahre wieder .." oder „Ich bin ä klähner Keenich, jäht mich nich so wehnich, laßt mich nich so lange stehn, muß noch in veele Haiser jehn. Eppel raus, Nisse raus oder ich Schla'he ä Loch ins Haus!"

Fast jeder hatte einen Stoffbeutel. Meist den, in dem man das Turnzeug zur Sportstunde transportierte. Dort hinein kamen alle ersungenen Dinge: beim Bäcker gab es eine Honigkuchenscheibe, beim Kolonialwarenhändler einen billigen Bonbon aus dem großen Glase, die Fleischersfrau schenkte eine Scheibe Wurst, im Fischladen gab es eine Sprotte, im Buchladen eine Stahlfeder, ein Löschblatt oder eine Stammversblume. Hier und da gab es einen neuen Kupferpfennig oder einen Zweier.

Meinen einzigen ortsansässigen Paten besang ich erst gegen Abend. Es war der Maurermeister und Bauunternehmer Alwin Fiedler, mein Großonkel. Von ihm bekam ich stets einen Taler (= 3-Mark-Stück) Der war aber von meinen Eltern schon immer eingeplant zum Ankauf neuer Schuhe für mich. -

Übrigens stand dieser guter Mann später fast vor dem Ruin. Wenn er nach der Besichtigung seiner Baustellen in sein Stammlokal „Zur Alten Post" ging, folgte ihm oft ein Rudel Arbeitsloser, die es damals in Massen gab. Bald sangen sie dem alten Artilleristen: „Kanoniere aufgesessen und das Liebchen nicht vergessen" oder das Lied „Ich hatt' einen Kameraden..." Dann ließ er Freibier auffahren und die Tränen liefen ihm über die Backen. Auch ansonsten war er sehr gutmütig und die alten Hettstedter sprechen noch heute mit Achtung von ihm. Nur eben, allzu gut ist liederlich. ---

Trotzdem Geld rar war, kauften alle Leute im Sommer Rutenbier, besonders aber ein sogenanntes Füllbier, das man „Puparschknall" nennt. Robert Weishaupt fuhr durch die Straßen und die Leute kauften das Gebräu eimerweise, 1 Liter für 17 Pfennige, Rutenbier für 43 Pfennige. Der Braukommune Hettstedt sollte man eigentlich eine ganze Abhandlung widmen, aber das würde zu weit führen. In der Hitlerzeit wurde das Bierbrauen leider verboten und die Braukommune verfiel, wie so manches gute Deutsche!

Für mich als Schuljungen waren vor allem die Schmieden von Richard Zimmermann und Carl Kirchberg besondere Anziehungspunkte. Gar zu gerne sah ich zu, wenn die damals so zahlreichen Pferde beschlagen wurden. Besonders interessant aber war es, wenn bei Kirchberg die schweren, jungen Pferde für Roßhändler Conrad die ersten Eisen erhielten. Die Tiere waren oft sehr aufgeregt und man mußte ihnen die Nasenbremse aufsetzen, was ich für Tierquälerei hielt. Aber ich brauchte ja auch nicht die Beine hochzuheben. Und das war Schwerstarbeit! B. Conrad wohnte damals auf dem Freimarkt im Grundstück von L.P. Meyer gegenüber der Wäscherei Hesse. Es war ein Vergnügen für mich, wenn am Doktorsteg die Pferde einzeln oder paarweise den Käufern vorgeführt wurden. Fast alle Pferde waren kupiert. Die Schweifrübe wurde ihnen ganz kurz abgehackt, damit die Tiere wuchtiger wirkten. Aber letztendlich wurde diese Tierquälerei verboten. Wenn Conrad gewußt hätte, was ich für ein Pferdenarr war, hätte er mich sicher mehr um sich geduldet. Was habe ich doch über die Geschirre, gelben Wolldecken und blau karierte Sommerdecken gestaunt! Eine Zeit lang handelte er auch mit schwarzbunten Färsen.

Einen Höhepunkt gab es für uns Kinder in der Herbstzeit, wenn die großen Manöver abgehalten wurden. Da gab es schulfrei und wir liefen mit den Soldaten mit oder neben den Fahrzeugen her. Wie köstlich schmeckten ein paar Löffel Erbsensuppe aus der großen Gulaschkanone. Und wenn es hoch kam, durften wir Knaben auch mal auf einem Pferd sitzen!

Von Königsrode kam regelmäßig ein alter Mann mit einem rippenblanken Bleßfuchs. Mit einem Leiterwagen brachte er Heu. Auf der großen Wagenplane stand: Robert Hahn, Heuhandlung, Königrode/Harz. Links an der Seite hing ein lederner Futterbeutel und ein Kober (das ist eine Ledertasche für die Wegzehrung). Unter dem Wagen hing ein zerbeulter Zinkeimer zum Tränken und eine Stallaterne (Petroleum). Vor der Drogerie Graeger stand damals eine große Pumpe, wie auch vor der Schmiede Kirchberg. Dort tränkte der alte Mann den Fuchs, anschließend fuhr er auf die Fuhrwerkswaage vor dem Rathaus. Stadtschreiber Kern stellte das Gewicht fest und ließ an einem Faden einen Beutel mit der Wiegekarte vom Fenster hinunter und bekam dafür sein Wiegegeld. Der Onkel aus dem Harz trug stets eine braune Manchesterhose, eine grüne Lodenjacke und Rindslederschuhe. Die blaue Bockschürze fehlte natürlich nicht. Auch einen Schnauzbart hatte er. An seiner gelben Rohrpeitsche war eine bunte Troddel angebracht.

Er belieferte die Molkereien, Brauerei-Niederlassungen und wo es sonst noch Pferde zu versorgen gab.

Ich konnte schon von weitem bestimmen, wem die Kutschen gehörten: z.B. Püschel, Meisberg, der hatte ein Paar ganz leichte Goldfüchse, Rittergut Walbeck einen Schimmel und einen Rappen, gefahren von Herrn Becker; Baronin von Hardenberg, Oberwiederstedt, ließ ein Paar Dunkelbraune vor ihrer Kutsche gehen; Carl Rohland, Hettstedt, fuhr einen Dunkelfuchs im Einspänner usw. usf. Die Alteröder und Stangeröder Bauern fütterten vor der Gaststätte „Zum Stern" auf dem Markt, die Walbecker, Syldaer, Arnstedter hielten vor „Hotel Krone"; die Meisberger, Ritteröder und Harzer vor dem „Schwarzen Roß"; die Vatteröder, Piskaborner, Gorenzer vor dem Gasthaus „Graf Waldersee".

Mit größtem Staunen aber sah ich zu, wenn der alte Otto Heidenreich aus Hettstedt Langholz für Sägewerk Ecke fuhr. Herr H. hatte im 1. Weltkrieg ein Bein verloren. Er saß verquer auf den Stämmen, an der Seite hing ein Krückstock und eine Armkrücke. Das linke Hosenbein hatte er hochgeschlagen und festgesteckt. Er hatte einen rotblonden Schnauzbart und rauchte stets eine halblange Pfeife. Seine Pferde gehorchten aufs Wort. Man mußte wirklich fahren können mit den z.T. über 20m langen Fichten-, Lärchen-, Kiefernstämmen oder den kurzen, dicken Blöchen, das sind Stämme von Laubholz.
Spät, spät abends kamen die Holzfuhrleute aus Braunschwende und Königerode mit ihren leeren Holzwagen durch Hettstedt. Sie hatten Langholz nach Alsleben/Saale gefahren. Eine gewaltige Tour für die Pferde. Die Polizei ließ es geschehen, daß die müden Fahrer auf ihren Wagen schliefen. Die Pferde wußten genau den Heimweg und der Verkehr war damals noch sehr mäßig und rücksichtsvoll. Ach, wie gerne wäre ich Holzfahrer oder Heuhändler geworden! Aber es kam alles anders.

Es hat alles einen Anfang und ein Ende.
So auch meine Kindheit, die doch eine schöne Fohlenzeit für mich war. „Du sollst es einmal leichter haben als ich und dein Geld nicht mit Schippe und Hacke verdienen. Du hast Kenntnisse."
Das waren die Worte meines Vaters, wenn es an das Thema Beruf ging. Er selbst wollte eigentlich Stadtschreiber werden, hatte aber in seinen Jugendjahren eine Sprachhemmung.
Ich sollte also Schreiberling werden, warum auch nicht. Jeden Sonnabend nachmittags hatte ich Dienst im Deutschen Jungvolk, der Kinderorganisation des Dritten Reiches. Da wurde marschiert und gesungen, Geländespiele und Nachtübungen nach Kompaß durchgeführt und vieles andere mehr. Mit Kindern kann man leider jederzeit Vieles machen! Und wir Buben sangen: „„...denn heut gehört uns Deutschland und morgen die ganze Welt!"""
Daheim wurde von Politik nichts gesprochen, denn mein Vater war seit seinem 14. Lebensjahr im Bauarbeiterverband und scheinbar paßte das nicht so recht mit Hitler zusammen.

Es ist wohl so in des Menschen Leben: wenn ich doch erst man in die Schule käme - aus der Schule käme - in der Lehre wäre - aus der Lehre wäre ....
Das damalige Messingwerk mit über 4000 Mann Belegschaft stellte nun je einen männlichen und weiblichen kaufmännischen Lehrling ein. Ich hatte auch keine Neigung, in so einem Meer von Hallen und Gebäuden unterzukommen.
Auf Vermittlung meines Rektors Fischer hin bewarb ich mich um eine Anstellung als Lehrling bei der ehemaligen Gewerbebank eGmbH Hettstedt. Dieses Kreditinstitut wollte 1937 erstmalig einen Volksschüler einstellen. Meine Bewerbung wurde angenommen und ich als Lehrling auf Probe von sechs Wochen eingestellt.
Was tat sich da für mich eine Welt auf?

Mein Vater gab mir folgendes Wort mit auf meinen Weg: „Junge, alles Geld, das du siehst, ist Falschgeld. Dafür kannst du dir nirgends etwas kaufen. Das bedenke immer!!"

Der Lehrvertrag wurde abgeschlossen. Ein sagenhaftes Gehalt wurde vereinbart: Im 1. Lehrjahr sollte ich 28,-- Mark, im 2. 50,-- Mark und im 3. Lehrjahr 68,-- Mark erhalten. Also, mit guten Wünschen und Ermahnungen meiner Eltern versehen, begann für mich die Lehrzeit.
Einmal pro Woche besuchte ich die kaufmännische Klasse der Kreisberufsschule Mansfeld. Wie das so ist als Stift, mußte ich Belege abheften, Kontoauszüge austragen, das Feuer (mit Brikett und Koks) in zwei Räumen versorgen, die Portokasse führen. Und gegen 17.00 Uhr Geld auf der Post einzahlen. Das waren in der Regel zwischen 4.000 - 8.000,-- Mark. Viel, viel Geld für die damalige Zeit! Kassenstunden waren von 8.00 - 12.00 und von 14.00 - 17.00 Uhr, sonnabends von 8.00 - 12.00 Uhr.

Bevor die Kasse stimmte, durften wir nicht nach Hause gehen. Jeder drückte die Daumen, daß der Kassierer Fritz Ehrhardt keine Differenzen hatte. Unsere Hauptbuchhalterin Elfriedchen Rauchstein kam täglich von Klostermansfeld mit dem Fahrrad, bei Wind und Wetter. Kurt Gorges und Ingeborg Wilke waren die beiden älteren Lehrlinge. Allmählich kam ich denn auch an die eigentliche Arbeit. Es gab damals noch die sogenannten Konto-Beibücher für die Kontokorrentkonten. Da gab es viel einzutragen.

Mein Chef, Herr Direktor Karl Schneider, war ein gütiger Mann, den wir alle hoch achteten. Donnerstag früh mußte ich öfters für ihn Selters und Senfgurke holen. Mittwochabend war nämlich feuchtfröhliches Kegeln im Ratskeller. Der Kassier schickte mich auch bald zu Verrechnungen zur Sparkasse der Mansfelder Kreise und zur hiesigen Filiale des Halleschen Bankenvereins. Wir besaßen damals schon eine Additionsmaschine, die wir Lehrlinge aber nicht benutzen sollten.
Untereinander ging alles per „Sie".
So allmählich gewöhnte ich mich an den Beruf, der mir als Leitersprosse zur sogenannten Rentmeisterlaufbahn dienen sollte. Die großen Güter besaßen zur Abwicklung ihrer Finanzgeschäfte ein sog. Rentamt, dem ein Rentmeister vorstand. - Das war nun mein heimlicher Traum. Dazu mußte man das Bankfach beherrschen und war andererseits nahe an der praktischen Landwirtschaft, der ja noch immer heimlich mein Herz gehörte.
Jetzt lernte ich Münzen einrollen und Geldscheine zählen und bündeln. Bald mußte ich auch Wechsel vorlegen. Oft platzten diese, weil die Schuldner kein Geld hatten. Ich mußte dann mit den Wechseln zu Rechtsanwalt Schönig gehen und die Urkunden zu Protest einreichen. Bald konnte ich mir ein Fahrrad kaufen von Walter Liebe am Saigertor mit 35 Mark Anzahlung und Monatsraten von 10Mark. Es war Marke Gritzner und kostete komplett 105 Mark. Es war aber wirklich ein Rad bester Qualität.
Im Herbst 1937 wurde bei der Städtischen Handelslehranstalt in Halle eine Bankfachklasse eingerichtet. Nun war ich der erste Lehrling meiner Firma, der in

diese Schule sollte, bzw. durfte. Das Fahrgeld zahlte die Bank, die Bücher ich. Aber, o weia, was war das für eine Umstellung für mich. Von den 28 Schülern und einer Schülerin war ich der Jüngste, der einzige Volksschüler, das einzige Arbeiterkind, der einzige, der aus so einer kleinen Stadt und Bank kam. In meinem schwarzen Gummimantel, der auf Zuwachs gekauft war, kam ich mir doch recht arm und hilflos vor. Alles war für mich neu, die große Stadt, die vielen Menschen, die Schule, das viele Taschengeld der Mitschüler, von denen viele über 20 Jahre alt waren.

Zum Glück hatte meine liebe Mutter darauf geachtet, daß ich hochdeutsch sprechen lernte und nicht nur „mansfällerte". - Sie stammte aus Brieg bei Breslau und sprach bis an ihr Lebensende reines Hochdeutsch. - Es waren harte Jahre für mich, harte Jahre!

Der Umgangston in unserer Bank war recht nett und 2x jährlich feierten wir ein sogenanntes „Gefolgschaftsfest". Die Herren des Vorstandes und Aufsichtsrates nahmen daran teil. Es waren meist Geschäftsleute und Handwerksmeister. - Einmal bekam ich in Leipzig nach der Besichtigung des Völkerschlachtdenkmals von RA Schönig ein Paar Schnallensporen. Ich mußte sie sogleich an meine schwarzen Halbschuhe schnallen. Es machte mir nichts aus, daß die Leute nur lachten. Ich war billig zu ein Paar Sporen gekommen. Schließlich war ich ja im Ländlichen Reiterverein, der aber alsbald in die Reiter-SA bzw. in das Nationalsozialistische Reiterkorps (NSRK) umgebildet wurde.

Allmählich veränderte sich mein Leben. Durch die Verminderung der Arbeitslosigkeit wurde der Geldumlauf größer, Kaufkraft und Spareinlagen stiegen an. Es schien sich eine gute Zeit anzubahnen. Reichsarbeitsdienst und Deutsche Wehrmacht wurden aufgebaut. „SA marschiert! Achtung! Die Straße frei!" so klang es durch unser kleines Hettstedt. „Niemand soll hungern oder frieren" war die Losung der Göbbel'schen Propaganda. Sonn-täglich wurden Plaketten für das Winterhilfswerk verkauft, je Stück 20 Pfennig. So rar war das Geld nicht mehr. Die NSV - Nationalsozialistische Volkswohlfahrt - sorgte für Müttererholung uvam. Im Bund Deutscher Mädchen - BDM - wurden die germanischen Mütter von morgen erzogen. Die SS (Schutz-Staffeln) war die Elitetruppe des „Führers Adolf Hitler", ihre Zeitung, der STÜRMER warnte vor dem Judentum (Rosenberg'sche Rassenidiologie).

„Und willst du nicht mein Bruder sein, so schlag ich dir den Schädel ein!" ließ sich schon leicht heraus hören. „Wer vom Juden frißt, stirbt daran!" war an Scheunenwänden zu lesen.

Aber angesichts des wirtschaftlichen Aufbaus war das Volk einfach ge-blendet. Es gab nur noch einen Gruß: HEIL HITLER! mit aufheben des rechten Armes. - Vereinzelte grüßten aber noch mit den althergebrachten Tagesgrüßen.

Viele Leute sparten auf einen Volkswagen. Reichsautobahnen wurden gebaut, nebenbei auch Kasernen. Obwohl die Reichskristallnach hätte Alarm schlagen sollen wie auch schon der Röhm-Putsch, so konnte doch der Reichspropagandaminister Josef Goebbels das Volk bei der Stange halten.

Ich war also im SA-Reitersturm 2 J/138. Unser Sturmhauptführer war Otto Körber aus Alterode. Dem ging es aber, wie uns allen, um's Reiten. Übers Wochenende half ich bei diversen Reiterkameraden bei der Landarbeit und durfte dafür auch mal ihre Pferde reiten. Im Sommer ritten wir am Fuße des Arnsteins bei Harkerode. Im Winter stellte uns Max Strandes, Sylda, seine große Feldscheune am Schlackenweg zur Verfügung. Donnerstags war theoretischer Dienst des Abends. Einen Monat im Gasthaus Kurt Uhlemann, einem ehemaligen Husaren, dann im Gasthof „Zum Arnstein" bei Reiterkamerad Otto Seidler.

Mit Hans Körber, Alterode, verband mich eine gute Freundschaft, ebenso mit Walter Stockert aus Arnstedt. Wir waren gleichaltrig. Gerhard Körber, Sylda, war zwar älter als ich, doch auch bei ihm erlebte ich schöne Stunden, zumal, wenn ich sein „Dornröschen" reiten durfte. Das war eine relativ kleine braune Stute. Der Reitersturm besaß auch ein eigenes Pferd, das in Alterode bei O. Körber stand. Es hieß „Nanna", Otto's Pferd war der Rappe „Bubi". Und das Gnadenbrot bekam die alte Stute „Puppchen". Mit diesem Pferde hatte der alte Husar viele bekannte Reichswehroffiziere im Springen geschlagen.

Nach dem Reiten und besonders nach dem Theoretischen Dienst wie Fahrlehre (Achenbach) und Pferdepflege wurde tüchtig dem Alkohol zuge-sprochen. Ich trank wie ein Großer und vertrug nur wie ein Kleiner. Des-wegen war ich auch mal am Unterschloß vom Rad gefallen und lag auf der Straße. > Aber solange noch die Pferde laufen, sollen auch die Reiter saufen <

Inzwischen kannte ich so ziemlich das ganze Bankgeschäft. Scheck- und Wechselverkehr, Postscheckwesen, Zinsberechnung, reichsbankfähige Wechsel verrechnen und Effekten-Geschäfte verbuchen. Eigentlich dauerte meine Lehrzeit bis zum 31.03.1940, doch ich bekam von meiner Bank aufgrund eines Erlasses über Lehrzeitverkürzung vier Monate geschenkt. Die Bankgehilfenprüfung fand im Herbst 1939 im Gebäude der Industrie & Handelskammer zu Halle/Saale statt. Eine Kommission der Dresdener Bank Berlin, damals neben der Reichsbank das größte Kreditinstitut Deutschlands, und andere Herren ließen von 16 Prüflingen 7 durchfallen. Es herrschte unter uns Prüflingen eine unbeschreibliche Aufregung und Angst. Es war eine sehr harte Prüfung. Ich bestand! Und fuhr fröhlich mit der Bahn nach Hause. Meinem Mitschüler Otto Treydte Kostermansfeld, verdanke ich viel. Er lernte bei der HBV Hettstedt.

Die Züge fuhren schon nicht mehr ganz pünktlich, denn bei Tag und bei Nacht rollten Truppentransporte über die Schienenstränge.

„...... seit 05.oo morgens wird zurückgeschossen!" hatte inzwischen der Führer Adolf Hitler lauthals verkündet. Das größte, zumindest eines der größten Dramen der Weltgeschichte, hatte begonnen!

Am Tag nach meiner Heimkehr von der Prüfung erhielt ich von der Firma einen großen Strauß roter Nelken mit herzlichen Glückwünschen. Abends fand im „Hotel zur Sonne" eine kleine Feier statt. Mein Gehalt betrug nun 95,-- Mark. Welch eine Summe! Kurze Zeit später wurde ich nach Mansfeld versetzt. Unsere äußerst gesunde Genossenschaft hatte mit der bankrotten ehemaligen Spar- und Creditbank Mansfeld fusioniert. Der dortige Geschäftsstellenleiter war eingezogen und ich stand unter der Leitung eines Angestellten, der nur 1 1/2 Jahre älter war als ich. Er war ein bildschmucker Junge und die Maidenführerin des weiblichen RAD-Lagers am Schloß Mansfeld war seine Hauptfreundin. Als er nach sechs Monaten eingezogen wurde, mußte ich den Laden übernehmen. In langer Nacharbeit stellte ich ein Manko von 658,-- Mark fest. Dabei stimmte aber die Kasse. Der Gute hatte am Krieg verdient, kaum, daß er ausgebrochen war. Unsere Soldaten erhielten ihre Löhnung in Polen in sogenannten Reichskreditkassenscheinen und polnischen Zloty ausgezahlt. Die Letzteren tauschten Urlauber bei uns ein. Stand der Kurs z.B. auf 56 Pfennig je Zloty, wurden die ausgezahlt. Eingereicht wurde die fremde Währung bei unserer Zentralbank, wenn der Kurs z.B. auf 64 Pfennig stand! Die Differenz war Gewinn, den er mit den „Schönen" verjubelte. Ich bekam nun einen Lehrling zu mir und wir beiden hatten ein schönes Leben im kleinen Mansfeld. Monatlich rechneten wir mit der Hauptstelle ab.

Vom Bäcker bekamen wir mal Gebäck, vom Fleischer 1/4 Pfund Gehacktes ohne Marken (denn es gab ja Lebensmittelkarten). Die Mutter Sasse von gegenüber versorgte uns mit sauren Gurken und Tomaten, weil sie von uns stets Kleingeld einwechseln konnte. Unsere Reinemachfrau war eine gute Seele. Allerdings war sie in der Ausdrucksweise recht rauh. Einmal hatten wir den Tresor nicht abgeschlossen. Wie konnte das geschehen? Anderntags in der Früh ein harter Empfang: 'Ihr Ekels hat woll die Jedanken in Arsche jehatt, daßdern Tresor uffenjelaaßen hatt oder wollteter mich bloß ausprowiern, ob ich eich Jeld klaue?'
Es fehlte natürlich kein Pfennig.

In einem Gespräch auf der Hauptstelle sagte unser Chef zu mir: „... den Krieg verlieren wir." - Ich starrte Herrn Schneider an, war fassungslos und meinte: „Haben Sie denn keine Angst, daß ich Sie melden könnte?" Er sagte aber ganz ruhig zu mir: „Das werden Sie nicht tun."
Ich begriff ihn zwar nicht ganz, aber meine Hochachtung vor diesem aufrechten Mann war mächtig gestiegen und ich kam mir vor, als sei ich etwas wert.

Gegen meinen Willen wurde ich von der Bank zwei mal vom Reichsarbeits- dienst reklamiert. Ich wollte doch aber auch dabei sein! Und wieder der Chef: „ Sie kommen noch zeitig genug, den Krieg mit zu verlieren." Irgendwie war ich in meinen Gedanken unsicher geworden. Herr Schneider war Stahlhelmer und Weltkriegsteilnehmer 1914-18. War es durchdachtes Wissen von ihm oder eine Vermutung, ein Ahnen? Zunächst war ich also noch Bankangestellter und mein Hobby waren die Pferde.
Bei meinen Besuchen in den umliegenden Dörfern lernte ich ein Mädchen kennen. Das geschah in der damaligen Zeit sehr zaghaft und sacht. Ihre Eltern hatten eine kleine Landwirtschaft von 8 1/2 ha und Kuhanspannung.

Der Moloch K R I E G indes schon lange seine Hand nach mir ausge- streckt. Vorerst in Form einer Karteikarte auf dem Wehrbezirkskommando.Ge- mustert wurde ich auf eigenen Wunsch zur Kavallerie. Mein Bruder war im April 1937 zum RAD eingezogen, kam im Herbst nach Hause und mußte 4 Tage später einrücken zur bespannten Heeresnachrichtenabteilung 14 in Leipzig. Im September 1939 erlebte er den Polenfeldzug, dann Frankreich, später Rußland. In 1947 kam er krank von dort heim. -

10 Jahre verlorenes Leben! Einmal be- suchte ich ihn in der Kaserne. Er fuhr ein Paar abgedrehte Dunkelfüchse mit heller Mähne. Einer hieß Orion, der andere Nichtsnutz. Mein Bruder war auch ein Pferdenarr und erhielt während seiner aktiven Dienstzeit schon Sonderurlaub wegen guter Pferdepflege. Mir gefiel nur nicht, daß alle Rekruten eine Glatze hatten.

Ein neuer Lebensabschnitt begann für mich, als ich endlich am 3. Oktober 41 zum Reiterregiment 10 in Torgau einrücken durfte, 2. Nachrichten-Schwadron.
Unser Sammelort war Eisleben. Die Tür des Zivillebens war auf unbestimmte - oder für immer? - Zeit hinter mir zugefallen. Meinen Eltern war der Abschied recht schwer gefallen, ich aber war sorglos wie eben ein junger Mensch. Wie zufällig traf ich in den letzten Tagen vor meiner Einberufung meinen Pfarrer Rhode, der mich konfirmiert hatte. Er wünschte mir GOTTES SEGEN.

In Torgau wurden wir von einem Oberwachtmeister und einigen Unteroffizieren vom Bahnhof abgeholt. Alles war für uns neu. Das Gebrüll auf dem Kasernenhof, das Gelaufe und Gehetze der Rekruten, das überlegene Lächeln der „Alten". Auf der Kleiderkammer wurde uns ein Berg Sachen an den Hals geworfen, die wir in unserer Stube anzuziehen hatten. Der Rest kam unter Anleitung unseres Stubenältesten, Obergefreiten Bialas, in die Spinde. Die Zivilsachen wurden im Koffer verstaut und portofrei nach Hause geschickt. Dann wurde die Meute verteilt. Ich kam in den 2. Beritt des Reiterzuges, den Oberwachtmeister Feist führte. Mein Berittführer wurde Unteroffizier Brosche. Ein hübscher Mann, leider konnte er jähzornig werden. Der Schwadronchef war Hauptwachtmeisterdiensttuer Bruns aus Leipzig. Der trug zwischen dem 2. und 4. Knopf der Feldbluse das berüchtigte schwarze Buch mit dem stets gespitzten Bleistift. Ich selbst sollte die Bedeutung diesen schmalen Büchleins bald kennenlernen. - Wir lagen in der Ziethen-Kaserne, im neuen Block der Nachrichtenschwadron, II. Stock, Stube 109.
Uns gegenüber lag die 1. Schwdr. (Reiter), zur Linken war die Kantine. Außerhalb lag die 3. (schwere) Schwadron, halb SMG-Staffel beritten, halb KG-Geschütze (bespannt) und die 4. Radfahrer Schwadron. Im Speiseraum der Kantine aßen wir in abwechselnder Reihenfolge mit den erwähnten Schwadronen, dem Wachkommando von der Festung (meist Unteroffiziere) und den Angehörigen des Heimatpferdeparks. - Das waren meistens ältere Bauern, welche die eingezogenen jungen, schweren Pferde einzufahren hatten. -
Wir waren also Reiterzug. Die andere Hälfte unserer Schwadron war motorisiert und diese Männer durften jeden Morgen eine Stunde länger schlafen. - Alles war für uns Neuland. Nur zu zweit von unserer Stube hatten wir Pferdeahnung. Da war der Student der Zoologie, der technische Zeichner, der Handschuhmacher und der Finanzangestellte, alle bunt durcheinander. Zwei Doppelstockbetten und zwei dreistöckige Betten, 10 Schemel, 10 Spinde, ein Tisch, eine Brotkiste, eine Alu-Kaffeekanne (die einer Kohlenschütte ähnelte), ein Besen, ein Kehrblech, ein Handfeger, ein Eimer, ein Scheuerlappen, eine Scheuerbürste, das war unser Inventar.

Nachdem wir gelernt hatten, uns anzuziehen, wurden uns fabrikneue Gasmasken verpaßt; der Unteroffizier hieß Gas-Paule. Alles andere an Bekleidung und Ausrüstung war gebrauchtes Zeug. Die Gasmaske sollte uns begleiten, solange „wir das Ehrenkleid der Deutschen Wehrmacht" trugen. Die Masken wurden im sogenannten Gasraum, einem Spezialhäuschen, unter Tränengas ausprobiert auf Dichtheit. Ein Unteroffizier war mit drin und befahl am Ende: „Masken ab!" während er sie natürlich aufbehielt und einige Uffz. von außen unter spöttischem Gelächter die Türe zuhielten. D a wurde mir erstmals klar, wie es ist, wenn Menschen Macht über andere haben! Nicht nur das Gas trieb mir die Tränen in die Augen, sondern Zorn, Ohnmacht und Bitterkeit. - Es war ein Lärm von Trillerpfeifen und Kommandos auf dem langen Korridor. Notzug raustreten! Reiterzug fertig machen! Einer brüllte lauter als der andre. Schwadron antreten zum Essen! Na, wie lange dauert das wieder mit den lahmen Heinis? Das sind die dümmsten Rekruten, die Torgau je gesehen hat! usw. usw. - Vor dem Mittagessen war die tägliche Dienstausgabe für den nächsten Tag. Der UvD meldete dem Spieß die Schwadron mit x Uffz. und x Mannschaften, dann: Rührt euch!
Dienstplanbekanntgabe, verlesen der Paketempfänger, ausrufen der Briefpost usw. Dann: Schwadron stillgestanden! Rechts um, im Gleichschritt marsch! Ein Lied! - Ach, ihr wollt nicht? Im Dauerlauf marsch-marsch! Und das ging doch alles von der Zeit ab, die unserer Einheit zum Essen zur Verfügung stand. Kaum, daß wir einen Teller heiße Suppe hinunterschlangen oder einige Pellkartoffeln schälten zur Einheitssoße 08/15. Vom Essen zurück ging jeder einzeln. Die ALTEN langsam, wir Rekruten im Laufschritt. - Einem Vorgesetzten ab Obergefreiten durfte man natürlich nur im Schritt begegnen wegen des Grußes. Das sah dann recht komisch aus, wenn der Rekrut wegen der Ehrenbezeigung dauernd das Tempo wechseln mußte. Schnell umziehen zum Exerzieren. Feldbluse, Feldmütze, lange Hose, Schnürschuh, Gamaschen, Karabiner, Koppelzeug mit Exerzierpatronen, Gasmaske. Das Zusammenstellen der Karabiner zur Pyramide wurde geübt. Wehe, wenn eine Pyramide zusammenfiel! - Dann wurde gelernt, wie man grüßt, mit und ohne Kopfbedeckung, Belehrung über das Benehmen des Deutschen Soldaten in der Öffentlichkeit usw. usw. Nach ca. 14 Tagen war der erste gemeinsame Ausgang mit dem Berittführer. Inzwischen wurde gelernt, gelernt und wieder gelernt, dies und das und noch viel mehr. - Aber ab und an kam doch ein Lichtblick in das turbulente Leben: Post von den Eltern oder der Freundin.
Es war gar nicht so leicht, alles im Spind unterzubringen. Besonders, weil man sich oft 3 - 4mal pro Tag umziehen mußte und jedesmal mußte der Spind peinlich ordentlich sein. - Wir waren nun auch auf die Pferde verteilt: 5.oo Triller- pfiff: Reiterzug raustreten! Stalldienst! In Drillichzeug und Holzschuhen wurde zum Stall marschiert. Ein Lied! Entweder wurde das „Edelweiß" oder die „Blauen Dragoner" gesungen. - Im Stall waren stets drei Soldaten, nämlich ein Stallwachgefreiter und zwei Stallwachposten. Pferde waren nämlich zu kostbar, als daß man sie allein ließ. Der Futtermeister, Unteroffizier Rauschenbach aus Hartmannsdorf/Saale, Sohn eines Pferdehändlers, hatte schon um 4.oo Häckselfutter geschüttet und lag wieder in seinem Bett. - Jetzt wurden die Pferde geputzt mit Kardätsche und stumpfem Striegel. In dem Putzbeutel, den jeder besaß, waren noch ein hölzener Hufräumer, ein Stollenschlüssel, je ein Lappen für Augen,

Nüstern und After des Pferdes und eine Wurzelbürste. - Ich kleiner Kerl hatte einen hohen Fuchs mit Stern, wie alle Pferde langschweifig. Er hieß Untergrund.
Zur Erläuterung muß ich aufführen, daß die Geburtsjahrgänge an den Anfangsbuchstaben der Pferdenamen erkenntlich sind. So gab es z.B. Ida, Jupiter, Kobra, Lux, Max, Nickol, Orpha, Peter, Quarre, Rex, Sieglinde, Toni, Urlaub und Veronika. - Die V-Pferde waren damals die jüngsten, die I-Pferde die Ältesten.
Zwei Chef-Pferde (eines hieß Robert), ein Futtermeisterpferd mit Namen Udet, zwei Paar Kremper-Pferde und etwa 45 Reitpferde für Oberwachtmeister, Unteroffiziere und Mannschaften wohnten in dem allzeit sauberen Stall. Die Krempergespanne besorgten die Transporte für Küche, Wäscherei usw.
Geritten wurde anfangs ohne Sattel mit Trense. Dann mit Sattel und Ausbinde-zügel. Oft mußten wir im Trab oder Galopp neben den Pferden herlaufen. Die Tiere kannten den Zirkus, waren wir doch nicht die ersten Narren, mit denen sie umgehen mußten! Später, bei den Ausritten und Übungen ritten wir auf S-Kandare. Wer die Schere und den Hasensprung schaffte, durfte Sporen tragen. Obwohl ich zweimal den Reiterschein des NSRK besaß, war ich nicht bei den Ersten, die sich diese Auszeichnung verdienten. Ich war unsportlich bis zum Gehtnichtmehr. Dazu war ich mit 1,69m einer der kleinsten im Reiterzuge und hatte ein überaus großes Pferd.
Der Woilach (eine starke dunkelbraune Wolldecke) wurde genau 9-fach ohne Falten zusammengelegt, eine Arbeit für je zwei Mann. Die Sättel, Kopfstücke und Kinn- ketten wurden oft gestohlen und es konnte durchaus sein, daß man seine ehemals eigene Kette wieder „organisierte".
In der Reithalle waren an den Wänden übergroße Spiegel angebracht, damit wir darin unsere „vermanschten Figuren" betrachten konnten. Krumme Hunde, Hexenbrut, Lahmärsche waren noch zarte Namen, mit denen wir bezeichnet wurden.
Abwechselnd mußten wir auf Stallwache ziehen. Die währte von Mittag bis wieder Mittag. Futter schütten, nach Dienstschluß 20.oo Stallwache raus treten! Zwei Reiter mußten des Nachts bis 4.00 je 2 x 2 Stunden aufpassen, daß sich die Pferde nicht schlugen oder bissen, keines los war. Wenn sie misteten, mußten sie die Semmeln in eine Karre schippen. Mehr als drei Strohhalme durften nicht in der Karre sein. Stroh war angeblich teuer. Die übrigen Halme mußten mit der Hand ausgezupft werden. Wo wollten wir denn hinkommen, wenn die Wehrmacht mit Stroh wüstete? - Die Tiere hatten sogenannte Matratzenstreu unter sich; d.h., sie wurden nur zweimal jährlich ausgemistet. Das verrichteten Strafgefangene. Man mußte einen hohen Schritt tun, wenn man in den Stand des Pferdes wollte. Und Putzen hieß die Devise. Immer schön „lang die Strich und kurz die Pausen". Je nach Laune des Berittführers mußten wir Striche klopfen, d.h., die Striegel auf die Fliesen der Stallgasse ausklopfen. Wie schwer war es oft, 50 Striche zu klopfen. Da half in der Not etwas Schmutz, den man in der linken Hosentasche verwahrte.
Jeden zweiten Donnerstag war Pferdeappell. Vor Angst und Aufregung schmeckte kein Essen. Der Berittführer drohte schon am Montag: „Wer in meinem Beritt auf- fällt, der soll mich kennen lernen. Den mach ich zur Schnecke!" - o weia -
Kam dann der gefürchtete Augenblick: „Reiter Fiedler 2. Beritt mit Untergrund!" Der Stabsveterinär, der Schwadron-Chef, der Spieß, der Zugführer, der Berittführer - wie bei

einer Chefvisite im Krankenhaus! Wer auffiel, kam ins berühmte schwarze Buch beim Spieß.

Der Blick des Berittführers schoß Blitze und ließ nichts Gutes ahnen. Zwei Strafstallwachen war das mindeste, natürlich außer der Reihe, was es für so ein Verbrechen gab. Dazu die planmäßige Stallwache. Das hieß, fast eine ganze Woche keinen rechten Schlaf zu haben. Die zwei Stunden, die man auf der harten Pritsche im Vorraum des Stalles schlafen durfte, waren eh kurz wie ein Augenblick. Aber Landser taten natürlich auch sehr gerne, was verboten war. So legte man sich neben den „Urlaub", wenn der sich niedergelegt hatte. Er war ein kastanienbrauner und sehr artig. Die ruhigen Atemzüge des Tieres wiegten einen regelrecht in den siebenten Himmel. Nur der UvD und der Offizier vom Ortsdienst durften nicht dazukommen. Dann wäre die Hölle los gewesen - aber der Mensch ist ein Gewohnheitstier und man war eben beim Barras. - Und ich war obendrein noch bei der Nachrichtenschwadron. Etwa 14 Tage nach unserem Eintritt wurden wir plötzlich von einem netten Zivilisten getestet. Er stellte unter vier Augen allerhand Fragen, erzählte selbst und stellte unvermittelt Zwischenfragen, z.B.: „Was fragte ich zuerst?" Unser Auffassungs- und Erinnerungsvermögen wurde beurteilt. Es wurden nämlich Funker und Fernsprecher gesucht. Er bestimmte mich zu den Funkern.

Also gab es nun eine infanteristische, eine kavalleristische und eine nachrichtentechnische Ausbildung.

Selbstverständlich hatte jeder von uns abwechselnd Stubendienst. Kaum ertönte aus dem Lautsprecher Pfiff und Kommando: „Reiterzug aufstehn! Aufstehn!" erschien auch schon der UvD wie ein geölter Blitz. Selbstverständlich waren wir schon alle aus dem Bett gesprungen und der Stubendienst hatte zu melden: „Stube 109 belegt mit einem Obergefreiten und 9 Reitern, nichts Neues!" Das hatte flott und überlaut zu geschehen. Kaum war der UvD zwei Stuben weiter, ein Pfiff: „Kaffeeholer raustreten!" Also der Stubendienst mußte mit affenartiger Geschwindigkeit in Drillichzeug und Holzschuhe geschlüpft sein, dann ging es mit der großen Kanne über den verdunkelten Flur im Gänsemarsch über die Idiotenwiese (das ist der Kasernenhof) in die Küche. Wenn man nicht schnell genug war, verbrannten einem die Küchenbullen mit der heißen Brühe (Malzkaffee) Hände oder Füße. Dann ging es im Laufschritt zurück auf die Stube. Da mußte der Stubendienst aufräumen und auskehren, in der Mittagspause Kaltverpflegung fassen. Der Fourier hatte sein Reich im Keller. Selbstverständlich hatten da die „Alten" Vortritt. 3 Mann erhielten ein Kommißbrot, 50g Margarine, Käse oder Gummiblutwurst, Marmelade oder Kunsthonig. - Nun, es war Krieg. Abends mußte wieder aufgeräumt werden, Staub wischen usw. Um 22.00 die Stube abmelden beim UvD. Natürlich in voller Uniform, wobei zum Glück auch Sportzeug eine vollständige Uniform war. Der UvD verlangte urplötzlich den Spind zu sehen oder das Messer oder ob die Zahnbürste benutzt war oder er kletterte an den Lampenschirm oder die Gardinenstange und fand Staub an seiner angefeuchteten Fingerspitze. „Was ist das, Sie Pennbruder?" - „Dreck und Mist, Herr Unteroffizier!" - Wenn Herr Uffz. wollten, konnte man eben immer auffallen und wenn nur eine Zwecke an der Schuhsohle fehlte oder ein Knopf lose an der Uniform saß. Zusätzlich mußte noch jede Stube zwei Mann zum Revierreinigen abstellen (Flur, Treppenhaus, Latrinen). Daran mußten sich alle beteiligen mit Wasser, Bürste und

Lappen. Wehe, wenn bei der Abnahme um 22.00 eine Stube auffiel! Da half auch Lili Marleen aus dem Lautsprecher nichts. Oftmals kam auch der OvD - Offizier vom Ortsdienst - , meistens ein Oberwachtmeister. Der herrschte in seiner Funktion über den ganzen Standort.

Sonnabends früh wurden Unterwäsche und Strümpfe getauscht. Dies fand auch im Keller statt während die eigentliche Kleiderkammer mit Bekleidungs-Uffz.(Mottentod) auf dem Boden war. Ehrlich, die Wäsche, die wir erhielten, war sehr sauber und meistens auch geflickt. Nur war sie oft zu groß oder zu klein. Das Laufen war oft eine Qual, wenn man die Hacken der grauen Einheitsstrümpfe unter dem hohlen Fuß hatte.

Doch zu meinem Trost kam gelegentlich mal ein Freßpaket von Gretchen. Sie zählte zu den sogenannten Selbstversorgern.

Eines Tages wurde etwa die Hälfte der zukünftigen Funker in einen Unterrichtsraum geführt, der einem Klassenzimmer ähnelte. An Stelle der Tintenfässer waren aber auf den Tischen Steckdosen angebracht. Da saßen einige von den „Alten", ein Uffz. saß am Pult und gab mit seiner Morsetaste Punkte und Striche. Bei ihnen war die körperliche Beanspruchung größer.

Jetzt wurde täglich, außer sonntags, nach dem Stalldienst, vor dem Kaffee eine Stunde Hören und Geben geübt. - Man sagt, ein voller Bauch studiert nicht gern.

So ganz plötzlich hieß es bei der Dienstausgabe: Erstes Glied vier Schritte, zweites Glied zwei Schritte vortreten! Da wurde kontrolliert, ob die Fingernägel sauber und ob das Haar gescheitelt war.

Der Spieß stand mit geöffnetem Buch dabei, die Namen der Schweine zu notieren. - Oder es hieß: Feldbluse aufknöpfen! Wehe, wenn die Erkennungs- marke nicht um den Hals hing. Mancher Landser trug die Hundemarke gerne am Hosenträger und das war verboten. - Die Erkennungsmarke war oval und aus Weißblech. In der Mitte war sie längsseitig perforiert. Auf beiden Hälften war nach deutscher Gründlichkeit für jeden Soldaten seine Eintragung in der Wehrstammrolle: Ausbildungseinheit, Truppen-Nr. und Blutgruppe. Meine Insignien waren: 2. Nachr.Kav. Ers.Abt.10Nr. 19 - B --- Die obere Hälfte behielt man als Gefallener an der Schnur um den Hals, die untere Hälfte brach der ehrliche Finder des Leichnams ab für die Archivbehörde der Deutschen Wehrmacht.

Allmählich lernten wir nun auch das Funkgerät BERTA kennen. Es bestand aus zwei Aluminiumkästen, die graugrün gestrichen waren. In einem befanden sich Sender und Empfänger, während der „Zubehörkasten" folgende Dinge enthielt: 9 Antennenstäbe, dazu ein Kreuz, - 5 Stäbe wurden senkrecht aufeinander gesteckt, darauf das Antennenkreuz mit je einem Stab in die vier Richtungen), 1 Sammler 2 B 38, zwei Anoden-Batterien zu je 90 Volt, 2 Kopfhörer, 1 Taste, 1 Kehlkopfmikrofon, 1 Handmikrofon, 1 Funkblock, 2 Hindenburgkerzen. Jeder Kasten wog 63 Pfund und wurde mittels zweier Trageriemen gleich einem Rucksack auf dem Rücken getragen. Die optimale Reichweite betrug 5-6 km, je nach Geländebedingungen.

Nun wurde auch das Auf- und Abbauen des Funkgerätes exerziert nach der Stoppuhr. Der 1. Beritt hatte als Hilfsausbilder (das waren zugleich auch die

Stubenältesten) einen OGfr. namens Weber, von Beruf Friseur. Der war ein Leuteschinder nach Maß. Er sah zu, daß er recht oft stellvertretend das Kommando über unseren Zug erhielt. Eben hatte ich bei irgendeiner Schnelligkeitsübung „fertig" gemeldet, da kniete doch diese Ausgeburt der Hölle hin und verdrehte meine eingestellte Frequenz und rief spöttisch: „Fertig, ja, aber verkehrt!" Eine Beschwerde gab es nicht, das hätte dauernde Schikane ausgelöst. Da erwachte erstmals spontan der Wunsch in mir, daß ich doch bald an die Front kommen möge. Und in meinem jungen Leben sah ich zu meinem Erschrecken, wie berauschend es für manche Menschen ist, Macht zu genießen.

Nach und nach erlernten wir Hören und Geben auf Tempo 60 pro Minute. Das ist das Verkehrstempo unter Feindeinwirkung. Ein Funktrupp bestand stets aus einem Funktruppführer und einem Funker. Weil ja wegen der Abhörgefahr durch den Fein kein Klartext gefunkt werden durfte, mußten wir lernen:
    a) die Q-Gruppen (jeweils 3 Buchstaben)
    b) Notsignale (die immer 4 mal hintereinander erfolgten)
    c) Heeressignaltafel
    d) Divisionsdoppelkastenschlüssel nach Zeilenlänge 17 oder 21. Wir mußten das Ver- und Entschlüsseln beherrschen . Es war arg viel, was in unserem kleinen Verstandskasten gespeichert werden mußte.

Weil wir ja beritten waren, wurden die 2 Geräte, nein, die zwei Kästen, dazu ein Ersatz-Sammler und 2 Ersatz-Anoden mittels Spezialgestell auf ein Pferd verladen. Das mußte auch tüchtig geübt werden. Die Kästen mußten von beiden Seiten gleichzeitig auf- und abgelastet werden, damit der Tragsattel nicht verrutsche. Ein Packpferd wurde stets mit zwei Woilachs gesattelt. Es ist ein bedauernswertes Geschöpf, weil es im Gegensatz zum Reitpferd seine Last ständig auf dem Rücken hat. Wir Reiter mußten ja oft mal absitzen zu kleinen Verschnaufpausen oder zur Pferdeschonung nebenher marschieren. Dabei wurde der Steigbügel hochgeschnallt, der Sattelgurt gelockert und am Trensezügel geführt. Auf all diese Erleichterungen mußte das Packpferd verzichten. Wenn getrabt wurde, der Reiter sich dabei in den Bügeln hob, stauchte die volle Last ständig auf das Packpferd. Im 3. Beritt war ein ganz starkknochiges Tier mit Namen „Rübezahl", dem schien das alles nichts auszumachen, wenn es als Packpferd gehen mußte.

Im Gegensatz zu Infanterie und Radfahrern trugen wir den Karabiner über den Rücken nach links, damit die Laufmündung beim Führen nicht den Pferden an den Kopf stieß. Am Koppel wurde ein besonderer Halteriemen getragen, damit uns der Kolben nicht dauernd ins Kreuz rannte. Zum Glück hatten wir nicht wie früher den Karabinerschuh oder gar die Lanze. Es war so schon genug: Wenn ein Pferd feldmarschmäßig gesattelt war mit 2 Reiterpacktaschen, Futtersack, Zeltbahn, Decke und Mantel, dann war es schon eine Kunst, aufzusitzen. Dazu mußte man das rechte Bein sehr breit und hoch machen.

    Selbstverständlich wurde das alles auch ohne jede Beleuchtung bei den zahlreichen Nachtübungen exerziert. Und wehe, wenn die Kinnkette nicht richtig eingehängt war - sie mußte richtig ausgedreht werden. War sie zu eng eingehängt, hatte das Pferd arge Schmerzen, ja, man konnte ihm schlimmstenfalls den Unterkiefer beschädigen. War sie zu locker, ging sie leicht verloren.

Bei allem Drill verehrte ich einen Vorgesetzten in aller Stille. Das war unser Zugführer Oberwachtmeister Feist, genannt PAPA. Er versuchte stets, gerecht zu sein und unser Los zu erleichtern. Wenn es arg regnete oder schneite, ließ er uns die infanteristische Ausbildung in der Stallgasse machen. Sah er die Schikanen des OGfr. Weber, wandte er sich voller Ekel ab. Wenn er uns mal hart rannehmen mußte - wenn der Chef da war o.ä. - sagte er uns zum Trost: „ Das stärkt die Muskeln, fördert den Bartwuchs und verleiht dem Arsch eine gesunde Gesichtsfarbe!" - Er war 12-Ender und hatte das letzte Dienstjahr beim Wickel.

Ab und an war auch Waffenappell. Wehe...wehe.. In der 1. Schwdr. hatte sich ein Rekrut erhängt, weil er in seinem Karabiner eine Laufaufbauschung hatte. Wenn man großes Glück hatte, bekam man sonntags Ausgang. In den Gaststätten gab es aber nur Dünnbier (Fliegerbier). Sie waren alle von Soldaten überfüllt. Bei den Mädchen fing der Mensch erst beim Wachtmeister an. Keine Chance für einen gewöhnlichen Soldaten. Außerdem wurden wir stets und ständig vor Geschlechtskrankheiten gewarnt. Wenn...., dann mußte man sich im Revier sanieren lassen (und man erzählte sich, daß die Sanis dabei nicht zärtlich waren). - Also, es war schon besser, man legte sich in der Stube aufs Ohr. Übrigens hatten wir, wenn nichts besonderes vorlag, täglich eine Stunde Mittagsruhe als Dienst. Völlig entkleidet, nur mit dem Nachthemd angetan, hatten wir im Bett zu liegen. Öfter kam auch mal der UvD und hob die Woll- decke hoch. Eine Strafstallwache oder Meldung beim Spieß, wer nicht ausgezogen war. - - - Dennoch gab es auch Spaß und Scherz. In der Adventszeit bekam jede Stube einen Adventskranz und abends sangen wir. Äffchen Kügler spielte Schifferklavier und gerne kam der Fourier, OGfr. Jakob, genannt Votze, auf unsere Stube. Er ließ uns dafür öfter mal Harzkäse zukommen. Auch mit dem Mottentod, Uffz. Beier, standen wir nicht ganz schlecht. Unser Stubenältester- OGfr. Bialas, ein Oberschlesier, war ein sehr ordentlicher Kamerad.

Allmonatlich hatten wir Karabiner-Scharfschießen. Ich war nur ein Schütze mittlerer Qualität.

Zweimal in der Woche gab es zum Abendbrot warme „Milchbratlingssuppe". Woher dieser komische Namen kam, wußte niemand. Jedenfalls war es eine süße, wohlschmeckende Grießsuppe, oftmals sogar mit Rosinen drin. Aber mehr als 2 Teller schaffte man kaum, denn die Suppe war recht sättigend. - Im 3. Beritt war Hermann Stramke aus Schlesien, ein Glasbläser, Kriegsfreiwilliger. Er war ein stiller, großer Junge mit pechschwarzem Haar und abstehenden Ohren. Der konnte unheimlich viel essen. Während des Unterrichts schlief er oft ein und wenn ihn einer wachrüttelte, sagte er erschrocken: „Herr Oberwachtmeisterrrr?"

Nun paßte es mal, daß unsere Schwadron zuletzt mit dem Essen dran war. Auch ein Portepéträger unserer Schwadron war Offizier vom Ortsdienst. Mit den Küchenfrauen (die seltsamerweise alle über 50 Jahre alt sein mußten) wurde eine Sonderveranstaltung besprochen. Der Reiterzug aß ganz zuletzt, nur Hermann mußte zuschauen, damit sein Appetit noch angestachelt wurde. Endlich kam er dran, alle schauten zu und an anfeuernden Worten fehlte es nicht. Einer von uns spielte den Ober und brachte laufend gefüllte Teller. Die Küchenfrauen schauten zur Luke raus und drückten sich die Brüste breit. Elf - in Ziffern:11 - Teller Milchsuppe hat Hermann verzehrt, nur den letzten Teller konnte er nicht mehr abkratzen. Er war bis ganz oben voll, der gute Hermann. Das Ende vom Lied war, daß er aufgrund seines geschwollenen Bauches nicht laufen konnte und die zwei größten unseres Zuges trugen ihn auf die Stube. Anderntags mußte ihn der Sani katheterisieren, weil er nicht pinkeln konnte.

Übrigens waren die Berittführer für das Verdunkeln ihres Bereiches verantwortlich. Denn es war Krieg, Luftkrieg sogar. Sonntagsurlaub gab es nur bis 100km Entfernung zum Heimatort. Weil ich viel weiter hatte, reichte ich nicht ein. Schwarz zu fahren war ein sehr großes Risiko und ich wollte mir keinen Bau einhandeln. - Einmal hatte ich zu Verwandten nach Leipzig eingereicht, die ich nicht besaß. Ich besuchte ein „Tageskino": man zeigte den Film: „Reitet für Deutschland" mit Willy Birgel. Wenn der prächtige Schimmel ein Hindernis nahm, hob ich mich stets im Stuhle. Da sagte meine Nachbarin, die ich kaum bemerkt hatte: „Sie interessieren sich wohl sehr für Pferde?" Sie hatte blonde Zöpfe, war 16 Jahre alt, Oberschülerin aus Liebertwolkwitz, wo ihr Vater Zahnarzt war. Wöchentlich 2 mal half sie beim DRK als Schreibhilfe. Ihr Vater war als Major in Antwerpen. Sie schenkte mir eine Tüte mit Weinbrandkirschen und brachte mich bis zum Bahnhof. Sie küßte mich. - Ich habe sie nie wieder gesehen. Möge es ihr gut gehen.

Einmal hatte ich Nachtzeichen (das ist Ausgang bis 24.00). Ich ging ins Kino. - Es war schon hinter den berüchtigten Bahnschranken, nahe der Kaserne, als mich eine Radfahrerin einholte. Es war eine junge Frau aus Repitz oder Süptitz, deren Mann auch eingezogen war. Wir standen uns gegenüber am Schilderhäuschen mit dem Posten, der aber von der 1. Schwadron war. Und zwischen den Schwadronen herrschte eine uralte Fehde. Er hätte mich also prompt gemeldet, wenn ich über den „Zappen gewichst" hätte. Das gab 3 Tage bei Vater Philipp.- Und die Minuten rasten auf Mitternacht zu. Ja, man kann nicht den Fünfer u n d das Brötchen haben. Das war die Tragik des Landserlebens.

Obwohl Krieg war, hatten wir alle ein eigenes Lackkoppel, einen Schleppsäbel, Stiefeletten und eine eigene Mütze. unser Oberbefehlshaber besoldete uns ja gut: es gab pro Tag eine Mark Sold.

Aber wir spürten in Torgau auch anderes. Auf dem „Brückenkopf" und dem Fort Zinna lagen ca. 5.000 Wehrmachtsnagehörige auf Festung von 1/2 Jahr - lebenslänglich. Der Kommandant und zugleich Standortälteste war Oberst Remlinger, ein Witwer mit 2 Söhnen und einer Tochter. Sein ältester war Oberleutnant zur See und mußte einen förmlichen Antrag schreiben, wenn er zu Besuch kommen wollte. Der jüngere diente in Torgau bei den Radfahrern und seinen Vorgesetzten war es bei Strafe verboten, ihn in irgendeiner Weise zu bevorzugen. Die Tochter - etwa 20 - sollte absolut im Offizierskasino verkehren. Aber Pustekuchen, sie hatte einen Gefreiten der Radfahrerschwadron zum Freunde. Trotz aller Empörung des Vaters darüber konnte er doch nichts an dem stattlichen Gefreiten an Mängeln finden. Wie diese Geschichte geendet hat, weiß ich leider nicht zu berichten. Remlinger ließ seinen Schäferhund erschießen, weil er „fremd gegangen war". -

Die Gefangenen exerzierten jeden Morgen früh eine Stunde und mußten jeden Tag 10 Stunden arbeiten, zumeist in der unterirdischen Munitionsfabrik in Torgau. Sie marschierten in Viererreihen, scharf bewacht. Das Wachpersonal bestand meistens aus älteren Uffz. Gefangen waren Offiziere und Soldaten aller Waffengattungen, jedoch ohne

Rangabzeichen und ohne Hoheitsadler, ohne Feldmütze oder Kokade. - Dominierend war das Fliegerblau, Marine und Flak. Relativ wenig war das Feldgrau von Infanterie, Artillerie und Pionieren zu sehen. Weshalb wurden diese Männer bestraft?

Deserteure, Kameradendiebstahl, Feigheit vor dem Feind, § 175 uvam. Wir hatten von alledem keine rechte Vorstellung. Ganze Flugzeugbesatzungen saßen wegen Startverweigerung, U-Boot-Besatzungen wegen falscher Angabe von Versenkungstonnen, Auslaufverweigerung. So sei auch die tapfere Besatzung von Kptltn. Günter Prien mit ihrem Chef dabei. - Ein Gefreiter Franke von der Luftwaffe hatte angeblich durch Bombentreffer eines der größten englischen Schiffe versenkt. Er wurde von Reichsmarschall Hermann Göring zum Leutnant befördert, sein Erfolg durch Sondermeldung verbreitet und gefeiert. Doch wenig später fuhr das Schiff munter im Mittelmeer. Die Alliierten hielten sich den Bauch vor Lachen! Ein Kriegsgericht verurteilte den degradierten Franke zu Festung.

Wenn man uns wegen besonderer Sturheit schleifen wollte, ging es in die nahegelegene Sandgrube. Da wurde uns unter der Gasmaske das Wasser im Arsch gekocht. Dem Uffz. machte das mehr oder weniger Spaß. Einmal wäre aber einer unserer Kameraden um Haaresbreite dabei tot geblieben. Da war der „Schleifer" aber doch im Druck. Es gab auch den „Mutsprung": im Dauerlauf kam eine Gruppe an, mußte den Karabiner hoch halten (wegen Versandung) und steil in die viele Meter tiefe Sandgrube springen. Welche Gedanken wir da so hatten, möchte ich lieber verschweigen. Es bestand ja immer die Gefahr, auf einen Kameraden zu springen. Fast blieb einem das Herz stehen. Es waren in der Tiefe der Sandgrube zwei starke, hölzerne Pfähle eingerammt, sie waren angesplittert. Natürlich fragten wir da am Abend unseren Hilfsausbilder. Er sagte, er wüßte nicht, zu was die Pfähle seien. Einige Tage später bei Sonnenaufgang haben wir es erfahren. Die Kriegsgerichte verhängten doch auch Todesstrafen durch Erschießen. Ein Kübelwagen mit einem Offizier, einem Feldgeistlichen und einem Arzt kamen. Hinterher zwei LKW, auf einem neun Unteroffiziere, die jeweils eine Schwadron zu stellen hatte, und der Delinquent. Auf dem anderen Fahrzeug war Wachpersonal mit dem „Abschreckungs- kommando" (schwere Jungs), die zusehen mußten. Der Todeskandidat hatte Holzschuhe an und trug einen Drillichanzug mit schwarzem Herz auf der linken Brust angenäht. Er wurde mit durchhängenden Knien an einen Pfahl gebunden. Danach hörten wir den Knall. Acht Waffen waren scharf geladen, eine mit Platz- patronen. Kommando: Feuern! - Das Abschreckungskommando legte den Leichnam in den mitgeführten Sarg. Die Angehörigen bekamen den Bescheid: „... ist auf dem Felde der Unehre gestorben." - Ein Mensch war tot. Ich konnte es damals nicht fassen. Nun paßten wir besonders auf. Von unserem Stubenfenster konnten wir über die niederen Stallgebäude bis in die Sandgrube schauen. 2 - 11 Exekutionen pro Monat haben wir gezählt. Wir wußten nicht, in welche Situationen eine Mensch, besonders an der Front, kommen konnte.

Weihnachten war eine große Feier im geschmückten Speiseraum. Kantine Nikolaus - das war wirklich der Name des Kantinenpächters - bot allerlei. - Rittmeister Klasing (Verlag Velhagen & Klasing, Leipzig/Bielfeld) hielt eine zündende Ansprache. Die Kameradschaft ist das höchste Gut des Soldaten usw. Der Kameraden an der Front wurde gedacht. - Dann gab es Kartoffelsalat und Würstchen. Dazu pro Mann 1/2 Stollen und 1 Flasche Wein. Böse Zungen behaupteten, daß von diesem Essigwasser der Hektoliter 13 Mark kosten würde.

Es wurde ein ganz schöner Abend. Soldaten können ja so schön Weihnachts- lieder singen. Als wir dann auf der Stube waren, hat gewiß jeder - so wie ich - an daheim gedacht.

An der Ostfront erstarb alles in Frost. Auch in Torgau war es sehr kalt. Hauptwache brauchte unsere Schwadron nicht zu schieben, weil wir viel, viel Stallwache stehen mußten. Das war ein gewisser Vorteil, weil man bei der Haupt- wache in einer ganz sauberen Uniform zu erscheinen hatte, während wir legére im Drillichzeug waren. Und Pferdegeruch störte uns absolut nicht.

Jede Schwadron besaß als Hobby Traditionstiere; die eine besaß Tauben, die andere Kaninchen und wir hatten einen grauen I - A - Esel mit großen Ohren und dunklen Streifen auf dem Rücken. Er war wirklich mausegrau und Hengst. Sein Name war JUMBO. Seine Stallmatratze war etwa einen Meter hoch, damit er an die Selbsttränke reichte. - Das ist ein gußeisernes Becken etwa in der Größe eines halben Fußballs. Es ist neben der Krippe angebracht. Eine kleine Metallnase wird von der Oberlippe des durstigen Tieres leicht nach unten gedrückt und: Frischwasser drängt in den Behälter. - Zu allem Unglück war eines Morgens die Zuleitung zur Stallwasserversorgung eingefroren. So ein Sch...Also mußte das Wasser aus der Waschküche der 1. Schwdr. geholt werden. Aber nicht etwa mit einem großen Faß auf Pferdewagen, nein, in Eimern! Träger gab es doch genug. -So ein eichener Eimer faßte 15 Liter und wog leer schon genug. Eilig wurde ein Abtränkkommando zusammengestellt aus Landsern, die der Spieß so auf den letzten Seiten des verwunschenen Buches notiert hatte. Natürlich war ich auch dabei. Früh, mittags und abends schrillte ein Pfiff durch die Lautsprecher, die ja in jeder Stube moniert waren: „Abtränk - Kommando raustreten!" Etwa 10 Mann setzten sich in Bewegung zum Stall. „Eimer aufnehmen, ohne Tritt marsch!" An die 400m war die Tour lang. Nachdem die Eimer gefüllt waren, setzte sich die Tragtierkolonne in Marsch. Es ist unglaublich, welche Mengen Wasser Pferde saufen können. Man konnte meinen, sie täten's uns zum Schure. Weil mal ein Landser die Handschuhe vergessen hatte, sprach der Herr Uffz.: „Handschuhe abziehen, damit ihr Scheiche alle egal ausseht!"

Kommt zufällig unser Chef in den Stall und kontrolliert, ob unser Jumbo durstig sei. Säuft doch dieses Mistvieh 1 1/2 Eimer Wasser! Am nächsten Tag bei Dienstausgabe echote der Spieß recht höhnisch: „Wollte doch das Abtränk-Kommando unseren lieben Jumbo verdursten lassen. Damit die Herren das Tränken richtig lernen, wird ihr Lehrgang um 10 Tage verlängert!" - Junge, Junge, wie uns da zu Mute war.

Aber es gab auch eine Rache an Jumbo. Ein Landser fing auf einer Schaufel Schleim von einer rossigen Stute auf und hielt ihn Jumbo vor die Nase. Der erregte sich natürlich sofort heftig und schachtete seinen Penis aus. Und schon wurde er mittels langem Strohhalm daran gekitzelt, so daß er ihn schnell einzog.

Sonntags wurde 5 x getränkt, damit niemand auf den Gedanken kam, auszugehen. Man kam kaum zum Essen. Wenn die Kumpels abends ihre Uniform, Schuh und Stiefel reinigten, war man beim Abtränken. Und 22.00 wurde dunkel gemacht. Weil sich die armen Pferde doch beim Tränken nicht bücken konnten, mußten wir den Eimer auf's

Knie setzen. Viele Menschen kommt beim Hantieren mit kaltem Wasser das Pinkeln an. So auch dem Reiter Miersch. Also, er knöpft auf und läßt seinem Urin freien Lauf. Zu allem Unglück bemerkt dies der berüchtigte Ausbilder Weber. Er erstattet Meldung. Anderntags bei Dienstausgabe: „Schwadron stillgestanden! Ich bestrafe den Reiter Miersch mit 5 Tagen verschärftem Arrest, weil er den Stand seines Pferdes verunreinigt hat. Klasing, Rittmeister & Schwadron-Chef. - Merkt euch das, ihr Säue!", so der Spieß. Also zog Reiter Miersch mit Decke und Gasmaske vor zur Hauptwache zu Vater Philipp - so wurde der Bau genannt - . Jeden dritten Tag hatte ein Arrestant Anspruch auf normale Mittagskost. Der jeweilige Stubendienst mußte das in seiner so schon kurzen Mittagspause hintragen. In diesem Fall war das der Reiter Walter. Der wird sich von Miersch eine Zigarette und Zündhölzer abschwatzen lassen. Der Wachhabende merkt das und erstattet Meldung an die Einheit. Anderntags: „Schwadron stillgestanden! Ich bestrafe den Reiter Walter zu 3 Tagen verschärftem Arrest, weil er dem inhaftierten Miersch Rauchware zugesteckt hat. Klasing, Rittm. & Schwadron-Chef. - Merkt Euch das, Ihr Idioten!" - so der Spieß.

Janu, man war beim Barras. Stand man im Glied und die Nase lief:"Ich bitte, mein Taschentuch benutzen zu dürfen!" : „Alle Schnupftücher benutzen!" - Stand ein Vorgesetzter im Flur (ab Obergefreiter) „.. ich bitte Herrn x vorbeigehen zu dürfen." Lösten sich beim Fußdienst die Schnürsenkel:" .. ich bitte, meine Schuhriemen knüpfen zu dürfen" - so kam eventuell der Befehl: „Alle die Schnürsenkel binden!" Wer wollte da wagen, einzuwenden, bei mir ist doch keiner auf?

Auf unserem Korridor wohnte der Kommandeur des Heimatpferdeparks, Major Schlohbach. Der war schon alt und hatte schlohweißes Haar. Wenn man ihm auf der Treppe begegnete, an die Seite spritzte und zackig grüßte, winkte er ab und fragte: „Na, haben Sie Post?" - „Jawohl, Herr Major!" - „Also heute abend schreiben Sie einen Brief an Ihre Mutter. Mütter warten immer auf Post." „Jawohl, Herr Major!" - Was war das für ein Mensch?

Fast jede Woche hatten wir eine Nachtübung. Im Dunkeln satteln usw. Oft mußten wir einzeln oder zu zweit gewisse Kontrollpunkte anreiten. Da klopften wir natürlich auch an den Bauernhäusern an um ein Stück Brot. Und wenn es Mitternacht war. Wir bekamen meistens etwas, oft sogar ein Stückchen Grützwurst dazu. Dieses Betteln war natürlich streng verboten, aber die Dorfbevölkerung verpfiff uns nicht. Hatte doch fast jede deutsche Familie einen Angehörigen bei der Fahne.

Wir hatten auf unserer Stube auch eine Knopfkasse (Erziehungsmittel). Die hatte einer in Verwaltung. Wer einen Knopf an der Uniform auf hatte, zahlte 10 Pfennig, wer eine Exerzierpatrone fallen ließ, 10 Pfennig, wer beim Raustreten den Spind nicht verschlossen hatte, 1 Mark (das war nämlich Verleitung zum Kameradendiebstahl). Äffchen Krüger hatte mal im Suff in die Hose gepinkelt, er zahlte 3 Mark. Nach Ende der Grundausbildung hatten wir 112 Mark beisammen. Mit dem Gelde verlebten wir einen netten Abend im Vereinszimmer des Torgauer Ratskellers. Die dortige Mamsell war die Freundin unseres Berittführers Helmut Brosche. Kamerad Walter Mertens aus Benndorf - mein einziger Landsmann - ließ zu diesem Zwecke von daheim einen Hasen und eine Pute schicken. Irgendwer hatte saure Sahne organisiert. Es gab Vorsuppe, Frikassé und Hasenbraten mit Klößen und anschließend Wein.

Eines Freitags hatten wir Nachtübung im Zugmaßstab. Auf dem alten Exerzierplatz galoppierte mein Vorderreiter plötzlich an, sein Pferd warf mit den Hinterhufen den trockenen Sand hoch. Ich bekam eine Sandkorn ins rechte Auge. Am anderen Morgen lief mir der Eiter aus den Augenwinkeln. Auf Befehl von Papa Feist mußte ich mich krank melden. Stabsarzt Dr. Borsdorf - in Zivil Kinderarzt - spritzte mir im Revier verkehrte Tropfen ins Auge, so daß ich ziemliche Schmerzen und Pupillenerweiterung bekam. Am Montag wurde ich von ihm in die Ambulanz des Lungen-Lazaretts Leipzig überwiesen. Ich fuhr per Bahn mit Freifahrtschein dorthin.

Als ich dran war, fragte mich der riesengroße, alte O-Stabsarzt, welcher Veterinär mich denn behandelt hätte. Ich mußte in einen dunklen Raum. Na ja, so eine Behandlung ist nicht grad schön. So mußte ich drei Wochen lang je zweimal dort erscheinen. Einmal konnte ich im Kübelwagen mit dem „Kaiser" nach Leipzig fahren. Das war Uffz Schmidt vom Mot -Zug, ein ganz prima Kerl. Sein Stammausdruck war: „Du hast wohl den Kaiser gesehen!" Er war aus Leipzig. Ich half seiner Frau, ihre Wäsche in die Rolle zu bringen. Dafür bewirtete sie mich mit zwei Brötchen und süßem Kaffee. - Einmal pro Woche gab mir der Spieß, Hauptwachtmeister Bruns, seine schmutzige Wäsche mit zu seiner Mutter nach Leipzig. Bei der Heimfahrt mußte ich saubere Wäsche mitbringen. Dafür durfte ich abends den letzten Zug benutzen. - Bald brauchte ich nur noch einmal pro Woche zur Behandlung. Da fragte ich denn mal mutig: „Herr Oberstabsarzt, nun darf ich wohl bald nicht mehr kommen?" Er sah mich verwundert an und meinte, ob es denn bei ihm so schön sei. Ich sagte, das gerade nicht, aber es sei doch für mich ein Stückchen Freiheit und ein dienstfreier Tag. „Na, Schwester, dann lassen Sie den Mann noch öfter zu uns kommen." Das war doch fein, von dem alten, verständnisvollen Arzt!

Ich hatte mal riesigen Appetit auf Eierkuchen. Also schnurrte ich mir in den betreffenden Geschäften drei Eier, 1/2 Liter Milch, 1/2 Pfund Mehl und 1/2 Pfund Zucker, alles ohne Marken! Wahrscheinlich hatten die Verkäuferinnen Mitleid mit mir auf Grund der Augenklappe, die ich tragen mußte. Von der Mutter des Spieß ließ ich mir also Eierkuchen backen. Sie spendierte dazu ein Glas Kompott. Ich schenkte ihr den Rest der Zutaten. Ein Soldat muß sich zu helfen wissen. -

Inzwischen wurde ich zum Ober-Reiter ernannt. Da bekommt man einen kleinen Stoffstern an den linken Oberarm der Feldbluse. Ja, jeder Soldat trägt den Marschall-Stab im Tornister. Übrigens trugen wir auch einen gelben Blitz, das Zeichen der Funker, am linken Ärmel. Einmal fuhr ich mit dem Frühzug nach Leipzig. Weil es recht kalt war, wärmte ich mich beim Heizer im Kesselhaus auf. Was sah ich da? Per Sanka brachte man vom Bahnhof Verwundete von der Ostfront in Kliniken. Sie kamen zuerst ins Bad im Kellergeschoß. - Das war meine erste Begegnung mit dem Kriege! In verdreckten, zerrissenen Uniformen lagen da Soldaten mit durchbluteten Verbänden, den Verwundeten-Zettel im Knopfloch, schmutzig, bärtig, müde. Meistens waren es Kehlkopfverwundete, die nicht sprechen konnten. Ich war zutiefst erschüttert und den ganzen Tag in gedrückter Stimmung. Unsagbares Mitleid hatte ich mit den Männern. Aber helfen konnte ich ihnen nicht. Ich hörte dann auch, daß gleich neben der Augenklinik ein Reserve- Lazarett für Kehlkopf-Verwundete war. Als ich den Weg entlang ging, sah ich viele Landser in den blau-weiß gestreiften Lazarettanzügen spazieren gehen, die unter dem weißen Vorhemdchen eine Kanüle trugen. Bislang hatte ich gedacht, daß es Kanülen nur bei dämpfigen Pferden gäbe. Ich wunderte mich nun auch nicht mehr, daß die „Alten" unserer Schwadron, mit EK II usw., die als Genesene aus den Lazaretten gekommen waren, nie von der Front sprachen.

Als ich wieder ganz fit war, vertrat ich öfter mal den Futtermeister, Uffz. Rauschenbach, beim Futterschütten am Nachmittag. Inzwischen hatten alle Schwadronen eine Übersetz-Übung über die Elbe gemacht, an der ich aber nicht teilnehmen brauchte. Schließlich wurde ich Kremper-Fahrer. Mit IDA und QUARRE, zwei schweren Pferden mußte ich mal einen einzigen Brief zum Brückenkopf fahren, vom Heeresverpflegungsamt säckeweise Graupen, Erbsen, Nudeln, Salz, Zucker usw. holen. Da konnte man auch mal eine Tüte Würfelzucker organisieren. Etwa 10 Tage war ich Kremper, als der Spieß bei der Dienstausgabe fragte, wer was von der Landwirtschaft versteht? Natürlich meldete ich mich. Also, aus jedem Zug ein Mann auf der Schreibstube melden! Zu Dritt hörten wir, daß die Schwadron eine Elbwiese gepachtet hätte, um zusätzliches Heu für die Pferde zu gewinnen. Wir sollten die Wiese so herrichten, daß sie einen guten Ertrag brächte. Die erforderlichen Geräte konnten wir beim Bauern x in Torgau abholen. Am nächsten Tag fuhren wir also los. Unterwegs machten wir eine Milchhandlung aus, wo es billige Buttermilch gab. An einem verabredeten Punkt holte uns der Futtermeister mit seinem flotten Udet ein, um uns die Wiesenparzelle zu zeigen. Wir hatten zwei ganz schwere Eggen von jenem Bauernhof geholt und fingen nun an, die ca. zwei Morgen (5000m2) große Wiese zu eggen. Natürlich wird eine Wiese nur abgeschleppt, aber wir drei Freiwilligen waren alle keine Bauern. Die Pferde blieben alle paar Meter stehen, so hoppelten die schweren Eggen über die Grasnarbe. Einer von uns konnte ja nur die Pferde nehmen. Der Futtrich war längst nach Hause geritten. Zwei Mann hatten also Langeweile. Leider war kein brennbares Zeug in der Nähe und so mußten sie fast frieren. Zum Schlafen auf dem Rollwagen war es zu kalt und Decken gab es keine. Aber immer noch besser, als in der Kaserne geschliffen zu werden. Drei Tage hatten wir uns schon so die Zeit vertrieben, die Wiese glich einem Ackerstück. Die Grasnarbe war völlig ruiniert. Doch wollten wir noch ein paar Tage rausschinden. Der Spieß hatte so wenig Ahnung von Landwirtschaft wie wir. Er war ja Großstädter. - Da tönte es aus dem Lautsprecher: ORtr. Fiedler auf die Schreibstube! Der Spieß saß da und fragte: „Na, Vatter - das war mein Spitzname - wie lange habt ihr noch auf der Wiese zu tun?" „Einige Tage noch, Herr Hauptwachtmeister!" „Na ja, wenn ihr fertig seid, solltest Du auf Urlaub fahren." Das schlug bei mir wie der Blitz ein und ohne gefragt zu werden, sagte ich spontan: „Herr Hauptwachtmeister, wenn wir uns sehr beeilen, können wir eventuell schon morgen fertig sein." Er grinste nur und sagte kein Wort. - Tatsächlich bekam ich am nächsten Abend den heiß ersehnten Urlaubsschein. Sonnabend früh fuhr ich in die Heimat, stolz und glücklich. Gegen 14.00 war ich bei den erfreuten Eltern. Mutter hat gleich Eierkuchen gebacken. Als ich dann in die Stadt ging, wurde ich nach Mansfeld zu einem kleinen Betriebsfest in die Bank eingeladen. Bäckermeister und Fleischer- meister in Aufsichtsrat und Vorstand sorgten trotz Markenpflicht für Imbiß und die Gaststätte „Preußischer Hof" (Werner Kersten) hatte einen guten Tropfen parat. Doch kaum hatte ich mich niedergelassen, mußte ich trinken und erzählen. Sonntag früh wollte ich per Fahrrad nach Piskaborn zu Gretchen. ...Doch es kam anders.

Im Laufe des Abends kam Lilo Altmann, die Tochter des Bäckermeisters: „Heinz, eben ist ein Anruf von Deinen Eltern gekommen. Sie sagten, laut Anruf von Deiner Einheit sollst Du sofort zur Truppe zurückkehren. Ihr werdet an die Ostfront abgestellt!"
Mir fiel „die Butter vom Brote".
Alles Sch... Ein Motorrad stand vor der Gastwirtschaft. Ich suchte den Besitzer, schilderte ihm meine Situation und bat ihn, mich nach Piskaborn zu fahren, nur für 1/2 Stunde, bitte! Er tat dies auch. Ich aber muß gestehen, daß ich ihn vor Aufregung nicht mal nach seinem Namen fragte. W i e hatte ich mich auf den ersten Urlaub gefreut. Ich war unsicher, ob ich überhaupt in das richtige Gehöft ging. Unsere Bekanntschaft war ja noch heimlich und neu. Und nun saß ich mit einem Fremden in der Küche bei Gretchen, die natürlich schon geschlafen hatte. Es war kurz vor Mitternacht. In aller Eile packte sie mir eine geräucherte Rotwurst und einen Königskuchen ein. Ich mußte versprechen, bald und oft zu schreiben. Ein einziger Kuß im Dunkeln war das Einzige, was ich vom Urlaub hatte. Der Kradfahrer brachte mich im Dunkeln nach Hettstedt, sogar unentgeltlich. Ganz in der Früh ging der Zug zurück nach Torgau, das ich vor 22 Stunden verlassen hatte. Ich hinterließ weinende Eltern. Die Kriegsfurie hatte nun auch nach mir die Hand ausgestreckt. Indes lag mein Bruder irgendwo im Nordabschnitt der Ostfront.

In diesem entsetzlichsten aller Kriege, der die Menschheit jemals heimgesucht hat, hat das Einzelschicksal längst zu zählen aufgehört. Und dennoch wirkt nur das Einzelschicksal in seiner Tragik erschütternd, weil hinter ihm das Geschick von Millionen sich mit einem Schlage aufrichtet. Mit der nun folgenden episodenhaften Schilderung eines Frontsoldaten sollen weder Wehrmacht noch Krieg verherrlicht werden. Vielmehr sollte der Leser - vor allem der Nachgeborene - nachdenklich werden.
Wohin führt es, wenn Menschen blind hinter Parolen und Rattenfängern herlaufen? Mit Gewalt löst man keine Probleme, man schafft nur neue. Es ist bitter notwendig, daß die Menschen lernen, VERTRAUEN zu wagen, dem andersdenkenden einfach offen die Hand hinzuhalten. Dazu gehört viel Mut, aber der Einsatz wird sich lohnen. Die Menschen sollten die Welt von den Militärs befreien, ehe die Militärs die Welt von der Menschheit befreien.

Die Schwadron glich einem Ameisenhaufen. Wieder einmal mußte sie auf Anforderung Ersatz liefern. Zu viele Soldaten waren verheizt auf den Schlachtfeldern des Ostens, trotz Siegesfanfaren und Sondermeldungen aus dem Führerhauptquartier, trotz Propagandakompanien und Frontberichterstattung in „Fox tönender Wochenschau".
Bis auf Gasmaske und Karabiner bekamen wir alles fabrikneu. Wo kamen nur die Unmengen bester Uniformen, Stiefel, Ausrüstungen her? Es war einfach sagenhaft. Mit dem Laufzettel wurden wir durch den ganzen Block gejagt, zu Gas-Paul, Mottentod, Waffen-Heini, Fourier und Schreibstube. Noch einmal wurden wir ärztlich untersucht. Am zweiten Tage war feierliche Verabschiedung von der Schwadron, ein letzter Gang in den Pferdestall. Neue Rekruten werden zu euch kommen ihr stummen Vierbeiner und guten Freunde.

Eine Marsch-Schwadron wurde aus allen Schwadronen zusammengestellt und der Zug brachte uns nach Königsbrück. Dort folgten böse Tage voller Appelle, Gegröhle und Hysterie. Noch schlimmer aber waren die Nächte in den total verwanzten Unterkünften. Eine Nacht verbrachte ich deswegen in den kalten Tonschalen des Waschraums. Zuletzt gab es die eiserne Ration. Das ist eine Mini-Dose Schweinefleisch und ein Beutel Hartzwieback. Das war die „Notverpflegung", die durfte nur auf Befehl des taktischen Offiziers verzehrt werden. Der Transport war vollzählig.
Dann rollten wir in Güterwagen gen Osten. - Einige Landser sangen: „Muß i denn zum Städele hinaus.." Einer spielte auf der Mundharmonika. Bald wurde es ruhig. Ein jeder hatte so seine eigenen Gedanken. Pfingsten 1942 fuhren wir durch polnisches Land.
Sehr oft begegneten uns Lazarett-Züge. Auf den Milchglasscheiben der Waggons war das Rote Kreuz aufgemalt. Ob wir auch mal so ins Reich zurückfuhren? Oder? Oder??? - Auch Züge mit Leergut und Schrott kamen uns entgegen. Auf Abstellgleisen standen Züge mit Panzern, Sturmgeschützen, Artillerie und anderem Kriegsmaterial. Das Land machte einen trostlosen Eindruck. Je weiter wir nach Osten kamen, um so ärmlicher waren die Dörfer. Fast kein Vieh war zu sehen, nur Greise, Frauen und Kinder. Hier und da weidete ein kleines Pferd, die Vorderbeine gehobbelt. - Ich glaube, es war in Wolowist, wo wir auf russische Spurweite umgesetzt wurden. Und immer weiter ging es ostwärts. Tage und Nächte. Immer tiefer fraß sich die Lok ins russische Land. Hier und da ein Grab mit Holzkreuz und Stahlhelm, ab und zu ein Streckenposten der Deutschen Wehrmacht im Blockhaus. Ein Kamerad aus dem Warthegau erzählte mir das Schicksal seiner Familie beim Polenaufstand 1939. Elf Angehörige hatte er verloren. Die Frau blieb schwanger mit einer Polin auf dem großen Hof zurück. Er hatte einmal Kurzurlaub gehabt. Sein Trauring war noch neu. In den Waggons wurde geschlafen, geraucht, Karten gespielt - und geschwiegen. Manch- mal gab es eine Stunde Aufenthalt auf einem Nebengleis.

Wir kamen in den Mittelabschnitt. Irgendwo war Halt mit der Bahnfahrt. Wir wurden aufgeteilt. Mit einigen Kameraden kam ich zur A.A. 134, d.h. Auf- klärungsabteilung der 134. Infanteriedivision. Das taktische Zeichen der Division war ein dreifach unterbrochener Kreis mit einem C in der Mitte. Der ehemalige Kommandeur hieß Conrad von Cochenhausen, Generalleutnant.

Mit LKW wurden wir in ein Dorf verfrachtet. Es hieß Werestna. Hier lag die Reiterschwadron in Ruhe zur Auffüllung. Die Pferde hatten es arg nötig nach dem eisigen Winter, sich mal satt zu fressen und zu erholen. Die Mannschaften aber auch. - Mit meinem Kumpel Horst Mochwitz aus Leipzig-Lindenau wurde ich zusammengesteckt. - Er hatte in der Kaserne über mir geschlafen. - Wir wohnten bei einem OGfr. Hans Granditz. Er war Zuckerbäcker aus Wien, verheiratet, ein famoser Mensch. Die Stammschwadron, der wir zugeteilt waren, lag in Stockerau bei Wien. Das waren alles große starke Kerle aus Tirol, Steiermark, Burgenland und der Ostmark. Am dritten Tage krabbelte es mich auf der Brust. Wie ich sogleich feststellte, war die Ursache ein winziges Tierchen. „Herr OGfr., gucken Sie mal, was ich hier habe!" „Dös is a Laus." O weia, ich hatte Läuse - später hatten sie mich.

Die Häuser hier waren alle aus Holz gebaut, nur Ofen und Schornstein waren gemauert. Die Dächer waren entweder mit Holzschindeln oder mit Stroh gedeckt. Die Fenster waren winzig klein und nicht zu öffnen, die Türen niedrig. Es gab nur einen großen Raum, die andere Hälfte des Hauses war Raum für Panjepferd, Kuh und einige Hühner.
Jetzt waren zwei Balkenlagen über der Tür heraus gesägt, damit die großen deutschen Reitpferde hineinpaßten. Es gab nur wenige Zivilisten, die zwar arm, aber nicht deutschfeindlich waren. Ich empfand es jedenfalls so. Zur Verständigung benutzten wir die Zeichensprache. Das war nicht verwunderlich, wo wir mit dem Stamm der Schwadron schon Sprachschwierigkeiten hatten. Unser Berittführer, Uffz. Haderer, kommandierte: „Kommt's, langt's Nachtmahl, schaut obi nach d Rossln kommt abi, geh, drah di, schaugts umi, gemma, gemma!" Wir bauten Männchen und sagten: „Herr Uffz., wir haben nichts verstanden." Er sprach nämlich sehr schnell. Da machte er sich so groß wie ein Pfau und rief: „Habe die Eeehre, verstehts ka deitsch net, Saupreißn, dreckerle!" Ja, so war das. Wenn sie unter sich waren, hörten wir sie oft reden von a Gselchten und a Möhlspeis.
Tags mußten wir Pferde hüten, nachts ab und an Wache stehen. Appelle gab es wie in der Kaserne. Ich bekam eine Rappstute VERA und einen Schimmel NORDSTERN zu versorgen. Es waren schöne, sorglose Tage, die wir verlebten. Unsere Feldpostnummer hieß 21387. Endlich kam die erste Post aus der Heimat. Das Wasser holten wir von einem tiefen Galgenbrunnen. Eine Toilette gab es nicht. Landser hatten eine Latrine gebaut, den Donnerbalken. Einmal kamen russische Tiefflieger und warfen Bomben mit Zeitzündern. Es gab Sachschaden und einige Verwundete, auch unter den Zivilisten. Sie wurden von unserem Arzt mitversorgt. Daraufhin mußte ein LMG (= leichtes Maschinengewehr) auf Dreibein mit Fliegervisier dauernd besetzt sein. Es kamen aber keine Flugzeuge mehr.
Die Feldküche stand in der Mitte des Dorfes, an ein Haus bugsiert. Ein schönes russisches Mädchen half dort. Es war etwa 18 Jahre alt. Ihre langen dunklen Zöpfe trug die Schönheit während der Arbeit unter einem Kopftuch. Sie hieß Dushia. Der Koch war OGfr. Horst Neuber. Er war Linkshänder und kochte ein prächtiges Essen. Wir „Neuen" erhielten öfter einen Nachschlag - „Abstauber"- von ihm. Als es einmal Milchreis gab, wollten wir uns eine zweite Portion er- schleichen, aber da war er böse. Schwadronchef war OLtn. Grieß - Rittm. Hagelin war sein Vorgänger. Eines Nachts grollte von Ferne Donner und Blitze zuckten. Es war kein Gewitter. Die Front grollte wieder. Urplötzlich wurden wir in Marsch gesetzt. Wir beide, Horst und ich, kamen zum Nachrichtenzug der Abteilung, der von OFw. Böttcher (mot) geführt wurde. Der war mir nicht sympathisch. Die Pferde bleiben beim Troß.
Unsere Feuertaufe bekamen wir 250km südlich von Moskau, etwa nordöstlich von Orel, südöstlich von Bolchow. Die Front donnerte von Rshew - Wjasma - Kaluga bis zu uns. Wie war doch jetzt vieles anders als in der Kaserne. So hatten wir z.B. den Stahlhelm fast immer am Koppel hängen, weil wir durch die Kopfhörer sowieso kaum etwas hören konnten. Das Essensfahrzeug kam nicht vor. Da fing

der Hunger in den Gedärmen an zu bohren. Schlimmer aber war der Durst. Die feindliche Artillerie zerhämmerte das Hinterland. Wir selbst lagen in einem Walde. Ich sage Wald, aber es war wohl mehr ein Urwald, wie er in Karl May's Werken beschrieben wird.

Zum ersten Male roch ich den gräßlichen Pulvergestank detonierender Granaten. Es krachte, zischte und surrte um die Köpfe. Vor Durst drückten wir das Kochgeschirr in die grünlich-braune Sumpfbrühe und tranken das halbwarme Dreckwasser. Die Alten sagten uns, wenn eine Granate über uns hinweggorgelt, sei das nicht gefährlich. Die man hört, tu'n einem nichts, weil sie weiter hinten einschlagen. - Der Russe hatte eine äußerst starke Granatwerferwaffe. Sie ist die Artillerie der Infanterie. Es gab Kaliber von 5, 8, 12, 15cm. Nach dem 6. Abschuß kleb, kleb, kleb, kleb, kleb, kleb erfolgt in der Regel der erste Einschlag. Das war die Norm. Es gibt nur flache Trichter, aber starke Splitterwirkung. Viel gefährlicher waren in der Überraschung die Ratsch-Bumm: ein Geschütz, ähnlich unserer Pak. Ehe man den Abschuß hörte, war schon der Einschlag da. Dazwischen das helle „Peng" der russischen Panzerbüchse, ein karabinerähnliches Gewehr mit langem Lauf und 2cm Kaliber. Wir lernten auch sogleich die verheerende Wirkung der „Baumkrepierer" kennen. Die russische Maschinenpistole spie viele Explosionsgeschosse aus. Die Kugel detoniert im Körper und ruft gräßliche Verwundungen hervor. Dagegen schoß das Maschinen- gewehr „Maxim Gorki" relativ langsam. Tat, tat,tat; der Abschuß; bub,bub,bub; das Echo.

Gar viel Neues stürmte auf uns ein.

Unsere Truppen schossen auch nicht gerade mit Schokoladenplätzchen. Besonders nachts wußte man manchmal nicht, wer schießt. Durch Angriff und Gegenangriff wechselte der Verlauf der Hauptkampflinie (HKL) und beide Seiten benutzen Beute -waffen. Es war doch völlig anders, unter Feindeinwirkung zu funken: in der Kaserne damals unvorstellbar. Nachts durfte keine Schein der Taschenlampe unter der Zeltbahn hervor leuchten. Wie gut, daß wir GEBEN und HÖREN bis zur Vergasung geübt hatten.

Der Schwadrongefechtsstand, auch nur ein schnell ausgehobenes Loch wie das unsere, war ganz in der Nähe. Dorthin mußten wir die Texte der entschlüsselten Sprüche bringen und bekamen durch einen Melder Sprüche zum Absetzen. - Weil der Russe im Abhören und Anpeilen von Funkstellen „ganz groß" war, durfte nur gefunkt werden, wenn alle Fernsprechleitungen kaputt waren und Melder nicht durchkamen. Solange wir Funker „Gewehr bei Fuß" lagen, sahen wir die armen Störungssucher, genannt „Strippenzieher", an der Arbeit. Mit Draht, Isolierband und Kombizange versuchten sie, die von der Artillerie zerfetzen Leitungen zu flicken. Indes kam ein Melder angekeucht, in der Rechten den Karabiner, mit der Linken ab und an den Schweiß aus den Augen wischend. Gejagt vom Befehl, gehetzt von den Einschlägen feindlicher Ari und Granatwerfer. Wir bekamen den ersten Eindruck einer Schlacht. Hi und da hat es einen Kameraden erwischt. Man wünschte ihnen, daß es für die Heimat reichte, d.h., daß die Verwundung so schwer war, daß diese nicht im Feldlazarett ausgeheilt werden konnte. Nach Verlegung ins Heimatlazarett gab es nämlich in der Regel 14 Tage Heimaturlaub zur Genesung und 14 Tage Einsatzurlaub. Und das war das Wichtigste.

Wir lernten, im Liegen zu pinkeln und wer mal aus den Hosen mußte, erledigte dies im D-Zug-Tempo. Eine Zigarette war Nervenbalsam. Um ein Streichholz

robbte man zum Nachbar. Gut, daß wir auch das Robben in der Kaserne gelernt hatten, ein Fortschlängeln mit Ellbogen, Bauchmuskeln und Beinen, eng an die Erde geschmiegt. Wenn doch nur der viele Ballast nicht wäre. Was mußte der Landser schleppen? Hemd, lange Unterhose - die war sehr wichtig als Schweißsammler und Schutz vor dem Wund-Reiten. Dabei läuft einem das Blut am A.. lang und die Haut ist talergroß verschwunden. Strümpfe, Reithose, Pullover, Hosenträger, Feldmütze, Stahlhelm, Koppel, Koppeltragegestell, Patronentaschen mit 60 Schuß Munition - ich besaß zudem noch eine polnische Pistole Radom-Vis, die besonders ins Soldbuch eingetragen war - 2 Eierhandgranaten, 1 Feldspaten, 1 Kartentasche
1 Gasmaske, 1 Gasschutzplane, 1 Karabiner, 1 Brotbeutel, 1 Kochgeschirr, 1 Trinkflasche, 1 Becher, 1 Hautentgiftungsmittel, 1 Funkgerät BERTA, 63 Pfund schwer. Der Mensch - einem Lastesel vergleichbar.

Ich glaube, sechs Tage dauerte der feindliche Angriff. Danach lagerten wir, um uns mal zu rasieren, die Stiefel von den Füßen zu kriegen. Der Küchenbulle hatte Pudding gekocht von Kondensmilch. Das Küchenfahrzeug kam am Tage. Es war ein Panjefahrzeug mit zwei kleinen Pferden, gefahren von HiWi. Das waren junge Burschen, die von der Deutschen Wehrmacht zur Arbeit verpflichtet waren. Später kamen Kriegsgefangene, die formal entlassen, bei und Arbeit verrichteten. Sie erhielten die selbe Verpflegung wie wir.   Und Verpflegung spielt im Krieg eine ganz bedeutende Rolle. Nach ca. 14 Tagen kamen wir wieder zu unseren Pferden zurück und der Vormarsch begann. Mit Mochwitz war ich noch immer der 1. Schwadron zugeteilt. Die Funkgeräte wurden auf ein Panjepferd verlastet. Dies war ein Falbhengst, klein und rund. Wir lösten uns tagweise als Packpferdführer ab. Es herrschte Gluthitze. Mal Niederwald, mal Steppe, Staub, Staub, Staub. Wenn die Schwadron trabte, mußte der kleine Hengst infolge seiner kurzen Beine fast galoppieren; im Schritt mußte er immer zuckeln.
Wollte es das Unglück, hatte ich im rechten Strumpf einen Floh. Bald saß er unter dem hohlen Fuß, bald am Schienbein, dann am Knöchel oder an der Wade. Ich bin bald ein Narr geworden. Und keine Zeit, mal abzusitzen und den Stiefel auszuziehen.
Plötzlich war Halt. Wir mußten die Geräte selbst tragen, die Pferde wurden von einigen Alten in Verwahr genommen. Parolen gingen um. Marschieren, marschieren, Durst. Und das Gerät drückte auf Schultern und Rücken. 63 Pfund ohne Ausrüstung. Halt. Verladen auf LKWs. - Parole: Wir werden Korpsreserve. O weia, das war böse. Wir hatten keinen festen Frontabschnitt, sondern sollten nur an Brennpunkten eingesetzt werden.
Irgendwo war der Feind durchgebrochen. Ich glaube, es war nördlich von Kursk. Der Teufel war los. Von irgendwo kam per Ju 52 Verstärkung. Aber so, wie frische Kräfte herankamen, so wurden sie verheizt. Mit Pferdefuhrwerken, Sankas, Ju 52 wurden verwundete transportiert. Für ganz schwere Fälle wie Hirnverwundungen und Schußbrüche flog ein Fieseler STORCH. Das war ein Leichtflugzeug, welches ohne Flugplatz starten und landen konnte. Die Verwundeten- Umschlagstelle hatte innert 24 Stunden über 1100 Durchgänge.

Wir waren nach so viel Rabbatz keine Neulinge mehr. Es schien, als feierten Tod und Vernichtung ein Fest. Es gab ungeheuere Ausfälle an Menschen und Material. Es ist unmöglich, alles zu Papier zu bringen.

Danach kamen wir in eine Stellung, die relativ ruhig war. Es war ein Flüßchen zwischen den Fronten. Wir lagen auf freiem Feld, das Gelände stieg sanft nach hinten an und wir waren gut einzusehen. Die Russen lagerten gegenüber am Waldrand. Sie konnten in den Baumkronen ihre gefürchteten Scharfschützen prima verbergen. So mancher Landser fiel ihren Einzelschüssen zum Opfer. Mit einer Schwadronenstärke von nur 32 Mann hatten wir laut Karte einen Frontabschnitt von 5060m zu halten. Wehe, wehe, wenn sie angriffen. Wie gut, daß der Feind unsere Schwäche nicht wußte. Und das war gar oft der Fall.

Wir hatten in der letzten Sch... drei Offiziere verloren und waren der Nachbarschwadron unterstellt. Owm. Küffner, ein tapferer Draufgänger, machte Offz. vom Grabendienst. Er trug als einer der ersten unserer Division das Deutsche Kreuz in Gold. Er hatte wohl mit einem Reiterspähtrupp vier Tage hinter der feindlichen Linie aufgeklärt. Er war Österreicher und an sich selbst allzeit akkurat. Wir alle hatten großen Respekt vor ihm. Ein junger Kriegsfreiwilliger begleitete ihn des Nachts.

Wir mußten 100%ig vom Einbruch der Dunkelheit bis zum Lüften des Morgennebels im Tal auf Posten stehen. Jeder Soldat hatte zwei bis drei Schießscharten im Laufgraben, aus denen er ab und zu zu schießen hatte. Auch die LMG hatten zwei Feuerstellungen. Als Reserve für den gesamten Abschnitt stand ein LMG mit drei Mann zur Verfügung. Es waren noch 34er Maschinengewehre.

Was uns das Dasein noch zusätzlich erschwerte, waren die furchtbaren Stechmücken. Die deutschen Mücken sind dagegen harmlose Minigeschöpfe. Sie stachen durch das relativ dicke Uniformtuch, wo immer es am Körper anlag - z.B. Schultern - . Das grüne Mückennetz bot nur wenig Schutz. Immer war das ss sss ss sss dieser schrecklichsten aller Insekten um einen herum. Wir zogen, soweit greifbar, sogar Handschuhe an. Am Tage mußte jeder nochmals 2 x 2 Stunden Beobachtungsposten stehen. Außerdem Waffen reinigen, Munition für die MGs gurten. Im kilometerlangen Laufgraben, der nur schmal war und in dauerndem Zick-Zack verlief - wegen dem Splitterschutz - mußten wir Munition heranschleppen. Die war in 88er Kisten, die an die 90 Pfund wogen. Inhalt: 1500 Schuß Inf. Munition. Fünf Pappkartons mit 20 Schachteln à 15 Patronen. Die Kisten mit der Leuchtspurmunition war noch schwerer, weil sie einen Zinkeinsatz hatte. Man mußte stets verquer gehen, weil die Gräben schmal waren. Wer sich nicht bückte, erhielt leicht einen Kopfschuß von den Scharfschützen. Es reichte ja schon eine blaue Bohne, um vom Leben zum Tode zu kommen.

Auch der jeweilige Essenholer war ein geplagter Mensch. Je 2 x 6 Kochgeschirre in den Händen, die zwölf Feldflaschen an einem Riemen über der Schulter, den Brotsack auf dem Rücken, so bahnte er sich seinen Weg oft über 2 - 3 Stunden weit. O ihr Mütter, wie gut, daß ihr euere Söhne nicht sehen konntet. Waschwasser war ein Fremdwort; danach natürlich unser Aussehen. - Was hatten wir nur verbrochen? 6 Wochen lagen wir in dieser Stellung. Es war die Hölle, trotz geringer

Gefechtstätigkeit. Es waren nur Plänkeleien, hie und da Stoßtrupptätigkeit. Aber die Übermüdung der Männer war riesengroß. Ein kleines Loch war unser Unterstand. Zu viert konnten wir darin sitzen oder liegen. Wenn man wirklich zum Schlafen kam, surrten die Mücken. Die Decken unseres Unterstandes bestanden aus schwachen Hölzern, die mit Erde und Grasbatzen abgedichtet waren. Jetzt wurden sie geräuchert. Papier, Muni-Pappschachteln und feuchtes Gras wurden angezündet und der Rauch verjagte zwar die Mücken, aber man mußte viel husten und fast ersticken. Einer rief: „Macht bloß die Zeltbahn hoch, der Qualm ist ja nicht zu ertragen!" Der andere meinte: „Denkste, ich lasse mich von dem Ungeziefer zerstechen?" Es gab nämlich nach jedem Stich heftig juckende Quaddeln. Man hätte mir hier 3000 ha Land schenken können, ich hätte es nicht genommen der Mücken wegen.

Man fing an, den Krieg zu verfluchen. Urlaub gab es auch nicht. Alles Sch.. Die Verpflegung war zum Kotzen. Einen Tag gab es Graupen, einen Tag Kohlsuppe, genannt Kapusta. Und das 6 Wochen lang. 1/3 Kommißbrot, 1 Schachtel . Döschensardinen, 1 Klecks Kunshonig, pro Tag 8 Zigaretten. Und keine Gelegenheit, sich mal zu waschen, Besteck und Kochgeschirr zu spülen. In der Bakelit-Dose hatte sich Margarine und Kunsthonig innig vermischt. Das Kochgeschirr wurde mit Gras oder Pappe ausgewischt. Rasur einmal pro Woche mit Kaffee, der aber rar war. Nachts leckten wir oft den Tau von den Gräsern. Fast allnächtlich bekamen wir Besuch. Ein langsam fliegendes russisches Flugzeug, UvD oder Nähmaschine genannt beharkte uns mit Bordwaffen und kleinen Bomben. Besonders in den hellen Mondnächten waren die Küchen- und Munitionsgespanne beliebte Ziele. Übrigens hatte ein Landser dem zähen Kunst-Tubenkäse eine Gedicht gewidmet:

1.) Ein Federstrich zum OKH
drei Wochen später war er da.
Er nährt dich täglich gut und böse,
Tubenkäse, Tubenkäse
2.) Kommst du des Abends spät nach Hause,
freust dich auf deine warme Klause,
was steigt dir in die Näse?
Tubenkäse, Tubenkäse.

3.) Was putzt die Zähne blitzeblank
wenn nicht gerad Odol zur Hand?
Was kittet Fenster und zerdepperte Gefäße?
Tubenkäse, Tubenkäse.

Man konnte dieses Abfallprodukt von Kochkäse bald nicht mehr sehen. Daheim hätten die Menschen gerne mal Ölsardinen gegessen, hier fütterte man uns tot damit.

Indes wurde die Übermüdung immer größer. Ich war einmal des Nachts auf Posten - im Stehen - eingeschlafen. Owm. Küffner hatte mir unbemerkt den Karabiner abgenommen. O weia. Kriegsgericht drohte: Wachvergehen vor dem Feinde. - Aber mein Owm. war barmherzig und erstattete keine Meldung.

Nebenbei mußten wir unsere Funkgeräte fit halten. Zum Einsatz kamen sie aber nicht, weil die Fernsprechleitungen nicht oft gestört waren.

Ein Kamerad aus dem Warthegau war wegen seiner besonderen Verhältnisse reklamiert worden. Jeder gönnte es ihm. Es war der selbe, der mir auf der Fahrt sein Schicksal erzählt hatte. Morgen nacht sollte er mit dem Essensfahrzeug zum Gefechtstroß und von da aus in Richtung Heimat fahren. Aber heute mußte er natürlich noch mal auf Beobachtungsposten. Seine 2 Stunden waren um, aber er kam nicht. Na, der hängt freiwillig noch eine Stunde dran, hieß es. - Der gute Kamerad lag mit dem Kopf direkt im Ausguck, die Hände hielten noch das Gewehr. Schuß zwischen die Augen. Gefallen für Großdeutschland! Ein dünner Faden Blut war ihm bis ans Kinn gelaufen und geronnen. Jeder schwieg. Daheim mußte wohl seine Frau um diese Zeit entbinden. Ich hatte Gänsehaut auf dem Rücken.

Weshalb waren wir eigentlich in diesem Rußland, das keinen Anfang und kein Ende zu haben schien? Warum mußten wir auf Menschen schießen, die wir nicht kannten, die doch ihre Heimat verteidigten? Aber solche Gedanken waren Zersetzung der Wehrkraft. -

Wenn mal Post kam, schrieb Mutter, wer so alles gefallen war aus Hettstedt. Es waren nicht wenige. Viel Post ging verloren durch Partisanenüberfälle auf Eisenbahnzüge. W i e oft gingen meine Gedanken in die Heimat?

Irgendwo in der Ferne grollte die Front. Wann wird es bei uns losbrechen? Parolen sind das Zubrot des Soldaten. Parolen schwirrten. Endlich kamen wir aus dieser Sch..stellung raus. Angeblich zur Frontbegradigung. Bepackt wie die Lastesel wurde marschiert und marschiert. Gab es denn in diesem Land keine Straßen, keine Städte - zum Donnerwetter, war das eine Hundetürkerei.

Wir kamen in eine Waldstellung an einem Fluß. War es die Shisdra? Moschwitz und ich waren nun zur 3. abgestellt. Chef war Oltn. Sepp Kramer, einer der besten Offiziere, die ich je kennen gelernt habe. Er hatte keinen „Putzer", war Frontschwein wie wir. Er war rotblond und voller Sommersprossen. Seine Heimat war Schweinfurt. Alles konnte er vertragen, nur keine Feigheit. Er rauchte gerne „a gute Zigarrn und sprach oft vom Eppelwoi". Die Shisdra ist ein Fluß wie etwa die Saale. Wir lagen fast am Ufer. Unser 2-Mann-Loch war eng und feucht vom Ufersand. Als Polster dienten Kiefernzweige. Der Herbst brachte kalte Nächte am Wasser. Bald hatte ich enormes Rheuma in der linken Schulter und im Oberarm. Der Sani behandelte mich mit Salbe. Einmal konnte ich ihm die sorgsam gehütete Tube mit dem Spezialinhalt wegnehmen - es war Frostsalbe.

Ein Feuer konnten wir nicht machen, denn der Iwan lag ca. 70m von uns gegenüber. Aber Landser sind erfinderisch. In eine alte Gasmaskenbüchse wurden mit dem Seitengewehr Löcher eingestochen, trockene Kiefernäpfel gesammelt und zur Glut gebracht durch schwenken, wie es Mutter mit der Holzkohlenplätte getan hatte. Der Urwald lag ja hinter uns. Wir hatten unser Loch gut mit Zeltbahnen abgedichtet. Aber fast wären wir einmal nicht aufgewacht. Man sprach von Gasen - Kohlenmonoxyd -.

Als ich dennoch mal wieder trockene Kiefernäpfel sammelte, fand ich eine kleine graugrüne Kiste. Es stand nichts weiter drauf als 2,5kg. Wohlgemut nahm ich den Fund mit zum Gefechtsstand. Oltn. Kramer sagte sehr ruhig und freundlich zu mir: „Vatter, dös bringst ganz vorsichtig weit zurück. Dös is a Sprengladung von die Pionier, wolltest gern nauf auf d'Bäum?"

Allmählich hatte man sich an den Krieg gewöhnt. Einmal verschlief ich einen russischen Feuerüberfall mit der Ratsch-Bumm. Es kam auch mal Post aus der Heimat und ein Päckchen von Gretchen. Welche Gaumenfreude! An meinem Geburtstag, dem 9. Oktober, hatte ich nachmittags dienstfrei und war weit in den Wald zurückgelaufen. In einem Loch fand ich ein wenig Wasser. Eben in dieser Hoffnung hatte ich Waschzeug und Kochgeschirr mitgenommen. An einem kleinen Feuer von dürrem Holz erwärmte ich Wasser und splitternackend habe ich „gebadet" mit der graugrünen, beliebten Kriegstonseife, die keinen Schaum hergab. Während ich an der Feuerseite fast verbrannte, hatte ich auf der anderen Seite Gänsehaut. Aber ich hatte mal alle Klamotten vom Leib gehabt und überall war wieder Wasser hingekommen. Natürlich ergab ein Kochgeschirr voll Wasser kein Traumbad. Obwohl wir ja direkt am Fluß „wohnten", wollte doch keiner des Waschens wegen sein Leben aufs Spiel setzen.

Etwa alle 4 Wochen gab es Marketenderware. Drei Mann: eine Flasche Schnaps; graue Feldpostbriefe, jede Menge Zahnpasta, Rasierklingen, Bleistifte, Zigaretten, Tabak, Blättchen, Feuersteine u.ä. Geld hatten wir ja genug. Ich war inzwischen zum Gefreiten befördert worden. Urlaub war aber immer noch ein Fremdwort. Was hatten wir schon alles erlebt, seit wir in Karatschew die Eisenbahn verlassen hatten.

Es war prima in der Schwadron bei Sepp Kramer. Die 2. - ehemals Radfahrer, jetzt aber auch Infanterie, führte Oltn. Aumüller aus Delitsch. Seine Eltern besaßen dort eine Zuckerfabrik. Er war ein sehr ehrgeiziger Offizier, jedoch ohne Kontakt zur Mannschaft. Die 1. Schwadron hatte Rittm. Waßmann, der schon in Torgau die 1. führte. Ich kannte ihn vom Sehen her aus der Kasernenzeit. Er war bei der Vereidigung dabei und er gab eine markante Figur ab. Das war damals. - Parolen gingen um, mal so, mal so. Ohne Parolen gibt es scheinbar keinen Kommiß. - Ein Uffz. Kuscher, von einer fremden Panzerjägereinheit zu uns gekommen, hatte eine Wurfschleuder entwickelt. An einem Band schleuderte er eine abgezogene Handgranate so auf die russische Stellung, daß sie drüben, einem Schrapnell gleich, detonierte.

WINTER. - Bei der Rheinischen 211. ID war der Feind durchgebrochen.

Winter. -- Bei der Rheinischen 211. ID war der Feind durchgebrochen. Wir mußten in Eilmärschen dorthin. Ich kam als Funker zur 1. Schwadron. Ritt- meister Waßmann befehligte die gesamte AA 134, wußte aber nicht mal die nächste MG-Stellungen. Eines Nachts verlor er die Nerven und übergab das Kommando seinem Schwadronstruppführer. Das Chaos brach über uns herein ohne rechte Führung. - Da, in äußerster Gefahr, riß Oberleutnant Kramer das Kommando an sich und verhütete mit seinen KG-Schützen einen feindlichen Durchbruch. Die Kübelwagen seiner Schwadron fuhren Munition bis an die Feuerstellungen. Die Geschützbedienungen schossen, was die Rohre hergaben. Unsere 1. Schwadron war noch 27 Mann stark. Wie wir hörten, sei Rittmeister Waßmann vom Feldkriegsgericht wegen Feigheit vor dem Feind standrechtlich erschossen worden. Verbürgen kann ich mich aber nicht für diese Information.

Ein neuer Abt. Kdr. kam: Major Klasing. Unser alter Chef aus Torgau. Adjudant war Lt. Slany, Ordonanz-Offizier Lt. Spieß - fast noch ein Kind.
Stellungskrieg: Laufgräben und richtige heizbare Bunker. Ich war mit Stotta Mochwitz zur 2. Schwadron abgestellt. Wir hatten mal ein bißchen Ruhe, weil die Telefonleitungen gut verlegt waren. Wir mußten Telefon- wache schieben und Posten stehen. Die Offiziere besuchten sich gegen- seitig. Keiner beachtete uns Funker, nur Sepp Kramer begrüßte uns mit Handschlag und fragte nach unserem Ergehen. Unsere Augen strahlten. Er hatte die Silberne Nahkampfspange erhalten. Das EK I besaß er schon lange.
Wenn wir auf den Pritschen lagen, dachten wir an zu Hause, an unser Mädchen. Horst seine hieß Erika O. und war aus Zwochau bei Wurzen. Sie hatte eine wunderbare Handschrift. Es war hundekalt. Noch immer trugen wir unsere ledernen Reitstiefel. In der Heimat wurden Wollsachen für die Ostfront gesammelt. Einer bekam ein Paar weiße Handschuhe, der andere einen grauen Kopfschützer, der Dritte einen braungelben Schal. Wir waren bunt wie die Zirkusleute.
Oberleutnant Aumüller war recht fickrig. Schlug Ari ein, wollte er sofort von den Zügen Meldung über eigene Verluste und über Feindbewegung. Er schlief stets in voller Uniform und die MP griff- bereit. Seine grauen Wildlederhandschuhe trug er noch im Schlafe. Nun, es hat halt so jeder seine Eigenheiten.
Unsere Verpflegung war mäßig. Zur Abendkost acht Mann eine Dose fettes Schweinefleisch oder Bierwurst. Gegen Ende des Winters entzündete sich unser Zahnfleisch, die Zähne wurden locker und ein Kauen unmöglich. Der Anfang von Skorbut. Da erhielten wir zu viert einen Eimer rohes Sauerkraut - der Firma Hengstenberg, Bitterfeld. Apfelsinen, die wir bekamen, waren leider schon in der Kiste verfault. Kleine, gelbe Vitamin C-Tabletten mußten wir schlucken, ebenso Lebertran. Davon bereiteten wir uns aber Röstbrot im Kochgeschirr-Deckel.
Während wir dauernd Ari-Beschuß auf unsere Stellungen hatten, mußte die eigene Ari Munition sparen und hatte oft Schießverbot. Wir mußten jede leere Patronenhülse sammeln. Die Rohstoffe in der Heimat wurden immer knapper. Ab und zu bepflasterte und auch die „Nähmaschine". Läuse hatten wir wie nie zuvor, besonders nach dem Wäschewechsel - bei schmutziger Wäsche waren sie seltsamer weise nicht so zahlreich. Aber die Läuse brachten uns nicht aus der Ruhe. Wohl

mußte man sich sehr oft kratzen und scheuern. Aber die Mücken waren weit gräßlicher. An Beinen und Füßen bekam ich regelrechte Löcher vom Läusefraß. - Plötzlich wieder feindlicher Angriff. Da kam der Verbindungsoffizier der Ari zu uns und bat uns, Feuerleitung zu übernehmen. Ihre Friedrich-Funkgeräte hätten nicht die nötige Reichweite, denn da spielten die Geländebedingungen eine Rolle. Endlich brauchten wir mal nicht zu verschlüsseln und konnten die Feuerleitung durch Sprechfunk mit Handmikrofon durchführen. So z.B. vom vorgeschobenen Beobachter (VB) zur Feuerstellung der Batterie: altes Kommando, Planquadrat norpol.otto 12, Arbeitsgeschütz allein, 2 Schuß Feuer frei - von Batterie an VB: das Kommando wird wiederholt, feuerbereit - von VB an Batterie: feuern -- von Batterie an VB: abgefeuert, von VB an Batterie: Einschlag! Das selbe Kommando 80 zulegen, 40 mehr, 1 Schuß Feuer frei! Nun die selben Wiederholungen. Das sieht langwierig aus, geht aber alles blitzschnell. Schließlich war ja die Ari in den Kasernen ebenso gut ausgebildet worden wie wir. Bei Preußens war Schwung drin!

Zur Erläuterung: zulegen = weiter schießen, abbrechen= kürzer, mehr= nach links schießen, weniger= nach rechts.

Wenn höchste Gefahr für die Infanterie war - sie lag dem Feinde am nächsten - wurde Sperrfeuer angefordert. Dann schossen die Batterien, was die Rohre hergaben. Dann war ein Gefauche und Gekrache in der Luft, als hätte der Teufel seine Großmutter zu Besuch.

Bei eigenen Angriffen kam es nicht selten vor, daß die Ari zu kurz schoß und deutsche Soldaten von deutschen Granaten zerfetzt wurden. Da wurden sogleich Leuchtkugeln abgeschossen, deren Bedeutung wegen Spionage täglich wechselte. Es gab rote, grüne, weiße, einfache und Sternbündel. Furchtbar, wie der Krieg perfektioniert war und überall hockte Gevatter Tod.

Wir bekamen von der Ari ein Kistchen voller Zusatzladungen. Das sind kleine, runde Seidenbeutel mit Blättchen-Pulver. Das eignet sich gut zum Feuer anmachen. Aber man darf nur wenig nehmen, sonst fliegt das kleine Kanonenöfchen in die Luft. Stangenpulver wirft helles, grelles Licht und wenn man genug davon hat, kann einer laufend damit leuchten zum Schreiben oder zu Reparaturarbeiten. Alles probierten die Landser aus.

Ab und zu durfte mal einer auf Urlaub fahren. Die Rückkehrer brachten schlechte Nachrichten aus der Heimat mit. Die NSDAP hatte überall die dominierende Rolle inne. Mangel an Schuhen, Bekleidung, Lebensmittel, Heizung, zerbombte Städte und Fabriken, hohe Verluste durch den Luftkkrieg und die Gestapo war überall. Aber noch stand die Heimat.

Wir hatten immer noch Alarmbereitschaft, d.h. mit gelockertem Koppelzeug, in voller Uniform ruhen. Dann kam Weihnachten. - Es gab sogar Sonderverpflegung. Einer besaß einen Munhobel. Wer nicht Posten stehen mußte, sang mit Weihnachtslieder. Irgend woher war ein kleiner Baum organisiert mit Kerzen und Lametta. Jeder las seine Post, betrachtete ein liebes Foto. Bald war es still im kleinen Unterstand. Heilig Abend 1942 - Friede auf Erden - und wir waren ca.

2000km weit in einem fremden Land, das wir besetzt hatten, das sich aber stetig und ständig gegen uns Eindringlinge wehrte.

Trotz allnächtlichem Wassertragen, ca. 120 Eimern, patschten Laufgräben und Bunker. Natürlich zog sich Mochowitz bis auf Hemd und Unterhose aus. Letztere waren Beutegut und hatten die Form einer Malerhose. Horst meinte, die haben wohl den Arsch offen, zum Heiligen Abend in Klamotten schlafen. Er deckte sich mit seiner Wolldecke zu. Zwei Hindenburgkerzen erhellten den kleinen Raum nur spärlich. Stille.- Mit einem Male sprang Mochowitz wie elektrisiert auf. Einer rief: „Mensch, dich hamse wohl ins Jehirne jeschissen?" Nein, eine junge Ratte war dem Schläfer im Bein der weiten Unterhose bis an den Leib gekrochen. Ratten hatten wir in unseren Unterständen zahlreich. Uffz. Hirschmann wollte mal ein Biest mit der Pistole erschießen, aber er zertrümmerte nur die Butterdose eines Kameraden. Alles eßbare mußte an einem Draht aufgehängt werden. Der Feind griff nicht an. Auch wir ließen alle Waffen schweigen.

Parolen schwirrten, wir kommen ins Reich zur Auffüllung. Es waren schon recht viele Kameraden gefallen. Es geht nach Frankreich - da wurden Programme entwickelt wegen der Frauen. -

Aber unser alter Divisionskommandant sollte Recht behalten: Er hatte Prophezeit, daß die Division nicht eher abgelöst würde, ehe alle aus einer Feldküche verpflegt werden können.

Wieder mal Stellungswechsel, schanzen, schanzen, schlechte Verpflegung. - Der Franzel Wöß aus Tirol war wegen besonderer Tapferkeit vom Obergefreiten zum Wachtmeister befördert worden. Er war von Gestalt einer der Kleinsten in der Schwadron, aber ein prächtiger Kerl mit frischem Antlitz. Er hatte uns ein Lied seiner Heimat gelernt: An einem Sonntagmorgen, recht zeitlich in der Früh.... - Wir mußten viel Posten stehen. Da kam er nachts zu mir und sagte: „Geh eini und schreib der Mutter an Brief." So stand er als Wachtmeister für mich Posten. Kurze Zeit später ist er gefallen. Ich schämte mich der Tränen nicht, die ich um diesen guten Kameraden vergossen habe. Er war ein Waisenkind und hatte außer seiner Schwester niemanden auf der Welt. Als Bub hatte er Geißen, später Kühe für die Bauern gehütet.

Immer öfter überkam mich die Sinnlosigkeit des Krieges. - Aber, wir hatten zu gehorchen. Den Russen ging es nicht besser. Einmal kam im Morgengrauen ein Überläufer. Er zitterte wie Espenlaub. Wir gaben ihm Brot und Zigaretten. Er hatte keinen Absatz am Schuh, hohlwangig und verdreckt wie wir. Auch er hatte die Schnauze voll vom Kriege.

Wieder Stellungswechsel. Wir lösten eine andere Division ab. Die Stellungen sollten weiter ausgebaut werden. Wir bekamen Gefangene zum Schanzen - entgegen der Genfer Konvention -.

Es waren 11 Weißrussen und 11 Kasachen und Usbeken. Die konnten sich sprachlich nicht verständigen, aber auch nicht vertragen, obwohl beide Parteien das gleiche Los trugen. Die Kasachen mußten tagsüber schanzen, während die Russen mit Beil und Säge Bunker bauten. Wir staunten alle über ihre Geschicklichkeit. Das

Holz kam aus den rückwärtigen Wäldern oder von abgerissenen Häusern. Die Russen waren einfach Spezialisten. Sogar Nägel machten sie aus Holz.
Die Kasachen hatten an einem Pfosten ein gefallenes Pferd hängen, das von einem Muni-Fahrzeug stammte. Das Fleisch war steinhart gefroren. Am Abend wurde ein Stück gekocht. Natürlich fehlten den armen Kerlen die erforderlichen Gewürze, aber Hunger ist ein guter Koch.
Der großen Kälte wegen hatten wir einen Schafpelzmantel an und riesengroße Überschuhe mit Filz- und Holzsohlen. Wenn man in dieser Bekleidung hinfiel, kam man alleine nicht wieder auf die Beine. Aber Menschen in Not sind anders als Menschen im Wohlstand. Ich wärmte mich öfter mal im Bunker der Kasachen auf, obwohl das verboten war. Es wäre ein leichtes für die Männer gewesen, mich zu überwältigen und mir den Karabiner abzunehmen. Aber sie taten es nicht. War ich diese Nacht mal in einem Bunker, bedeuteten sie mir, bald in den anderen zu kommen. Sie wirkten wie große, einfältige Kinder und sprachen ihr chr chr aus dem Kehlkopf raus. Ich verteilte öfter ein bißchen Brot oder Rauchware. Selbst rauchte ich fast gar nicht. Einer von ihnen war Inspektor auf einer Solchose, 24 Jahre alt und konnte einige Worte deutsch schreiben. Wir nannten ihn Eulenspiegel, weil er zweierlei farbene Strümpfe und einen Schal von einem deutschen Fliegertuch trug. Wenn man die Kasachen fröhlich machen wollte, brauchte man ihnen nur die Taschenuhr ans Ohr zu halten. Sie grinsten wie die Möpse und hätten gern so eine tick-tick gehabt. - 5000km waren sie von daheim fort, wir nur 2000km. Die Schlitzaugen hatten man so einen üblen Körpergeruch an sich. Wassermangel? Im eisigen Rußland war warmer Mief besser als kalter Ozon und ihre Bunker strahlten vor Wärme. Die nasse Bekleidung und die feuchten Fußlappen mußten ja früh trocken sein.
Jede leere Patronenhülse mußte gesammelt werden. Sie waren jetzt nicht mehr aus Messing, sondern aus Schwarzblech. Altstoffe sind Rohstoffe, hieß die Devise.
Die neuen „MG 42" fraßen Patronen nur so weg. Theoretisch konnte man pro Minute 1100 Schuß verfeuern. Die Waffe war fast unempfindlich gegen Verschmutzung und Ladehemmung gab es kaum. Die alten 34er MG waren viel störanfälliger.
Die Pferde von den Küchen- und Munitionsfahrzeugen wurden immer dürrer. Aber die Hiwis fuhren ihren Schlitten fast immer im Trab. Teils aus russischer Gewohnheit, teils aus Angst vor Feindbeschuß. Ein Futterstein mußte jetzt für 2 Tage reichen. Futtersteine waren schon 1937 gepreßtes Pferdefutter aus Spreu, Häcksel, Kleie, Quetschhafer und Melasse. Sie waren etwa so groß wie Mauersteine. Sie nahmen nicht viel Transportraum ein. - Oftmals mußten die armen Pferde nur mit Dachstroh oder Birkenholz auskommen. - Wie ist die arme Kreatur PFERD mißbraucht worden in all den Kriegen, welche die 'klugen, gebildeten Menschen führten'.

Unsere Stellung war gut ausgebaut. Da, wie schon so oft, Stellungswechsel. Nördlich und auch südlich von uns orgelte schon seit Tagen die Front. Unser Focke-Wulf Doppelrumpfaufklärer war täglich am Himmel.

Unser Pionier-Zug brachte Spanische Reiter vor, das sind Stacheldrahthindernisse. Immer gab es dabei Ausfälle. Der Pi-Zug hatte normal eine Stärke von 36 Mann. Oft war es nur die Hälfte. Der Zugführer war Oberwachtmeister Schneider, ein älterer, ruhiger Mann; von Beruf war er Zimmermann. Er trug das EK II und I, Goldene Nahkampfspange und das Verwundeten-Abzeichen in Silber > Gefrierfleischorden < .

Inzwischen bekamen wir Ersatz. Mir wurde eine Funker zugeteilt: 36 Jahre alt, Bankbeamter aus Heidelsheim bei Bruchsal in Baden. Wir lagen in einem Kiefer-Kussel-Gelände mit Minibunker von Oberleutnant Thieme. Der Eingang war des Sandes wegen mit Faschinen befestigt. Der liebe Pfeifer - so hieß der Ersatzmann - mußte mal pinkeln. Die Sonne schien schön warm auf den Schnee. Plötzlich schoß Iwan mit Granatwerfern. Anstatt daß der Kerl sofort in den Bunker flitzte, pinkelte er weiter. Ein starker Granatsplitter haute dicht neben ihm ein. Da kam er freudestrahlend in unser Loch und meinte: „Schaue Se, Herr Leutnant, a Schplitterle isch komme!" - Bar jeder Fronterfahrung!

Beim nächsten Feindangriff ist Pfeifer verschwunden. Ob ihn ein Volltreffer erwischte? Ob er in Gefangenschaft kam? Ich weiß es nicht. Wir hatten unheimliche Verluste. Ein junger Leutnant, Bauernsohn, Bohnsack mit Namen, schrie noch einmal laut auf: „Küffner!" und dann: „Mutter!" - Zwischen ihm und seiner Mutter war die unsichtbare Nabelschnur noch heil.

- Gefallen für Großdeutschland -

Ach, wie viele hatte es schon erwischt, solange ich bei dem Haufen war. Und wie viele mögen an ihren Verwundungen gestorben sein?

Es wurde Frühjahr. Einmal hatte ich bei der Abteilung zu tun wegen neuen Funkunterlagen. Wer stand im Bunker beim Kommandeur? Ernst Richard Schmidt aus Welbsleben. Ich war einst mit ihm im Reiterverein „Arnstein", später Reiter der SA. Sein Vater ritt auch mit. Zwischen Welbsleben und Ermsleben lag ihr Betrieb, zu dem wohl auch eine Ziegelei gehörte. Jetzt war er Leutnant unserer Abteilung. Nach wenigen Monaten bei uns fiel er, als er ein SMG in eine neue Feuerstellung einweisen wollte.

Unsere Funkunterlagen für den Divisionskastenschlüssel empfingen wir jeden 2. Tag. Alle 3 Stunden wechselte der Schlüssel wegen Abhörgefahr und Bloßstellung. Die Papiere mußten nach Ablauf ihrer Gültigkeit verbrannt werden, im äußersten Notfall - bei Gefangenschaft - gegessen werden. Wir bekamen wieder Ersatz und - man glaubt es kaum - fünf Wochen Ruhe.

In einem Bunkerdorf weit hinter der HKL sollten wir wieder fit gemacht werden. Es hieß „das Breslauer Lager". Mensch, hier gab es Wasser. Welche Wonne! Und etliche Tage dienstfrei. Nur Wachen mußten gestellt werden. Sogar unsere Gefangenen waren mit hier und durften um uns sein. - Welch ein Genuß, mal wieder nackt zu sein und den ganzen Körper zu schrubben. Dann wurden die Waffen und Geräte mal ganz gründlich gereinigt. Das war auch not. Wir saßen zu sechst um einen Tisch im Bunker, Mochwitz mir gegenüber. Ich war fertig mit meiner Knarre, hatte geladen und gesichert und fuhr nochmals mit dem Lappen über meine Braut - so heißt das Gewehr des Soldaten - und wumm - ging es und Pulverdampf. Ich hatte Mochwitz fast ins Herz ge- schossen. Die Kugel war ihm zwischen Rumpf und linken Arm durchgegangen. Er sagte in seiner Ruhe: „Paß doch off, du Schlafbursche." - Aber vom Zugführer bekam ich harte Worte. Im Breslauer Lager lernte ich abends Skat spielen. Wir spielten um die Ganzen. Wer reizte, bekam das Spiel - und Kontra, gab re und bekam noch einen dran und wieder zurück, so siegessicher war ich. - Aber ich hatte vergessen, zwei Karten zu drücken. - Ach, wie oft vergaß ich, zu drücken. Öfter kam auch mal der Adjutant, Lt. Slany, mir zu Hilfe. Aber der brachte mich auch bloß immer in den Keller. Er förderte auch das Schachspiel. Ich lernte es aus Interesselosigkeit leider nicht.

Wir waren hier im Lager mit dem großen Troß zusammen und konnten mal an die Packtaschen und Wäschebeutel. Hier lernte ich Willi Petersen kennen, Er war ein 12ender und Oberwachtmeister und kam von einer Norseeinsel. Niemand konnte ihn aus der Ruhe bringen. Die Abteilung besaß einige requirierte Kühe, die aber nicht kalben konnten, weil es keinen Bullen gab. Ich betreute diese Kühe mit dem Ältesten der Kasachen, den wir Stari - Groß- vater nannten. Die fünf Kühe hatten alle deutsche Namen. Die eine war recht breitleibig. Sie hieß Gertrud. Stari nannte sie Dutschken und wollte mir oft versichern, daß sie bald Kinder 'jest'. Aber auch im Krieg gilt:

> Ohne Mann gibt es kein Kind,
> Ohne Bullen gibt's kein Rind,
> Ohne Henne gibt's kein Ei
> Und ohne Weiber kein Geschrei!

Dennoch molken wir durch die gute Weide täglich ein paar Liter Milch. Ich hatte es in Arnstedt bei Mutter Stockert gelernt. - Da gab es mal weißen Kaffee oder sogar Pudding. Wir waren jetzt der Stabsküche zugeteilt. Koch war Uffz. Haberland aus Königsbrück, sein Gehilfe war der dicke OGfr. Schley. Sogar Bohnenkaffee wurde uns einmal gereicht. Aber es gab auch bald die ungeliebten Appelle mit Schuhwerk, Waffen, Uniform und allem Möglichen. Ein Schifferklavier ließ uns für einige Zeit den Krieg vergessen.

Weil der Transportraum der Deutschen Reichsbahn durch Feindeinwirkung stetig geringer wurde, durften Soldaten keine großen Pakete mehr empfangen. Sogar Päckchen-Marken wurden verteilt. Pro Mann und Monat gab es eine Art Briefmarke, die man den Angehörigen nach Hause schickte. Die Marke erlaubte den Versand von einem Paket mit 1000 g Inhalt. Nur 100g schwere „Päckchen" konnten frei geschickt werden. - Unser Spieß - sein Name ist mir entfallen - verteilte mittags die Post. Zog er doch eines Tages aus dem großen Postsack eine Schlange von etwa 12 Stück aneinander gebundene 100g Päckchen heraus. Sie waren alle an einen alten OGfr. der Stammschwadron adressiert: „Ah, der Loisl hat an Saugstern!" Alles lachte. Der Spieß war ein Mordskerl. - Weil Mochwitz' Eltern in der Stadt nichts zu kauen und zu beißen hatten, schickten sie mittels Päckchenmarke öfters mal eine Flasche helles Bier. Eine Hälfte trank Horst selbst, den Rest genossen wir zu viert. Aber es war meist lauwarm und schal.

Einige Reitpferde, die noch beim Troß waren, wurden ins Breslauer Lager geschickt. Eines Tages wollte der Adj., Lt. Slany und OWm. Petersen einen befreundeten Offizier besuchen. Ich durfte als Pferdebursche mitreiten. Wie herrlich, wieder mal ein Pferd zwischen den Schenkeln zu haben. Es war wunderschön, durch den Sommer zu reiten. Von den Gastgebern erhielt sich 2 Klopse.

Inzwischen hatte sich der letzte Ersatz an uns gewöhnt. Ich bekam einen Funker namens Henry Yorm. Er war Elsässer und als „Unsicherer" an die Ost- front gekommen. Dessen Frau konnte sehr schön malen. Er ließ mir von ihr einen Pferdekopf malen, den ich als Kostbarkeit in meiner Kartentasche trug. Ich bezahlte das Gemälde mit Zigaretten.

Besonders die Verheirateten litten darunter, daß sie nie mal eine Frau haben konnten. Bei der Ruhe hier im Lager spürten wir bald, daß wir Männer waren - .

Ich zog bald mit zu Owm. Petersen in den Bunker. Er lag kunstgerecht zusammengerollt auf seiner Pritsche und rauchte Zigaretten mittels Stecknadel so gut auf, daß fast kein Stummel blieb. Seine Mutter schickte wunderschöne, selbstgebackene Plätzchen. Die wurden geteilt, ebenso wie meine Sendungen von Gretchen. Meine Eltern lebten ja auch nur von Marken und konnten nichts besonderes schicken. Dennoch spürte ich die Liebe, mit der Mutter etwas auf den Weg brachte.

So plötzlich, wie das Breslauer Lager begonnen hatte, ging es auch zu Ende. Laut Frontbericht wurde eine „Frontbegradigung" durchgeführt - so nannte man einen strategischen Rückzug -. Alles wälzte sich rückwärts: Pak, Panzer, Trosse, Muni-Kolonnen, Trosse und noch mal Trosse, bestehend aus diversen Fahrzeugen. Pioniere und Infanterie blieben bis zuletzt.

Einmal erlebten wir, wie deutsche Zugkraftwagen - ZKWs - vorn luftbereift und gesteuert wie ein LKW, ansonsten läuft das Ding auf Ketten - einen LKW-Konvoi aus dem Sumpf zog. Die ZKW, ausgestattet mit 360 PS und Maybach-Motoren, brauchte für 2 Stück einen Tankwagen Sprit. Es war unsagbar, was die ZKW hinter sich her zog. Die Stahlseile sangen förmlich und man hätte wohl mit dem Geigenbogen auf ihnen spielen können.

Wie überall auf der Welt gab es auch im riesigen Rußland Zufälle. OGfr. Gerhard Müller aus Eilenburg war Gefechtsschreiber beim Abt.Kommandeur Major Klasing. Mit Müller hatte ich 2 Jahre lang die Bankfachschule in Halle besucht und wir freuten uns sehr, als wir uns nun hier trafen. Von ihm erfuhr ich viele Dinge, die sonst niemand wußte. Er hatte ja dauernd mit GKdos - Geheime Kommandosachen - zu tun. So verriet er mir vertraulich, weshalb wir alle durch die unwegsamen und gefährlichen Sümpfe mußten und nicht die Knüppeldämme benutzten: Der Russe marschierte 7km parallel mit uns. Die Truppe durfte das nicht wissen. Jeder Lärm mußte vermieden werden. Major Klasing sah traurig zu, wie seine Abteilung sich mühte, bis an den Bauch im Sumpf vorwärts zu kommen.

Am schlimmsten war es für die Fahrzeuge. Die armen Pferde bekamen von rechts und links Schläge, daß die Schwielen platzten, aber wir mußten durch, so lange Nacht war.

Wie hatte man das alles nur leisten und ertragen können??
Aber die Angst vor russischer Gefangenschaft war zu groß. Von unseren Gefangenen und Hiwis hatte ich möglichst viel russisch gelernt. Wenn es notwendig wurde, mußte ich durchs Land kommen. Hinter Stacheldraht wäre ich seelisch zu Grunde gegangen. Ich sah mich als Flüchtigen über Asiatisches Rußland, China, Japan in die Freiheit gelangen. Der Schriftsteller Edwin Dwinger hatte solche Schicksale in seiner Romantrilogie „Armee hinter Stacheldraht; Das Dorf an der Grenze; Zwischen Weiß und Rot" vom Weltkrieg 1914-18 beschrieben.

Plötzlich waren wir auf unsere Kameraden vom Troß gestoßen. Sie hatten sich verfahren. Wer hat sich schon mal im russischen Urwald mit Pferden und Fahrzeugen verirrt? Wieviel Flüche wurden da ausgestoßen. Wie durch ein Wunder gelangten wir alle wieder auf festen Boden und freies Feld.

Wir gingen in Stellung, zunächst an einem Hinterhang. Da sahen wir zum 1. Mal ein Bild, wie es wohl nur im 1. Weltkrieg gegeben hat. Zwei bespannte Batterien Artillerie machten im ärgsten feindlichen Feuer Stellungswechsel. Die Sechsspänner galoppierten, was das Zeug hergab. Die Kanoniere klammerten sich an den Protzen fest, die Geschützführer galoppierten nebenher. Da verlor einer der Geschützführer seinen Stahlhelm. Er versuchte, sein Pferd zu parieren. Das bäumte sich aber, weil es die Gefahr witterte und weil es bei den Gespannen bleiben wollte. Er schaffte es aber doch zur Umkehr, saß ab, hob seinen Stahlhelm auf. Eine Meisterleistung bei feldmarschmäßiger Ausrüstung und bei der Detonation feindlicher Granaten. Es war wie im Film.

Derweil waren die Geschütze weit fort. Die armen Pferde liefen um ihr Leben und die Reiter lagen fast auf den Hälsen der Tiere. Wenn eines stürzte, gäbe es ein tödliches Tohuwabohu. - Ich selbst habe es erlebt, wie den Tieren nach solchen Anstrengungen die Flanken bebten, wie sie völlig ausgepumpt, die Köpfe hängen lassen und alle Muskeln zittern. Wie wohl tat es ihnen dann, wenn man ihnen leise über die Augen streichelte und eine Bemme Brot opferte. Das Geschirr oder die Sättel hingen ihnen lose an den Körpern, weil sie viel Gewicht verloren hatten.

Die Schlacht tobte. Es war stinkend heiß. Pferdekadaver waren dick auf- gebläht und verpesteten die Luft. Milliarden grün schimmernde Fliegen nährten sich vom Aas. Es fehlte Chlorkalk. Unser Funkgerät war durch Splitter ausgefallen. Für einige Tage war ich als Totengräber abgestellt. Soldaten, Unteroffiziere, Offiziere von Infanterie, Artillerie, Panzern, Hiwis, Pioniere, Sanitäter - so wie sie Schnitter Tod hinweg gemäht hatte. Und er hatte eine arg scharfe Sense. Alle wurden sie in die fremde russische Erde gelegt. Eine Zeltbahn war der ganze Sarg. Mit voller Uniform, jedoch ohne Waffen, Munition und Gasmaske fuhren sie nach Walhalla. Eine 88er Munitionskiste war der Sarg für einen Soldaten, der im Sturmgeschütz verbrannt war. Und alle waren gefallen für Großdeutschland.

- Überall kaputte Fahrzeuge, Kisten, Kästen, Wagen mit zerbrochenen Rädern, ausgebrannte Panzer und Sturmgeschütze, LKW, Pkw, tote Pferde, tote Landser. Eine grausig geschmückte Rückzugsstraße. Es war alles Sch... Und Post kam keine, weil Partisanen die Züge überfielen. Infolge Verminung der Gleise gingen viele Züge hoch und wurden von Partisanen geplündert. Oder weil dies und das nicht klappte.

Niemals aber soll vergessen sein, was die Deutschen Eisenbahner Ost geleistet haben. Sie standen genau so an der Front wie wir. Ja, schlimmer, weil ihre Gegner stets unsichtbar waren. Was half da schon alle paar km ein Blockhaus mit einem MG? Was half es, wenn Waldabschnitte von ganzen Regimentern durchkämmt wurden. Die Gebiete waren einfach zu riesig, die Urwälder undurchdringlich. Jetzt rächte sich die oft grausame Behandlung der russischen Zivilbevölkerung, besonders durch SS-Verbände.

Die Verpflegung kam auch unregelmäßig. - Ich war wieder mal als Funker bei der 3. Schwadron abgestellt. Tagelang war keine Küche in Sicht. Die Eiserne Ration lebte schon lange nicht mehr. Jeder hatte Kohldampf. Ich hatte noch einen kleinen Kanten Brot im Brotbeutel. Da waren Tannennadeln, Tabakskrümel, Kunsthonigreste, Dreck uvam. dran.- Aber das schmeckte alles. jeder der Kameraden durfte mal nagen. Allmählich wurde der Kanten rund wie ein Tennisball. Auch Oltn. Kramer knabberte mit. Keiner schluckte die paar Krumen runter. Ja, je länger man kaute, desto mehr wurde es im Mund und wehe, wenn's verschluckt war. Dann war es aus mit dem köstlichen Gefühl des Kauens. Bald war das Brot nur noch so groß wie eine Murmel. Am nächsten Tag warfen uns zwei Sturmgeschützbesatzungen einige Päckchen Knäckebrot zu. --

Die Russen stürmten mit: „Urrää, urrää". - Wir mußten der großen Übermacht weichen. Schritt für Schritt ging es rückwärts, gen Westen. Wir hatten keine schweren Waffen zur Abwehr. Außerdem hatte die Ari Munitionsmangel. Da wurde ein prima Offizier von uns verwundet, Ltn. Kutzner. Er be- fahl uns, daß wir ihn liegen lassen sollten, weil er uns doch nur hinderlich wäre. Aber es gab das hohe Lied von Kameradschaft. Trotz heftigen MP-Feuers des Gegners wurde Kutzner abwechselnd getragen, bis eine Trage von Birkenstämmchen und eine Zeltbahn in aller Eile hergerichtet war. Vier Mann huckten den Verwundeten, die anderen gaben Feuerschutz. Einer rief: „Sucht einen Sanka! Er verblutet uns sonst." Sein Unterschenkel hing nur noch an Hautfetzen. Ich warf all mein Koppelzeug ab, um schneller laufen zu können - auch das Pferdebild von Henry's Frau ging mit der Kartentasche und allem Persönlichen drin verloren. - Aber ein Menschenleben war wichtiger. - Ich fand in dem Durcheinander tatsächlich einen Sanka, der auch gerade abhauen wollte. Ich gab dem Fahrer ein gutes Wort. Da endlich kamen die Kameraden mit dem Verwundeten, der inzwischen ganz schlapp von dem Blutverlust war. Ich fand bald ein Koppelzeug von einem Gefallenen. Er hatte auch Rasierzeug im Brotbeutel, wenn auch keine Kartentasche. Vielleicht brauchte ich auch keine mehr, denn in Sichtweite fuhren ca. 30 russische Panzer T 34 um uns rum. Unser Haufen war völlig zersprengt.

Irgendwoher bekam ich einen Wagen mit ein Paar Panjepferden (konys) in die Hand gedrückt, um einen Schwerverwundeten zum HVP zu fahren. Er hatte ein Explosivgeschoß in die Lunge bekommen. Durch die meist versumpften Wälder waren Knüppeldämme gebaut, oft kilometerlang. Fast nur von Laubholz, ca. 20 cm Durchmesser, etwa 4m lang war Stamm neben Stamm gelegt und an den Enden mit Zinkdraht befestigt. Man bedenke, wieviel Bäume für einen Kilometer Knüppeldamm abgeholzt werden mußte! Und welch ein Geholper auf solch einer „Straße" zu fahren. Später wurden beim Bau die Stämme schräg zur Fahrbahn verlegt, das verminderte etwas das Geholper. - Die Pferde überanstrengten ihre Sehnen durch das viele Gerutsche und unebne Auftreten. Sie schnappten fast stets von den hohen Rundungen in die Fugen. Wo kein Damm errichtet war, waren metertiefe Schlaglöcher voller Schlamm und Morast. So mancher LKW und Pkw mußte von Hand- oder Pferdkraft flott gemacht werden.

Mittlerweile waren es sechs Verwundete auf meinem Fahrzeug geworden. Aber die Panjes waren ja alles gewöhnt. Sie lebten nur von Gras und Zeigen. Der Schwerverwundete stöhnte: „Kamerad, fahr doch langsam, das tut so weh." Im nächsten Moment schrie er: „Mensch, fahr doch zu, daß ich endlich eine Spritze kriege!" In einem Schlagloch war ein anderer Verwundeter auf ihn gefallen. Welch ein gräßliches Geschrei. Die Pferde waren inzwischen so erschöpft, daß ich mal eine Pause einlegen mußte. Vier Stunden fuhr ich schon. Es mag Mitternacht gewesen sein. Der Durst plagte uns. Wenn der UvD über uns flog, mußten wir anhalten, damit er uns nicht bemerkte und beharkte. Wir mußten ja aber doch auch endlich an den HVP kommen.

Munifahrzeuge kamen uns entgegen. Die wußten auch nicht, wo der HVP war. Endlich sahen wir ein weißes Pappschild an einen Baum geheftet: HVP zurückverlegt ca. 5 km. Aber es waren wohl 15 km. Als der Morgen graute, kam ich endlich mit meiner Fuhre voll Schmerz und Weh beladen, an die Stätte der Hilfe und Hoffnung. Es war inzwischen taghell geworden und Fliegen und Mücken surrten schlimm. Nachts hatten die Ärzte bei einer Gaslampe im Zelt gearbeitet, jetzt unter freiem Himmel.

Reihenweise lagen die Verwundeten an der Erde, den Verwundetenzettel im Knopfloch der Feldbluse oder am Hosenträger. Bald kam mein Schwerer dran. Zwischendurch fragte ein Landser, dem es zwei Finger abgerissen hatte, den Sani, wann er denn endlich mal drankäme? „Ach du, mit deinem bißchen Pfote, vor heute Abend nicht. Erst müssen wir die Schweren schnippeln".

Eine alte Tür auf zwei Holzböcken war der Operationstisch. Äther war alle, ebenso Tetanus. Es ging ohne Betäubung. Mein Fahrgast wurde auf den Bauch gelegt, Oberkörper frei. Ein Sani drückte den Kopf zur Seite und hielt die Hände fest. Ich mußte auf die Oberschenkel drücken. Der Arzt fuhr mit der riesig langen Sonde in den Schußkanal und spürte in der Lunge die Splitter auf. Dem bedauernswerten Kameraden lief der Schweiß in Bächen am Körper entlang. Die

Adern traten fingerdick an den Schläfen aus. Durch den OP-Tisch tropfte Blut und Urin.

Verdammter Krieg - welch ein **Wahnsinn!**

Ärzte und Sanis waren den dritten Tag beim Schlachten. Das Blut triefte an den ehemals weißen Schürzen entlang. Hochachtung vor den Männern, die unmenschliches leisteten, um zu lindern, zu helfen, wo es möglich war. Die ab und zu ein paar Züge an den Zigaretten machen mußten, um durchzuhalten. Ein Leichtverwundeter mußte sie anzünden und ihnen abwechselnd an die Münder halten.

Aber noch hatten wir nicht das Gefühl, allein zu sein. Am tiefblauen Himmel, in größter Höhe, kreiste täglich der Liebling der Frauen, der Flieger mit zwei Schwänzen, der Focke-Aufklärer.

Inzwischen wurde der „Deutsche Gruß" in der deutschen Wehrmacht eingeführt. Man spürte, besonders bei den alten Offizieren, die Abneigung gegen die Neuerung ganz offen. Die stille Fehde zwischen Wehrmacht und NSDAP war ja nichts Neues.

Die Reste der Abteilung sammelten sich nach und nach. Bis man seinen Haufen wiederfand, war man als Versprengte bei irgend einer anderen Einheit.

Es war Herbst. Ich war wieder bei der 3. Die Stellung war halb Wald, halb Steppe. Die Schwadron war etwa 60 Mann stark (normal 120-130 Köpfe). Einige Zeit waren wir Funker schon als Infanteristen eingesetzt. Der Russe schoß fleißig mit seiner Ari, während unsere irgendwohin abgezogen war. Genaues wußte keiner. Querschläger surrten, Ari haute ein, Panzerbüchsen bellten, Getöse. Der Iwan griff wieder mal mit großer Übermacht an Mensch und Material an. Wenn wir nicht umzingelt werden wollten, mußten wir Stellungswechsel machen. Oltn. Kramer befahl uns neue Standorte, eine Auffangstellung. Aber es gab ja keine. Er befahl uns, ja nicht in Pulks, sondern einzeln zu springen. Verwundete seien auf jeden Fall mitzunehmen. Er als Chef gab uns noch mit dem einzigen SMG Feuerschutz und vernichtete dies zuletzt mit 2 Handgranaten. Ein Teufelskerl, unser Kramer. Und es gab in der Tat nur zwei Leichtverwundete.

Wieder schwerer Angriff der Russen, Gegenangriffe von uns. Wir machten Geländegewinne, doch die paar Kilometer waren mit viel Blut bezahlt. Alles im Nahkampf, Mann gegen Mann. Gewehrführer Sepp Feurer, ein guter Ostmärker schoß mit seinem MG, was die Läufe hergaben. Aber zuletzt war die Übermacht zu groß. Beim Gegenstoß fanden wir ihn mit gespaltenem Schädel in seiner Feuerstellung. Seine zwei Schützen waren anscheinend schon vorher gefallen. Ich erhielt das Eiserne Kreuz II. Doch wo kann man an so einer Auszeichnung Freude haben, wo Freund und Feind zu Hauf lagen, gestorben für einen Un-Sinn?

Eine unserer 2cm-Vierlings-Flak hatte in direktem Beschuß furchtbar in die Angreiferwellen geschossen. Wie gesät lagen die Feinde. Die Sonne schien vom azurblauen Himmel herab auf Leid und Schmerz, auf Krüppel und Tote. Und all die Entseelten, ob Freund - ob Feind, besaßen doch ein RECHT auf Leben. Und jeden hatte seine Mutter 9 Monate unter ihrem Herzen getragen. - Wie irrsinnig dies alles hier!

Die Regenzeit setzte ein mit all ihrem Schlamm, nassen Uniformen, durchgeweichten Stiefeln, Beschwernissen. Tage und Nächte regnete es. Immer neue Belastungen für Mann und Pferd. - Ein Becher warmer Tee oder Muckefuck war eine Köstlichkeit. Man dachte an sein warmes Bett daheim und an die mütterliche Fürsorge mit dicken Strümpfen und langer Unterhose. Das lag alles so weit zurück wie ein Märchen aus ur uralten Zeiten.

Die Erdlöcher waren voll Wasser und Schlamm, die Laufgräben rutschten trotz der Faschinen, es war alles Sch... Gummistiefel sollten vor, doch wann kamen die wohl an?

Winter. Wieder Frontbegradigung aus taktischen Gründen. Ich hatte die Ruhr. W i e oft mußte ich aus den Hosen? Dabei kam nur noch schwarzes Blut. Schließlich kam ich zu einer Krankensammelstelle. Sie lag in einem Dorfe, d.h., dem Rest einer Ortschaft. In einem hölzernen Panjehaus lagen wir auf Stroh. Ein alter Sani betreute uns mit Tee. Etwas anderes nahm der Magen nicht an. Es war ein Zustand zwischen Wachen und Dösen und Hosen abziehen. Manche Männer waren schon so geschwächt, daß es in die Hosen ging. Etliche wurden still rausgetragen. Trotz aller Schutzimpfungen hatte sie Ruhr und Erschöpfung hinweggerafft. Es war unheimlich ruhig in dem Raum - nur ab und zu war ein Stöhnen wahrzunehmen. - Ein Wunder geschah: Vom 15.12.43 - 05.01.1944 erhielt ich den ersten Urlaub. Es waren 26 Monate, die ich nicht daheim war - bis auf die wenigen Stunden vor der Frontversetzung.

Nun sollte ich in einem weichen Federbett schlafen. Das war aber unmöglich. Alles war zu weich und zu warm. Gretchen war zur Zeit in Hettstedt und lernte Weißnäherin. Sie wohnte bei meinen Eltern und fuhr am Wochenende mit dem Fahrrad nach Hause. Bei dem vielen Schnee und der großen Kälte. Sie konnte sich nicht genug wundern, wie dreckig ich war. Trotz Bad und Entlausung schien es, als ob ich den Häkelmann (die Krätze!) am Halse hätte.

Aber ich war mal daheim. Und das ist schneller gesagt als getan. Aus der Stellung ging es mit dem Küchenfahrzeug zum Gefechts-Troß. Die Verpflegungswagen und ein oder zwei Panjewagen, brachten auch die Post mit. Rückwärts luden sie Urlauber oder Verwundete auf. Das spielte sich alles nachts ab. Obwohl es eigentlich nicht gestattet war, wurden auch Gefallene mit dem Essensfahrzeug zurückgegeben, wenn es nicht gar so viele waren.

Beim kleinen Troß bekamen wir den Urlaubsschein ausgehändigt. Dann ging die Reise mit Versorgungs- oder Muni-LKWs westwärts bis zur ersten Bahnstation. Immer mehr Urlauber kamen zusammen. Erst fuhren wir in Güterwaggons. Dann wurden wir entlaust. Eine Krankenschwester schaute die Scham- haare um Filzläuse nach. Wer welche hatte, wurde rasiert und mit einer scharfen Tinktur bepinselt. Dann folgte die Belehrung über das Verhalten auf der Fahrt durch Partisanengebiete. Auf jeder Wagenplattform der Personenwagen mußten 2 Mann Wache stehen. Die Lok schob einen mit Sand beladenen Güterwaggon vor sich

Seite 22 bis 128 dieses Buches habe ich in 1975 aus dem
Gedächtnis niedergeschrieben
In 1985 diese Nachschrift:

Dem Leser könnte leicht der Eindruck entstehen, ich hätte ein
Lied auf die „gute alte Zeit" gesungen.
Dem ist nicht so.
Zeit- noch niemand hat mir das Wort definieren können.
Sie ist einfach ein Stücklein der Ewigkeit und die Zeit ist
weder gut noch schlecht. es kommt nur darauf an, was
die Menschen in ihr tun!
Daß ich den Großteil meiner Aufzeichnungen dem Kriege
gebracht habe, liegt einfach daran, daß mich diese Jahre so enorm
stark geprägt und beeindruckt haben.
Freilich war die Zeit danach nicht minder spannungsgeladen.
Aber ich schreibe sie besser nicht auf. Tagebuchaufzeichnungen
von 1946 - 1953 habe ich vorsichtshalber verbrannt. Bei einer
evtl. Haussuchung wären sie für mich verderblich gewesen.

Ich verherrliche in keiner weise die Deutsche Wehrmacht.
Vielmehr stelle ich mir die Frage, wie Millionen sich für das
anfangs friedlich erscheinende Programm des Dritten Reiches
begeistern ließen. Auch ich selbst gehörte dazu.

Es ist heute schwer, die Grenze zu ziehen zwischen Schuld
und Unschuld. Die Kriegsgeschichten schreiben immer die Sieger.
Aber dem tapferen, besiegten Gegner die Leistung, den Mut, die
Tapferkeit und Hingabe abzusprechen, verkleinert den eigenen Sieg.

Es gibt außer der Ehe drei Formen des menschlichen Miteinander:
Die Bekanntschaft, sie kann nett und schön sein;
Die Freundschaft, sie kann tief und ehrlich sein;
Die Kameradschaft aber, die bis zur Hingabe des eigenen Lebens
für den anderen reicht, ist das Höchste!

**Meine kleine, unwichtige Meinung ist, daß man mit Gewalt keine
Probleme löst. Man schafft nur neue.**

Ich war kein Held.
Nein, der war ich wirklich nicht.
Ich war einer, der dabei war.

In der Kriegsliteratur wird viel von Mut geschrieben.
Vor jeden Mut kommt ein Stück überwundene Angst.
Angst ist jedweder Schöpfung beigegeben.
Und man schreibt ebenso vom Heldentod.
In vielen Denkmälern ist dies Wort eingemeißelt.
Ich meine, nur ganz Wenige sind als Helden gestorben.
So etwa jene Bunkerbesatzung, die sich selbst in die Luft sprengte, weil ihre Munition verschossen war. Oder die Männer jener VB-Stelle, die Feuer auf eigenen Standpunkt anforderten.

- In Wirklichkeit wollten alle leben, überleben!
Und jeder Einzelne, ob Freund oder Feind, hatte ein Recht zum leben.

- Ich weiß, daß viele Menschen viel Schlimmeres erleben mußten. Deshalb bitte ich, meine Aufzeichnungen nicht als Wichtig-Tun zu verstehen.
Einen Sinn gewännen sie, wenn die Nachgeborenen über den Irrsinn eines Krieges nachdenken würden und sich stark machen für ein Friedens-Engagement.
Der große Albert Schweitzer hat gesagt:

D a s   W e n i g e ,   d a s   d u   t u n   k a n n s t ,   i s t   v i e l .

Das alles war ein Überblick nach dreißig und mehr Jahren.
Dieser episodenhafte Bericht erhebt keinen Anspruch auf Vollzähligkeit.
Es ist keine Effekthascherei dabei, sondern es ist die Wahrheit.
Es können Fehler enthalten sein im Bezug auf Daten und Orte.
Die Geschehnisse sind authentisch.

Anno Domini 1975

Errata

Der Schrei des Kranichs - Ein Grab in Weißrußland

Seite	Absatz	Zeile	Korrektur
35	3	24	Schwadrons-Chef ist Rittmeister Klasing Spieß ist Uffz und Hauptwachtmeister-Diensttuer Uffz. Bruns.
37	1	20	Es wurden nur Kinnketten gestohlen.
39	1	15	„Bei *den Fernsprechern* war die körperliche Belastung größer."
43	1	1	„ [...], ohne *Kokarde an der Feldmütze*."
49	1	19	„ [...] in *Wolcowist* [...]"
72	1	19	„So auch meine Nase, die schon *weiß* war."
92	1	6	„Etwa ein Meter [...]"
95	1	3	Hptm. Hoydn war Familienvater
124	1	11	„ [...] *nach Morbach*."

her, um eventuell gelegte Minen zu Detonation zu bringen. - Viele, viele Landser sind auf der Urlaubsfahrt von Partisanen umgelegt worden.

Bis auf kleine Aufenthalte ging es westwärts, Tage und Nächte. Irgendwo an der Grenze: alles aussteigen zum Empfang des Führerpakets.
Jeder Rußlandurlauber erhielt nach Eintragung seines taktischen Offiziers im Soldbuch kostenlos ein 7kg schweres Lebenmittelpaket: mit Dauerwurst, 1 Liter Öl, Mehl, Hülsenfrüchte, Zucker. Im Gänsemarsch ging es durch eine sehr lange Baracke, in der Tausende von Paketen gestapelt waren. Und was sahen unsere Augen? Sie traten wohl fast aus dem Kopf. Vier deutsche Mädchen. Hübsche Dinger. In Zivil, Trachtenkleider wie in Bayern mit weißen, kurzärmeligen Seidenblusen. Eine war blond, jene schwarz, die andere braun und die vierte rot. Jeder Landser durfte sich von „seinem Geschmack" sein Paket aushändigen lassen. Die Deerns hatten ein freundliches Lächeln im Gesicht, wenn sie uns die Sammelbüchsen für das WHW (Winterhilfswerk) entgegenhielten und die Landser ließen sich nicht lumpen. Das war Psychologie. Geld hatten wir ja genügend und so wurde mancher 100Mark-Schein für ein Lächeln gezahlt. Auf der Bahnfahrt war um viel Geld Karten gespielt worden. In meinem Waggon hatte einer 1.700,- RM verspielt.
Jetzt ging der Zug bis Berlin durch. Ich glaube, am Bahnhof Friedrichstraße war Endstation. Alles aussteigen. Nun wurden die Züge in die verschiedenen Hauptrichtungen aufgerufen. Aber viele Landser hielten es einfach nicht mehr aus bis nach Hause. Viele Frauen und Mädchen - wohl vom Hunger getrieben - lockten in den Ecken. Verdunkelt war ohnehin alles. Ohne das schöne Freßpaket reisten viele in die Heimat.

Der Urlaub verging viel zu schnell. Das mag sich jeder denken. Aber gar bald kam der Abschied. Es ging wieder raus in Feindesland, in eine ungewisse Zukunft.

Die Salznot der russischen Zivilbevölkerung war mir bekannt. Deshalb enthielt mein Reisegepäck 2 Pfund Salz, einige Stopfnadeln zum Tauschen und einiges Suppengrün für unsere Feldküche. Gretchen hatte schafwollene Hand- schuhe, Strümpfe, Wurst und Schinken eingepackt.

Indes wurden mehr und mehr deutsche Städte zerbombt. Fabriken wurden zu Schutt und Asche, Menschen verbrannten im Phosphor der Bomben. Und Deutsch- land wartete auf die Wunderwaffe des Führers. Reichsmarschall Göring hatte verkündigt: „Wenn ein einziges feindliches Flugzeug Deutschland überfliegt, will ich Meier heißen." Er hieß schon lange nicht mehr Hermann Göring. Ja, so großspurig war man mal.

Die Not kroch in alle Häuser und in arg vielen Familien war Trauer. Die Gestapo hatte vollauf zu tun. Es waren nicht mehr nur Juden, die verfolgt wurden. Bespitzelt wurde jeder. Und viele Dinge des täglichen Lebens gab es nur mit „Beziehungen". Für die Punkte der Kleiderkarte gab es Ware minderer Qualität.

Wer nicht Verwandte auf dem Dorf hatte, von denen er ab und zu etwas bekam, war am Rande des Existenzminimums angelangt. Aber der Reichspropagandaminister Josef Goebbles verstand es immer wieder, den Menschen Hoffnung einzuflößen. Doch immer weniger lange hielt sein Trostpflaster den wunden Menschen.

Zwischendurch wurde ich zum Obergefreiten befördert. Jetzt gab es 75,--RM Löhnung und 75,-- RM Gehalt, also 150,-- RM pro Monat. Geld, für das es praktisch nichts zu kaufen gab.

Als ich wieder raus fuhr, wurde ich um Haaresbreite in eine andere Einheit versetzt. Man brauchte dringend Leute für eine Sondertruppe. Mit List und Tücke entging ich den Häschern. Die Bahn fuhr damals bis Brjansk. Immer mehr Kriegsmaterial und Waggons lagen an den Schienensträngen. Weh- taten der Verminung und Streckensprengung. Die Bahnhöfe starrten vor Kot. Die Kettenhunde (=Feldgendarmerie; sie trug auf der Brust ein ovales Blechschild an einer Kette) stöberten überall herum und waren von allen Landsern gefürchtet. Russische Kinder - meist Knaben, auf Russisch 'maltschiks' - bettelten: „Tawarisch, dai kleba" - Herr, gib Brot. Ihre Wangen waren bleich und hohl und in den viel zu großen Bekleidungsstücken wirkten sie wie Gnome. Sie konnten auch fix mausen. Not gebietet manches. Diese Kinder hatten ja weithin ihre Familien zu ernähren. Die Landser waren meist gutmütig und gaben dies und das. Stiefelputzen kostete eine Dose Ölsardinen. Sie benutzten dazu so eine Art Pech, Bürste und Speichel.

Kaum, daß der Zug in Brjansk hielt, stürzten Scharen von Maltschiks auf die Landser zu und griffen nach dem Gepäck. Was half's, der Soldat mußte hinter seinen Sachen her. „Pan, suda - Frontleitstelle". Sie wußten genau, wohin wir mußten.

Es war gegen Abend. Kameraden hatten erzählt, daß die Quartiere der Frontleitstelle total verwanzt seien. Und Wanzen liebte ich nächst den Mücken am meisten. - Also pendelte ich langsam und allein auf dem riesigen Bahnhof und wußte nicht recht, was ich machen sollte. Da sah ich eine russische Zivilistin mit 2 schweren Koffern. Nun, Zivilisten waren so selten auf der Bahn wie eine Maus zwischen Katzen. Es war inzwischen fast dunkel. Ich half ihr, den Koffer tragen, obwohl ich selbst genug Last hatte. Sie war etwa 30 Jahre alt und sah sauber und gepflegt aus. Ich rade- brechte mit meinem Russisch und machte ihr klar, daß ich nicht ins Wehr- machtquartier wollte. Sie bot mir an, in ihrem Elternhaus zu schlafen. Wir wußten beide, daß dies verboten war. Doch irgendwie hatte ich Vertrauen zu dem Mädchen und dachte nicht an eine Falle. Das Gefühl gab es mir ein.

Wir hatten ein gut Stück zu laufen. Es war ein städtisches Haus, in welches sie mich führte. Die Eltern - etwa 60 Jahre - begrüßten mich sehr höflich. Ich bekam ein Zimmer mit eiserner Bettstelle und Federbett. An den Bettgiebeln waren runde Messingknöpfe. Ein Stuhl, ein Schemel, in der Wand- ecke die unvermeidliche

Ikone, bunt, mit Zierwerk versehen. Man brachte mir Waschwasser und einen Stiefelknecht. Dann wurde ich in den großen Raum zum Essen geladen. Aus dem Samowar sprudelte heißer Tee, der mit Kandisstückchen gesüßt wurde. Brot, das topfschwarz und sauer war, und Quark bildete das einfache Mahl. Ich war überzeugt, daß die Leute besseres nicht besaßen. Ich spendierte am Abend eine Kerze und am Morgen ein Stück Kuchen. Wir aßen miteinander. Als Zeichen meines Vertrauens hatte ich meinen Karabiner und meine Pistole neben meine Kammertür gelegt. Es wäre den Leuten ein Leichtes gewesen, mir den Garaus zu machen. Zum Abschied schenkte ich ihnen eine Stopfnadel und 1 Pfund Salz. Sie hätten mir dafür vor Freude beinahe die Füße geküßt.- Diese Übernachtung war für mich ein besonderes Erlebnis, gleich einem zusätzlichen Urlaubstag. Freund und Feind unter einem Dach - an einem Tisch. - Militärisch streng verboten, doch menschlich erlaubt. Ganz in der Früh verließ ich das gastliche Haus. Das Mädchen sah ich nicht mehr. Ihre Mutter sagte mir in etwa: „Gott sei mit dir."

Mit einem Lkw ging es Richtung Front, nachdem ich mich bei der Frontleitstelle gemeldet hatte. Unsere Abteilung hatte schon wieder Stellungswechsel gemacht. Es hatte Rabatz gegeben und die Reihen waren stark gelichtet.

Wie setzten uns wieder ab. Unsere Schwadron war Nachhut. Das ist kein schöner Posten. Wenn das Gros der Truppe etwa 1/2 Tag fort ist und der Feind das an der eingetretenen Ruhe merkt, die im Abschnitt herrscht, erst dann darf sich die Nachhut absetzen und muß den Feind hinhalten. Einzeln, in gewissen Zeitabständen, geht es der Truppe nach. In Erdlöchern hocken die Pioniere an Brücken und wichtigen Knüppeldämmen und oft wurde ich gefragt, ob ich der letzte sei. „Nein, ein paar kommen noch. Sprengt bloß noch nicht!" - Das Grauen kroch einem auf dem Rücken lang.

Und immer wieder Absetzbewegungen. Wir waren wieder Funker mit Geräten. Wohl hatten wir jetzt dicke Tarnanzüge. Eine seit daran war weiß für den Winter, die andere grau-grün-braun für Herbst und Frühjahr. Doch die warmen Anzüge kamen zu spät. Viele viele Landser hatten sich die Blase erkältet. Der Urin tropfte in Unterhose und Hose und gefror dort und machte die Oberschenkel wund. Wenn mal Gelegenheit für ein Feuer war, standen die armen Kerle vorn aufgeknöpft und tauten die Klamotten auf. Wer die Ruhr hatte, schaffte es meist nicht, aus Überhose, Uniformhose und Unterhose zu kommen, es ging hinein. Wie schrecklich, so zu marschieren. Und wer sich hinhocken konnte, mußte sich den Allerwertesten mit Schnee abwischen, denn Papier hatte niemand. Und Post war schon ewig nicht angekommen. Die Truppe war schlapp und erschöpft zum Umfallen. Gar mancher mußte mit groben Worten von den Kameraden weiter gescheucht werden. Dabei wäre es doch so schön, sich hinzuschmeißen, einzuschlafen, zu erfrieren. Der Schnee deckte doch alles barmherzig zu.

Die stark reduzierte Einheit schleppte sich mühsam dahin. Da sprach einer von heißen Bockwürstchen, Grog und einer Frau im Bett. Die anderen drohten ihm mit Totschlag, wenn er nicht sofort die Schnauze hielte. Wir wußten vor Hunger und Erschöpfung nicht, ob wir Männchen oder Weibchen waren und der Brummer spinnt von solchen Sachen. - Uns wäre eine Stunde Schlaf lieber gewesen. Aber der Russe drückte unerbittlich. Frische Feindtruppen waren gegen uns angesetzt. Irgendwann kamen wir in eine provisorische Stellung. Am Nachmittag kamen zwei Staffeln deutsche Stukas und verschafften uns eine kleine Erleichterung. Sie legten allerhand Eier ab und ihr Geheul hörte sich gruselig an.

Es war dies die erste Luftunterstützung, die ich erlebte. Wir bauten die Stellung aus. Ein Bunker wurde mühevoll errichtet. Ein Kanonenöfchen war irgendwo aufgetrieben, doch fehlte das Rohr. Doch Landser sind erfinderisch. Von den Schwarzblech-Verpflegungsdosen wurde nicht nur der Deckel sondern auch die Böden ausgeschnitten und die so entstandene Röhre ein bißchen zusammengedrückt. Natürlich durfte niemand an das Wunderwerk stoßen, sonst fiel das Kartenhaus zusammen. Ein paar Balken brachte das Essensfahrzeug auf Befehl vom Schwadron-Chef mit. Sollten die hinten sehen, wo sie Brennholz herschafften. Wir waren nicht mehr im Urwald. Alles war ebene, tief verschneite Fläche. Und unsere Beine waren von Läusen zerfressen, die Stellen juckten und näßten. Einen Eimer hatten wir nicht. Schnee wurde getaut und Strümpfe, Fußlappen und Schnupftücher im Kochgeschirr gewaschen. Das war natürlich nichts für Leute aus dem Schlaraffenland. Angefrorene Gliedmaßen wurden mit Schnee eingerieben. So auch meine Nase, die schon heiß war. Ich selbst hatte es nicht mal gemerkt, aber ein Kamerad rettete mir durch seine Aufmerksamkeit mein Riechorgan. - Eines Nachts tobte wieder mal ein heftiger Schneesturm, der durch alle Ritzen zog. Die Kälte war so groß, daß die Karabiner- und MG-Schlösser einfroren. Dem Iwan ging es genau so. Ich hatte Posten vor dem Schwadron-Gefechtsstand und als ich danach mein Loch suchte, fand ich es nicht. Alles war vom Schneesturm eingeebnet. Endlich fand ich eine kleine schwarze Öffnung. Ich klopfte meine Kameraden munter, die zu zweit schliefen. Gemeinsam buddelten wir den Eingang frei.

Zwei Tage und Nächte fiel kein Schuß. Wir schaufelten unsere Bunkereingänge und Laufgräben frei und turnten frei herum. Die Russen taten das gleiche. Wir sahen mit bloßem Auge, daß sie Frauen mit in ihrer Stellung hatten. Natürlich wurde in allen Tonarten darüber diskutiert. Warum hatten wir hier nicht mal einen lumpigen Puff?

Ich hatte wieder mal die Ruhr, blieb aber bei der Truppe. Der arme A... war wund wie sonstwas. Und trotz allem Druck kam nur schwarzes Blut. - Wieder des Nachts absetzen. Vorher rege Gefechtstätigkeit, wie es in der Frontsprache nüchtern heißt.

Wir kamen in ein relativ heiles Dorf. Wir hatten unsere Funkstelle in einem Haus, das auch noch Raum für ein paar Melder bot. Es wurde Röstbrot gemacht und von zu Hause erzählt. Es gab auch wieder mal Marketenderware. Wenn der Soldat ein halbwegs annehmbares Quartier und einen vollen Bauch hat, ist er zufrieden. Und bekanntlich riecht der Mensch nach dem, was er ißt. Dazu kam noch der säuerliches Geruch, weil einer zwischen seinen ent-zündeten Zehen rieb. - Urplötzlich griff der Russe an, aber wie. Wir hatten natürlich, wie so oft, keine Ari hinter uns, die den Angriff stoppen konnte. Die KG waren durch Rohrkrepierer ausgefallen. Zum Teil war auch die Bedienmannschaft getötet. Etliche Kameraden hatten schwerste Verwundungen erlitten, weil in den Handgranaten die Verzögerungs-Sätzchen fehlten. Sie detonierten also gleich beim Abziehen. Die Front der Kriegsgegner und Saboteure in den deutschen Munitionsfabriken stand. Die ausländischen Zwangsarbeiter machten ihre Sache sehr gut. Im Krieg wird nicht gefragt, ob es den Unschuldigen erwischt.

Wir mußten die Ortschaft aufgeben. Nur unser Stabsarzt Dr. Buchheim und sein Sani-Uffz. blieben bei den Schwerverwundeten. ebenso der Evangelische Kriegspfarrer Gohl, der irgendwie aufgetaucht war und Verwundete tränkte und tröstete. Hut ab vor den drei Männern.

Wir Funker mußten uns der Gerät wegen mit absetzen, aber auch mit dem Gerät auf dem Rücken den Gegenstoß mitmachen. Wir hatten zwar jetzt statt der Berta-Dorageräte. Sie wogen nur 48 Pfund. Dennoch, Last genug. Das Haus war zwar arg mitgenommen, aber alle Männer lebten noch. Die Russen hatten sie wahrscheinlich in der Kürze der Zeit nicht entdeckt. Etliche russische Verwundete wurden mitbetreut. Wir alle hatten große Freude, daß es so abgegangen war. War das ein Sch...krieg.

> Ein paar SS-Leute tauchten auf. Die wurden so eisig behandelt wie nur möglich. Es bestand kein gutes Verhältnis zwischen Wehrmacht und SS, die hauptsächlich aus Freiwilligen bestand.

Ich hatte wieder meinen Funker verloren, ich weiß nicht mehr, wer es war. Der Vorletzte, der bei mir verwundet worden war, hieß Siegfried Richter aus Oschatz in Sachsen.

Eines Tages kam wieder Post von daheim. Alle sorgten sich um mich, weil ich so lange nicht geschrieben hätte. Vielleicht war es an dem, vielleicht hatten aber auch Partisanen oder Luftbomber unsere Post erwischt?

Unter anderem war auch ein Brief dabei von einer mir unbekannten Absenderin mit der komischen Anschrift: An den Kamerad Vatter der Feldpost-Nummer 56308. - Und er war richtig angekommen, weil mein Spitzname in der ganzen Abteilung bekannt war. Zur Erläuterung des Briefinhalts muß ich zurückblenden bis Anfang November 1943:

Zu der Zeit war ich Funker beim Funktruppführer OGfr. Herbert Hilpmann aus Chemnitz. Alle nannten ihn Hugo. Er war auch ein Torgauer, allerdings vom motorisierten Nachrichtenzug. Er war ein ausgezeichneter Funker, mächtig groß und dünn wie eine Zaunlatte. Seine hellblonden Krusellocken habe ich ihm mal zwei Tage lang prima mit der Nagelschere geschnitten. Er war Anfang 30. - Wir mußten damals trotz der Geräte auf unserem Rücken mit angreifen. Der Iwan hielt tüchtig mit Sturmgeschützen und Panzern rein. Hugo, einige Schritte hinter mir, wirft die Arme hoch und schreit. Ich schmeiße mich, robbe zu ihm und frage, wo es ihn erwischt hat. „Im Rücken, Vatter. Es hat keinen Zweck mehr mit mir, laß mich liegen und sieh, daß du durchkommst." „Mensch, du hast wohl 'nen Klaps. Denk an deine Eltern und an deine Braut." „Ach, Vatter, ich kann doch nicht mehr!"

Es gibt Situationen, in denen der Mensch schier Unmögliches zu leisten vermag. Das mag unwahrscheinlich klingen, doch treibe ich mit diesen Dingen keinen Scherz. - Weil die Funkgeräte für uns so kostbar waren wie Wasser und Brot, nahm ich das Gerät von Hugo auf die Brust, so, wie kleine Kinder den Tornister aus Spaß getragen haben. Sein und mein Gerät wogen zusammen etwa 95 Pfund. Dann kniete ich mich hin und ließ Hugo mit seinen Armen um meinen Hals fassen. Beide Karabiner blieben natürlich liegen. Es ist mir bis heute unbegreiflich, wie ich mit so einer Last überhaupt auf die Beine kam. Rechts und links von mir bebte die Erde, Einschlag neben Einschlag. Die Splitter surrten, Dreck flog durch die Luft, die gräßlich nach Pulver stank. Verwundete schrien. Nur weiter. Seltsamer Weise rechnete ich nicht mit einem Volltreffer. Hugo sagte kein Wort. Ich hätte es in dem Inferno auch nicht verstehen können. Ich weiß nicht, wie weit ich gehastet bin. Da - ein Granattrichter, Splitterdeckung. Ich warf Hugo ab, die Geräte hinterher und pustete wie ein Pferd. Dann drehte ich den Kameraden auf den Bauch. Koppelzeug ab, Feldbluse aus, Hemd runter. O weia. In der rechten Hüfte war ein großes Loch. Er sog falsche Luft in die Lunge. Beim Ausatmen liefen kleine dunkle Lungenstückchen aus der Wunde. Ich riß mein Verbands- päckchen raus, drückte den Mull in das Loch. Von seinem Verbandspäckchen das selbe und die gummierte Hülle klebte ich mit Leukoplast luftdicht über das ganze, damit er die Luft wieder durch Mund und Nase einatmen mußte. So hatte ich es damals auf dem HVP gesehen. - Er hatte große Schmerzen. Ich redete ihm gut zu. Er gab mir seinen Verlobungsring und seine Taschenuhr. Ich glaube, ich habe geweint.

Was ich aber genau in Erinnerung behalten habe als ich ihn durchs Feuer trug war Folgendes: Als junger Bursche habe ich den Film „Douaumont" aus dem ersten Weltkrieg gesehen. Genau diese Bilder traten vor mein geistiges Auge. Wie ist es möglich, daß ein Mensch in solch einer Situation in Sekundenschnelle an Vergangenheit denken kann? Eine Meisterleistung des menschlichen Hirnes. Endlich konnte ich einen Sani auf Hugo aufmerksam machen, der mir dankbar die Hand drückte.

Als ich nach der Schlacht seine Privatsachen an den Gefechtstroß mitgeben konnte, hatte ich eine kleinen Zettel in die Uhrkapsel eingelegt mit folgenden Zeilen: „Lieber Hugo, ich wünsche Dir gute Genesung und einen zackigen Urlaub. Dein Kamerad Vatter." Die Angehörigen hatten von der Schwadron diese Sachen erhalten und seine Braut bat nun inständig in diesem Brief um Auskunft über ihren Bräutigam Herbert.

Ich forschte mit Hilfe meines Freundes Gerhard Müller nach, welche Sani-Einheit an jenem Tag in der betreffenden Gegend Verwundete gefahren hatte. Über Verwundeten-Umschlagstelle und HVP konnten wir seine Spur zurückverfolgen bis nach Bobruisk. Dort liegt der gute Kamerad begraben in der Zitadelle. Seine Grab-Nr. lag so an die 42.000. Ich weiß die Ziffer nicht mehr genau. - Gefallen für Großdeutschland.

Latrinen-Parolen flogen wieder mal umher. Einmal hieß es, wir werden

vollmotorisiert, dann, wir kommen nach Frankreich, nach Norwegen. Aber alles war nur Schaum.
Wer war als Ersatz gekommen? Unter anderen der ehemals gefürchtete Spieß aus der Torgauer Kaserne, jetzt Leutnant Bruns. Ei, was der doch kameradschaftlich zu uns war, jetzt, wo er endlich da war, wo wir schon lange waren. Wir hatten gerade mal eine Stellung inne mit relativ guten Bunkern, guter Balkenlage und Erdbewurf. Wenn in der Nähe ein Einschlag war, wurde unser Leutnant leichenblaß. Ich glaube, es ging ihm an die Hosen. „Vatter, ob wir hier noch mal rauskommen?" fragte er mich. „Na, wenn Iwan nicht mehr schießt als jetzt, dann allemal". - Ja, es ist doch ein gewaltiger Unterschied zwischen Kaserne und Fronteinsatz. Owm. Schneider vom Pi-Zug war zur wohlverdienten Ruhe für ein paar Tage zum großen Troß gekommen. Er lag mit bei Wm Rauschenbach, unserem alten Futterich, im Bunker. - Rauschenbach hatte schon 3 Brüder verloren und war als „Bluterbe" in die rückwärtigen Dienste versetzt. Ein einziger Schuß schwerster Ari des Russen, Zufallstreffer direkt vor den Bunker. Beide mausetot. - Und wie oft hatte der alte Pi-Zug-Führer dem Tod direkt ins Angesicht geschaut. Wir alle waren sehr traurig über seinen Tod, weil er ein so beliebter Mann war.

Oberleutnant Kramer wurde am Bein verwundet und kam zu den Panzerjägern.

> Irgendwo an einem kleinen Fluß. War es der Sosh? Ruhige Stellung. Doch nachts beim Iwan immer und immer Motorengebrumm. Die Russen lagen am Walde, wir an der Uferböschung. Bunker und Laufgräben waren in den lehmigen Sand hineingearbeitet. Urplötzlich setzte Trommelfeuer ein, wie ich es noch nie erlebt hatte. Der Essensfahrer war gerade da. Er sprang mit in unseren Mini-Bunker. Es war, als wollte die Welt untergehen. Die Erde bebte und zitterte. Jeder hockte in seiner Ecke, den Stahlhelm auf dem Kopf, den Körper zusammengeigelt. Warten auf den nächsten Einschlag in unmittelbarer Nähe. Angst, schwerverwundet liegen zu bleiben. es erstirbt jedes Gefühl für Zeit und Raum, für Hunger und Durst. Man kann so etwas nicht beschreiben - es ist die Hölle. Mit den Fingernägeln möchte man sich ein- buddeln in den Schoß der MUTTER ERDE. Die kleine Brettertür wurde vom Luftdruck detonierender Granaten eingedrückt und wir empfanden durch die geschlossenen Augenlieder die Blitze der Einschläge. Alles bebte und schien aus den Fugen gehoben. Schwefel- und Pulvergestank stachen in die Lunge. Nahm es denn kein Ende?
>
> Ich, als Säugling von meiner lieben Mutter geboren, lernte inständig und bewußt b e t e n -

36 Stunden, sechsunddreißig mal 60 Minuten, schier eine Ewigkeit, dauerte das Trommeln. Von später zwei Gefangenen hörten wir, daß 120 Batterien auf unseren Abschnitt von ca. 5km Breite geschossen hatten. Die russischen Batterien hatten je vier Geschütze, unsere nur noch 3.

Und dennoch waren Menschen übrig geblieben in diesem unbeschreiblichen Beschuß. Ich glaube, wir wenigen waren um Jahre gealtert in diesen 1 1/2 Tagen. Nicht mal Freude empfanden wir am Überleben. Die Erde glich einer Mondlandschaft. Stücken menschlicher Körper lagen umher; zwei, drei, vier mal waren die Gefallenen gefallen. GOTT, wie kann es so etwas geben?
Im Schutze der eigenen Artillerievorbereitung hatte der Russe eine Behelfsbrücke über den Fluß geschlagen und seine Infanterie ging sofort nach dem Trommelfeuer zum Angriff über. Kaum, daß einige LMG und Karabinerschützen wieder feuerbereit waren. Wir mußten Schritt für Schritt weichen. Doch wie durch ein Wunder tauchten etliche deutsche Sturmgeschütze und Panzer auf und stoppten den feindlichen Angriff. Beim Korps war man auf Draht. Mit Lkw war auch Infanterie herangeführt worden, die uns paar Hanserl aufnahm. Dies Trommeln war ja auch im Hinterland nicht zu überhören. Scheinbar hatte der Feind mit noch größerer Wirkung seiner schweren Waffen gerechnet, denn seine Infanterieverbände waren nicht gar so stark. Erst nach und nach konnten wir feststellen, wer alles fehlte. Es war leichter, die wenigen Überlebenden zu zählen. Ich durfte dabei sein. W i e s o ?
Wie hatten das bloß die Männer um Verdun im ersten Weltkrieg ertragen. Wir waren halt einen Stellungskrieg mit derartigem Einsatz schwerster Waffen nicht gewöhnt.

Wo mögen mein Bruder, meine drei Vettern, meine Freunde jetzt sein? Sah es auf den anderen Kriegsschauplätzen auch so beschissen aus? Wir erfuhren rein nichts. Nur was in Briefen von daheim stand und was Urlauber mitbrachten. Wie immer und überall gab es Parolen jeder Art. Jedenfalls war in der Heimat fast alles zur Mangelware geworden. Und die Bespitzelung klappte ohne Tadel. Je mißtrauischer und schärfer ein System gegenüber seinen Bürgern ist, desto schwächer ist es in seinen Fundamenten. Das ist so auf der ganzen Welt. Tolerant gegen- über Andersdenkenden kann nur der sein, der innerlich stark ist. Wehe einer Regierung, die in jedem, der nicht aktiv ihr Programm bejaht, einen Gegner sieht.

Wir wurden hin und her geworfen, bald ging es südlich, bald nördlich. Die Front glich einem Rührkuchenteig, der mal hier, mal dort Blasen schlägt.
Wir mußten in aller Eile ein neues Schlüsselsystem lernen. Dabei war auch das sinnlos. Niemand glaubte mehr an den Endsieg. Man sprach nicht darüber. Wir „Kleinen" hatten nur dem Befehl zu gehorchen. - Ich bekam als Funker einen Kriegsfreiwilligen, Uffz. und Offiziersanwärter Jakob Heuser aus Bingen-Büdesheim. Der glaubte noch an den Weihnachtsmann. Er war lange auf der Ordensburg der NSDAP gewesen. Ari-Überfall. Ich stieß ihn in ein Loch neben dem Bunker. Es war beim Bunkerbau entstanden, weil man die ausgeworfenen Erdmengen für die Bunkerdecke brauchte. Doch ehe wir uns ganz klein machen konnten, hatte er den Körper schon voller Granatsplitter. Mich hatte es wieder nicht erwischt. Ich kam mal wieder so davon?

Bald darauf verlor ich wieder einen Funker. Ich denke, es war Piepel Stephan aus Limbach in Sachsen.
Zwischendurch wurden wir wieder mal geimpft. Wo die entsprechende Spalte für Eintragung ins Soldbuch nicht ausreichte, wurde ein Zettel eingeklebt. Wären wir nicht gegen jedes und alles geimpft, wären die Ausfälle der Deutschen Wehrmacht gewiß unvorstellbar hoch gewesen > Typhus, Paratyphus, Ruhr, Cholera, Fleckfieber, Krakau-Lemberg.
Bei einem Gegenstoß fiel unser guter Kamerad Gerhard Müller aus Eilenburg durch Kopfschuß. Nun bekam seine Braut Maria Schwarz keine Post mehr von ihm.
Wie viele Mütter, Frauen, Bräute, Freundinnen warteten; warteten vergeblich. Moloch Krieg war gefräßig.
Unsere Do-Werfer schossen, was die Rohre hergaben. Nach einigen Gruppen mußten sie Stellungswechsel machen. Ihre Granaten spien Tod und Verderben, Feuerschweifen gleich geisterten die Granaten mit entsetzlichem Geheul durch die Nacht. - Furchtbar, diese Kriegstechnik -

„Stukas zu Fuß" waren Granaten, 2 m lang und mit 30cm Durchmesser. Sie wurden ganz einfach aus ihren Lattenverschlägen heraus mittels Zündung durch Taschenlampenbatterien auf den Weg gebracht. Eine Sorte war mit Hochbrisanz gefüllt und riß gewaltige Trichter, die andere mit Masutöl und entzündete alles, was brennbar war. Aber auch die „Ofenrohre" und „Panzerfäuste" konnten das Vaterland nicht retten. Sie waren nicht die versprochenen Wunderwaffen. Es war alles Sch...
Der Russe war eines Tages mit einem Sturmgeschütz zur Stelle, das eine 150mm Kanone besaß - und schoß.
Bei uns wurde jede Neuerung schon monatelang in Illustrierten gezeigt und viel Reklame betrieben. -Vom Feind wurde uns die „Stalinorgel" präsentiert.
Auf einen Lkw montiert, konnte sie zwischen 25 und 42 Schuß Spreng-Granaten als Steilfeuer abschießen, ähnlich unserem DO-Werfer. Die Feuerwirkung dieser Stalin-Orgel war relativ gering, dafür die moralische um so größer. Es ist durchaus nicht angenehm, wenn das so um einen herum niederdonnert. Und- wir besaßen unsere stählernen Nerven auch nicht mehr. Und immer und überall die russischen Granatwerfer. Und bei uns immer mehr Sabotage. Im Dieselkraftstoff oder Benzin war Wasser zugesetzt. An die provisorischen Feldflugplätze wurden schwerste Bomben geleitet, obwohl die Maschinen solche Brocken ohne Zementpiste nicht hoch schafften.
Der Russe warf Flugblätter ab und forderte uns auf, überzulaufen. Aber ich hatte in der Schule von Konrektor Werner ein Sprichwort gehört: „Man liebt den Verrat, aber den Verräter haßt man". - Wieder war es Sommer geworden. Mücken, Mücken überall. Und an den Abenden wäre es schöner gewesen, mit einem Mädchen spazieren zu gehen als hier in der Scheiße zu liegen. Wir lagen wieder an einem Fluß - war es wieder der Sosh? Ich weiß es nicht. Brutale Hitze flimmerte. Die Feldflasche, die nachts gefüllt wurde, war bald leer getrunken. Durst quälte

uns, aber es gab kein Trinken. Da wurde im Nachbar-Zug beschlossen, daß im Morgengrauen ein Mann, nur mit Hose und Hemd bekleidet, völlig ohne Ausrüstung, sich am Flußufer mit einem Eimer herabwagen sollte. Ob es gelang, einen Eimer Wasser zu holen? Die Kameraden sollten ihm Feuerschutz geben für den Fall, daß .. Alle warteten auf das Ereignis. Und siehe da, es fiel kein Schuß. Am nächsten Morgen wieder Wasser holen, zwei Eimer, kein Schuß. Was war los? Ein russischer Soldat holte auch Wasser..
Selbstverständlich schwiegen unsere Waffen. So wurde ohne Worte ein still schweigender Vertrag geschlossen. Wir waren alle Menschen, die unter Durst litten und konnten nun regelmäßig morgens Wasser holen. Von drüben geschah das selbe. Wir blieben nicht lang in dieser Stellung.

Ich hatte in wenigen Monaten sieben Mann als Funktruppführer oder Funker direkt neben mir verloren. Selbst hatte ich nur eine Splitter dahin bekommen, wo man in der Regel drauf sitzt. Der lederne Reitbesatz meiner Hose hatte zudem noch den meisten Druck abgehalten. Nach dem siebten Kameraden, den es neben mir erwischte, ging ich zum Schwadron-Chef und sagte, er könne mich wegen Feigheit vor dem Feind vor das Kriegsgericht bringen. Ich sei jetzt entweder abergläubisch oder mit den Nerven völlig fertig. Darauf durfte ich für 2 Tage zum Gefechtstroß. Ich hatte nämlich, als wir durch schwere Gefechte keinen Nachbarn hatten und praktisch in der Luft hingen, ganz allein 3 Tage und 3 Nächte am Funkgerät verbracht und die Verbindung zur Abteilung gehalten. Wie durch ein Wunder war der Sammler 2B 38 nicht leer geworden. Obwohl wir tags nicht die Köpfe aus unseren Löchern heben konnten, wurde ich laufend von Kameraden mit Zigaretten versorgt, damit ich durchhalten sollte. Fast halbstündlich mußte ich auf Empfang gehen. QRU? - Haben sie etwas für mich? - Dieses auf Zeit funken kostet Nerven.
So kam ich also mit dem Küchenpanje nachts beim kleinen Troß an und fiel für 24 Stunden vor dem Verpflegungswagen in Tiefschlaf, ohne daß mich jemand wach bekommen hätte.

Wir lagen in einem Kusselgelände. Herrlich grüne Gräser und Gebüsch. Wie friedlich die Landschaft war. In der Nähe war eine ehemalige Ziegelei. Plötzlich griff der Russe in zahlenmäßig sehr großer Überlegenheit an und versuchte, uns zu umklammern. Wir mußten uns absetzen.

Als wäre alles erst gestern geschehen, so habe ich es vor Augen. Einer von der Ari saß mit dem Rücken an eine Birke gelehnt. Die Gedärme quollen ihm aus dem Leib. Er rief immerzu: „Erschießt mich doch!" Das Urrää der Russen kam immer näher. Alles rannte. Ich mußte einfach stehen bleiben. Es war ein Bild des Grauens. Ich brachte es aber nicht fertig, den Mann zu erschießen. Da kam im Moment ein blutjunger Leutnant von den schwarzen Pionieren. Der holte eilig seine 7,65mm Pistole raus, nahm seine Feldmütze ab und gab dem Schwerverwundeten den

Fangschuß in die Schläfe. - Trotz der Hitze verspürte ich Gänsehaut auf dem Rücken, auf dem ganzen Körper - und weinte. Aber ich mußte hinter den anderen her.

Irgendwo war eine Auffangstellung. Wir wurden wieder formiert. Die Stellung wurde ausgebaut. Nachts verminten unsere Pioniere das Vorfeld. Wir brauchten aber auch dringend eine Verschnaufpause. - Im Vorfeld lagen einige Horchposten. Auch den Nachbareinheiten wurde darüber Information er- teilt. „Achtung! Heute Nacht eigene Leute im Vorfeld!" Doch von der Flanke fiel ein Karabinerschuß. Wieder hatte eine deutsche Kugel gut getroffen. - Es war Ernst Schober, ein Bauernsohn. Noch von der alten Stammschwadron. Er war immer so braungebrannt. Kameraden brachten ihn in einer Zeltbahn. Er hatte eine Kugel in den Kehlkopf bekommen. Er lebte noch, aber die Stimmbänder waren zerschossen. Ich beugte mich über ihn und wischte ihm den Schweiß von der Stirn. Er röchelte: „Warum habt ihr mich erschossen?" Welch ein Frage - welch eine Anklage!

Er wurde auf einer Trage zum Truppen-Verbandsplatz gebracht. Unterwegs starb er den Männern, die ihn trugen. * Gefallen für Großdeutschland *

Im Morgengrauen des 20. Juli begann der Großangriff der I. Weißrussischen Frontarmee. Nach intensiver Artillerievorbereitung griffen zwei Tage lang Zivilisten - alte Männer - unsere Infanterie-stellungen an. Wir schossen, was die Läufe hergaben. Welle um Welle wurde niedergemäht. Den Russen gelang der Trick. Am 22. Juli, als sich unsere Infanterie völlig verschossen hatte - das Hinterland war durch feindliche Sperrfeuer abgeriegelt - griff der Feind mit regulären, frischen sibirischen Elite-Truppen an. Unser Nahkampf nützte uns derweil nichts. Unser Grabensystem wurde aufgerollt, Ausweichstellungen waren nicht vorhanden. Es ging mehr als heiß her. Wir versuchten immer wieder, uns festzubeißen. Am 24. Juli 1944 gegen 1/2 3 Uhr schickten hunderte von Geschützen eine Feuerorgie über uns, die nicht zu beschreiben ist. Alle Nachrichtenverbindungen waren tot. Im Morgengrauen griffen Schlachtflieger des Russen in den Kampf ein. Keiner konnte auch nur den Kopf heben. Inzwischen rollten die ersten russischen Panzer über den Drut.
Man erzählte, der Höhere Korpsnachrichtenführer des 56. Armeekorps sei mit allen Schlüsselunterlagen übergelaufen. Ich kann dies weder bestätigen noch dementieren. Unser neuer Schlüssel war also bloßgestellt!
Zwei deutsche Jäger rasten im Tiefflug über uns hinweg, aber helfen konnten sie uns nicht bei der großen Luftüberlegenheit der Russen. Der deutsche Focke-Fernaufklärer war schon lange nicht mehr am Himmel. - Waren wir völlig verlassen? ?

Ja, die Deutschen lagen schon mal südlich von Moskau. Im Kessel von Jelez hatte sich unser erster Divisions-Kommandeur Conrad von Cochenhausen erschossen. - Stück für Stück Land mußten wir nun aufgeben. Die Masse der 9. Armee war eingeschlossen.

Und wir hatten tapfer gekämpft. 1942 in der Winterschlacht von Orel; im Stellungskrieg an der Reßeta; an der Shisdra - man kann sie als Schicksal- fluß der 134. ID bezeichnen - ; wieder im Orelbogen; bei Wettka, bei Paritschi und nun vor Bobruisk.

Doch was kann der Soldat im Graben, in offener Feldstellung oder im Dschungel des russischen Urwaldes ausrichten gegen alle Sabotage, gegen allen Verrat. Es war zum Kotzen! Doch keiner sprach aus, was ihn bewegte. Wieviel Blut war geflossen, wieviel Anstrengungen erbracht, wieviel km marschiert, wieviel Tonnen Erde bewegt, wieviel gehungert, gedurstet, ge- froren, geschwitzt, geflucht.---

Jetzt ging es Meter um Meter westwärts. Die Landser waren ausgepowert bis aufs Nichts. Reste der Ari versuchten mit den letzten überlebenden deutschen Pferden die Geschütze zurückzubringen. Aber auch die waren erschöpft. Der Feind drückte unbarmherzig. Was half es uns, daß unsere 134. ID lobend im Wehrmachtsbericht erwähnt wurde? - Kanoniere griffen in die Räder. 8, 10, ja 16 Pferde wurden vorgespannt. Die Fahrer schlugen mit Lederpeitschen, die Stahleinlagen hatten, was die Arme hergaben. Aber jede Kreatur ist mal am Ende des Leistungsvermögens angelangt. Die Tiere ließen sich schlagen, bis sie umfielen. Mit ihren samtenen, dunklen Augen sahen sie dem Wachtmeister entgegen, der ihnen mit seiner Pistole den Fangschuß gab. Einmal, zweimal hinters Ohr - und vorbei waren Hunger und Durst, Insektenqual, Frost, Hitze, Anstrengung. GOTT, gab es denn kein Erbarmen?

Die Pferde hatten Freud und Leid mit ihren Fahrern geteilt, hatten mit lange überfälligen Beschlag Schütze und Fahrzeuge ins Feindesland gezogen. Bis zuletzt in den Sielen - und nun - dieses Ende. Die Zugtaue wurden zerschnitten bzw. die Stahlseile ausgehängt. Die Kadaver blieben liegen neben vielem Kriegsmaterial. Wo mögen alle diese Pferde als Fohlen geboren sein? - Ich vermute, daß diese Bilder in keinem deutschen Kino gezeigt wurden. Die Propagandakompanien hatten parteigetreu zu berichten.

Wir schleppten uns im Gänsemarsch auf einem Knüppeldamm dahin. Da, auf einmal, welche Freude, ein Kübelwagen hielt an. Es war unser Oberleutnant Sepp Kramer, der jetzt bei den Panzerjägern war. Am Schluß unserer kleinen Karawane fing er an, Landser aufzuladen. Es ist unglaublich, wieviel Menschen auf so ein Fahrzeug passen. Einer hatte sich sogar quer über den Kühler gelegt und hielt sich an der Lampe fest. Besser schlecht gefahren als gut gelaufen. Nachdem sie etliche km gefahren waren, kam der Wagen zurück. Der nächste Schub konnte aufsitzen. Es gab gute Laune und frohe Worte. Ich war beim letzten Schub. Der Sepp faßte in ein kleines Fach im Armaturenbrett und gab mir etwas eingewickeltes. „Dös is fürs Brot schlecke von damals!" sagte er. Es waren 50g Schokolade. Er hatte nicht vergessen, daß ich ihn an meinem Brotkanten nagen ließ.

Bald darauf holte sich Generalleutnant Schlemmer den Kramer als taktischen Berater. Er fiel durch russische Bordwaffen auf der großen Zementrollbahn nach Gomel. - Als wir das hörten, schämte sich niemand seiner Tränen. Wir weinten um einen Offizier, wie es selten einen gab.

Wird man je aus dieser Sch... heraus kommen?
Gefechte, Absetzbewegungen, Gegenstöße, wieder Löcher buddeln, nachts marschieren, wie lange ging das schon und wie lange sollte das noch dauern? Es war sagenhaft, was an Menschen, Fahrzeugen, Pferden, Panzern, Sturmgeschützen, Ari, Trossen und vieles andere mehr sich gen Westen bewegte. An riesigen Pionier-Parks mit Schanzmaterial - Schaufeln, Spaten, Kreuzhacken, Stacheldraht, Faschinenpfählen, Minen usw. - kamen wir vorbei. Noch größer die in den Wäldern gut getarnten Munitionsdepots. Hier lag Muni über Muni. Und vorne mußte die Ari um jeden Schuß förmlich betteln, sparen, sparen.
Tausende Stukas zu Fuß, DO-Werfer, Ari-Muni, Inf.-Muni, Millionen Stück - o weh - blieb liegen.

Nun also begann der Russe, die 9. Armee der Heeresgruppe Mitte zu zermalmen.
Vor uns die Beresina, hinter uns der Feind, über uns Bomberverbände, die gnadenlos Eier legten. Man sagte, es seien amerikanische Flugzeuge, die hier den Russen zu Hilfe kamen.

WIR WAREN EINGEKESSELT.

Der letzte Befehl, der kam, hieß: „Handmunition und Verpflegung aufnehmen, was jeder tragen kann. Pferde erschießen. Fahrzeuge vernichten. Rette sich, wer kann!"

Das Chaos war da. Der Spieß war nun umgekehrt. Einst kamen Meldungen über die Einkesselung russischer Armeen. Drei Tage und drei Nächte dauerte das Inferno.

Über die Beresina führte eine Straßenbrücke. Etwa 500m südlich davon führte eine Eisenbahnbrücke nach der Stadt Bobruisk. Aber diese Brücken waren von eingegrabenen russischen Panzern hermetisch abgeriegelt. Sie mußten Unmengen von Munition bei sich haben. Ein Durchkommen schien schier unmöglich.
   Schauerlich hallten nachts die Sprechchöre der Landser: „Pak und Flak nach vorne! Pak und Flak nach vorne!" Noch schauriger kam die Antwort: „Wir haben keinen Sprit, wir haben keine Munition mehr!"
   Die 9. Armee wurde gnadenlos zerhämmert. Ari, Panzer, Bomben stürzten sich auf die Reste der Armee, die keine mehr war. Parolen schwirrten: Die SS-Division Wiking wird uns raushauen! Haltet aus, deutsche Soldaten!
Hunger, Durst und Schlaf waren wie Geister von uns gewichen.

Natürlich hatte kein Landser sein Pferd erschossen. Wer brachte das fertig? Vielmehr liefen die jetzt herrenlos mit Geschirr, ohne Geschirr oder mit losem Sattelzeug umher. In großen Pulks, gejagt von Angst, die eben auch Tiere empfinden, jagten sie umher.

Inmitten dieses Durcheinanders sah ich unseren Chef, Oberstleutnant Klasing auf einer Muni-Kiste sitzen. Er winkte müde ab. Ich dachte mir, wenn d e r tapfere Offizier so dasitzt, dann jagen uns die Russen bis nach Berlin. Er trug keine Mütze, keine Stiefel, sein Waffenrock war aufgeknöpft.

Viele Soldaten versuchten, die Beresina zu durchschwimmen. Doch die ständig anwesenden Schlachtflieger harkten derart mit Bordwaffen rein, daß es schier unmöglich war, den breiten Fluß zu durchschwimmen. Irgend so ein Stabsoffizier wollte mich per Pistole zwingen, ihm ein Loch zu buddeln. Ich zeigte ihm darauf unmißverständlich meine Eierhandgranaten, die ich am Koppel hängen hatte. Hier war sich jeder selbst der Nächste.

Immer wieder wurde versucht, die russischen Panzer zu knacken, doch vergeblich.

Die Eisenbahnbrücke war so nah, zwischen den Schwellen lagen Bohlen, auf der Seite war auch ein Bohlenweg, den gewiß die damalige Brückenwache benutzt hatte. Die Eisenbahn führte zweigleisig zur Stadt.

Es schien, als haben sich alle Pferde zu einer großen Herde vereinigt. Man schätzte auf etwa 3000 Tiere. Bald galoppierten sie in diese Richtung, bald in jene. Was unter ihre Hufe kam, war Mus. Die Menschen hockten hinter Geschützen oder Fahrzeugen, um die Windsbraut durchzulassen.

D a   g e s c h a h   d a s   W u n d e r

Die Pferdeherde stürmte auf die Eisenbahnbrücke zu, überrannte die heftig schießenden Panzer. Hunderte von Pferden galoppierten auf der Brücke entlang, traten ins Hohle, stürzten oder wurden von den nachdrängenden Tieren in die Tiefe gestoßen. Die Panzer von der Straßenbrücke schossen von der Flanke her dazwischen.

Auf Leben und Tod.

... ich erfaßte den Steigbügel eines noch gesattelten Pferdes und galoppierte neben dem Tier her bis ans Ende der Brücke. Handgranaten und Karabiner hatte ich vorher weggeworfen. Zur Not hatte ich ja noch meine Pistole. Die Lungen stachen vor Überanstrengung. Schweiß troff mir aus jeder Pore. Ich war drüben - war es die Rettung?

„Mein Pferd" hatte einen Granatsplitter durch die Nüstern bekommen. Ich konnte ihm aber nicht helfen. Ich sattelte es ab, klopfte ihm den Hals und gab ihm die Freiheit. Es war ein untersetzter Dunkelfuchs. seine geflochtenen blutbeschmierten Zügel steckte ich in die Reiterpacktasche, die ich auf dem Rücken trug.

Die Sonne ging unter, als ich in die Stadt Bobruisk kam. Irgendwo haute ich mich hin. Die Überanstrengung der letzten Tage und Nächte ließ aber einfach keinen Schlaf aufkommen, obwohl ich so erschöpft war.

Ich dankte G O T T, daß ich über den Fluß gekommen war. Nur wer solches erlebt hat, kann ermessen, was es heißt, um sein Leben zu laufen.
Es kam keine Gedanke auf an das einst, wiewohl ich doch noch sehr jung war. Aber auch an das Übermorgen denkt man nicht, weil einfach die Nerven auf das Heute konzentriert sind. Und es gibt eine Müdigkeit, die nicht wohlig ist.
Wenn man von seiner Einheit, seiner Schwadron getrennt ist, so gleicht man einem Küken, das keine Glucke mehr hat.
Morgengrauen nach kurzer Nacht. Viele, viele deutsche Soldaten laufen umher. Ratlosigkeit herrscht. An den Straßen sind taktische Wegweiser aufgestellt zu Divisions-Sammelstellen. Man wollte uns neu formieren, um zu halten, was zu halten ist. Aber es gab keine schweren Waffen, keine Munition. Hie und da schlugen Granaten schwersten Kalibers ein. Es schien, als hätte sich die gesamte russische Luftwaffe über Bobruisk versammelt, um uns den Garaus zu machen.

    Bobruisk war inzwischen umzingelt.

Und die russischen Tiefflieger schossen, was ihre Bordwaffen hergaben. Parolen schwirrten, verstärkten das Durcheinander. Die großen Verpflegungsdepots der Deutschen Wehrmacht wurden geplündert. Doch wie bei allen Zügellosigkeiten, so wurde auch hier mehr in den Dreck getreten als sinnvoll verwendet.
   Hier half kein Drohen einiger Offiziere mit der Pistole. Hier hatte der Hunger die Landser zu Raubtieren gemacht. Der Hunger: ich konnte ein Klümpchen weißes Fett und ein reichlich halbes Kommißbrot erobern.
Und wieder das Vernichten von Menschen und Material.

   Jetzt folgt eine Passage, die ich nach 51 Jahren genau erläutert bekam. - Nämlich Ende September 1995 besuchte ich den ehemaligen Oberwachtmeister Küffner in Eisenstadt in Österreich. Der erzählte mir: In diesem ungeheuren Tohuwabohu trifft er zufällig unseren bewährten und verehrten Oberst Klasing. Der sagt zu Küffner: „Sehen Sie zu, daß Sie heute Nacht irgendwo den Ring durchbrechen können. Es geht sonst hier alles vor die Hunde. Viel Glück!" - Also sucht Küffner bis zum Abend 20 Freiwillige, wohl nur drei davon von unserer alten Einheit, die sich um ihn scharen, für dieses Todeskommando. Der Versuch soll gemacht werden.
   Im Schutze der Dunkelheit sucht er direkte Feindberührung. Da! Zwei russische Panzerbesatzungen sind abgesessen und kochen sich in einem kleinen Eimer Kartoffeln. Gewiß meinten sie, daß die Einkesselung perfekt und die Deutschen zermürbt seien. Die Kartoffeln sollten sie nicht mehr verzehren.
   Küffner befahl den Angriff ohne Schußwaffen. Dennoch verlor er vier Tote und 15 seiner Mannen wurden bei dem Gemetzel verwundet. Er konnte einen Leichtverwundeten mit der Meldung, daß an jener Stelle ein Loch war, nach Bobruisk zurückschicken.
   Wie ein Lauffeuer verbreitete sich diese Nachricht und ca. 3.000 deutsche Soldaten konnten so, wenn auch in nordöstlicher Richtung, aus dem Kessel

entkommen.

        Hier endet die Erzählung Küffners –

Ich war dabei - welch eine Nacht. Wer kannte schon die Männer, die ihr Leben eingesetzt hatten für unbekannte Kameraden. Die vielen, vielen Verwundeten sollten nachgeholt werden, was aber nicht gelang.
  Wir wurden von russischen Panzern beschossen, die uns wieder einkesseln wollten. Der Haufe wurde auseinander gerissen, der Zusammenhalt loser. Es war, als hätte man in einen Ameisenhaufen getreten.
  Ich war allein, als ich einen Nebenarm der Beresina erreichte. Zwei fremde Landser fanden sich zu mir. Ja, wir mußten durch das Wasser. An den vielen Uniform- und Bekleidungsstücken, die am Ufer lagen, merkten wir, daß schon viele druchgeschwommen waren. Wir sagten uns aber, wenn wir uns hier ausziehen, haben wir drüben nichts anzuziehen. Also schwimmen. Ich aber war Nichtschwimmer - o weh - wenn die Uniform erst mal voll Wasser gesogen war, würde sie gewiß ganz schön nach unten ziehen? Zudem kamen oft 2 Tiefflieger, die auf Deutsche Jagd machten. Wir hörten das Berfern ihrer Bord-MGs. - Da gewahrten wir in dem träge dahinfließenden Wasser einen Baumstamm, der schon etwas unter dem Wasserspiegel lag.
  Ich war der Jüngste, ich mußte versuchen, das Ding los zu kriegen und ans Ufer zu bringen.
  Ein paar Atemzüge der Angst und rein ins Wasser. Als ich etwa bis zur Brust drin war, trank ich mich erst mal richtig satt, wie ein Tier. Denn ich hatte tierischen Durst. Die beiden Kameraden, ein Wm. und ein Uffz., warfen mir die Feldflaschen zum Füllen zu. Ich warf sie zurück und sie soffen eben so wie ich.

  Fast bis zum Halse ging mir nun das Wasser, als ich den Baumstamm los bekam und bewegen konnte. Ein Pferdekadaver hing daran, der sogleich hoch- schnellte. Ich brachte den Stamm bis fast ans Ufer, obwohl mir Schling- pflanzen das Gehen erschwerten. Nun berieten wir, was zu tun sei. Ich war sowieso naß und sollte mich am Stamm halten und mit den Beinen strampeln wie ein Schwimmer. Die anderen beiden wollten versuchen, auf dem Stamm zu hocken und mit den Händen mit zu paddeln. Wir prüften unseren Besitz. Ein Stück Landkarte, die zum Unglück gerade da aufhörte, wo wir hin wollten. War aber vielleicht für die Rückwärtsbewegung wichtig. Ein Kompaß, zwei Feuerzeuge. Einer hatte von seinem letzten Urlaub noch einen Pariser in der Brusttasche. In den wurden unsere Wertsachen gesteckt und das Ding aufgeblasen. Mit der Schnur der Erkennungsmarke zugebunden, war es ein Luftballon. So konnte im Falle des Kenterns alles rüber gebracht werden. Einer nahm die Waffen. Ich hatte ja inzwischen auch wieder einen Karabiner gefunden; eine MP und eine Pistole. Der andere huckte meine Packtasche auf und half, mit einem Ast zu rudern. Ein Blick zum Himmel und es wurde gestartet.
  Trotz geringer Strömung trieben wir ein ganzes Stück flußabwärts, ehe einer die Zweige einer überhängenden Trauerweide fassen konnte, uns dadurch an Land

hieven konnten.

Erschöpft lagen wir in der Sonne zum Trocknen. Für den Fall, daß Flieger kamen, hatten wir unter der Weide gute Deckung. Beim Erkunden des erreichten Landes fanden wir einen Leutnant von den Schwarzen Pionieren und dachten, er sei tot. Wir wollten ihm die Pistole abnehmen, denn im Notfall kann man nicht genug Waffen haben. Aber der Unteroffizier stellte noch Herzschläge fest. Ich holte schnell Wasser in meinem Kochgeschirr. Das schütteten wir ihm ins Gesicht. Langsam kam er aus der Bewußtlosigkeit zu sich. Er war auch geschwommen und nach den Anstrengungen der letzten Wochen in Tiefschlaf gefallen. Er hatte pechschwarze Locken. Seine Gestalt war schlank, fast hager. Sein Deutsch war fremd und seinem Erzählen nach war er Rumäniendeutscher. In Rumänien war er Offizier gewesen und wurde von der Deutschen Wehrmacht als Leutnant übernommen. Wenn wir einverstanden wären, wollte er versuchen, uns durchzubringen.

Mit Handschlag unterwarfen wir uns bedingungslos seinem Befehl. Er selbst hatte nur blankes Koppelzeug und seine 7,65mm Pistole. Zunächst stellten wir fest, wieviel Verpflegung wir haben. O weia, das war wenig. Ich war der einzige, der Eßbares besaß. Gut ein halbes Kommißbrot und ein faustgroßes Stück weißes Fett. Das aber war durch die Hitze zerlaufen und klebte am Boden der ledernen Reiterpacktasche, die ich auf dem Rücken trug. Weil unsere Zukunft ungewiß war, wurde beschlossen, pro Tag eine Scheibe Brot in vier Teile zu teilen, dazu eine Löffelspitze Fett. Wer sich unberechtigt an der Verpflegung verging, sollte den Tod erleiden. Unser Führer war hart und wurde recht wortkarg.

Wir verbargen uns bis zum Einbruch der Dunkelheit im Gebüsch. In der Ferne belferten russische MGs. Das ist an der Schußfolge zu hören. Meine Klamotten waren noch immer nicht ganz trocken und ich fing an zu frieren. Der Fluß gab viel Kühle ab.

Weil in dem mannshohen Gras fast jede Spur von der Luft aus gesehen werden konnte, durften wir vier nur e i n e Spur hinterlassen. Waren Iwans in der Nähe? Bewachten sie das Ufer? Lagen irgendwo feindliche Horchposten?

Wir besteckten uns mit Gras und Zweigen. Einer mußte dem anderen mit beiden Armen auf die Schulter fassen. Unser Leutnant voneweg. Im Gänsemarsch nahm er ganz langsam einen großen Schritt. Ganz, ganz langsam. Der nächste trat wiederum ganz vorsichtig in die Spur des Vordermannes. Aber vorsichtig und langsam, damit ein eventueller Beobachter keine Bewegung merkte. Jeder hielt den Atem an. Niemand durfte niesen, husten, sprechen. Das ist eine unglaubliche Nervenanspannung. Den ganzen nächsten Tag verbrachten wir im Gebüsch. Wie es schien, wollten sich alle Mücken Rußlands für das Unrecht des Krieges an uns rächen. Es war schrecklich, dennoch waren unsere Knochen froh über den Ruhetag.

Über Nacht begann der Marsch gen Westen. Möglichst keine trockenen Zweige zertreten. Es war halb Wald, halb Steppe, durch die wir im Eilschritt zogen. E i n e Zigarette wurde gemeinschaftlich geraucht. Wir fragten auch mal unseren Führer, wann Rast sei. „Wenn wir durch sind" war seine Antwort.

Endlich, eine Stunde Pause nach Uhr. Er übernahm die erste Wache. Rücken an Rücken über Kreuz, saßen wir im Schneidersitz an der Erde. Die Waffen griffbereit auf den Knie. Bald war der nächste dran mit wachen. - Gut, so dazusitzen. Der Rücken war wenigstens warm. Gegessen wurde immer gegen 22.00. Dies sei die günstigste Zeit. Der nächste Befehl von ihm: Jeder mußte seinen Hosenstall aufknöpfen, damit die Luft durchzog und wie nicht wund liefen.

Ich bekam Blasen an die Füße. Also Stiefel auszuziehen, in Strümpfen, bald barfuß laufen: durch hartes Schilfgras, über Zweige, durch Dornen und Ge-strüpp mit Füßen, die jahrelang geborgen in langen Reiterstiefeln waren.

Unser Leutnant besaß Erfahrung. Er war unerbittlich wie ein Kameltreiber. Er sprach fast nicht, nur wenn er uns antrieb. Wir liefen im Gänsemarsch. Er immer an der Spitze. Er wollte, daß wir durchkämen, ehe der Russe eventuell einen neuen Kessel schloß. Er gönnte uns kaum, daß wir eine Stunde rasteten. Davon konnte man aber wegen der Wache nur 3/4 schlafen. Er übernahm einige Male die Wache ganz allein. Der Mann hatte Nerven wie Stahlseile.

Wir waren schon einige Tage und Nächte auf der Flucht. Immer nach Kompaß. Weil es nicht überall Wasser gab, mußten wir Kochgeschirr und Feldflasche stets gefüllt haben. Bei der Rast wurde der Deckel abgenommen, damit Luft dran kam. - Es war dunkle Nacht. Rast in einem Bestand armstarker Lärchen. Von ganz trockenen Zweigen hatten wir ein ganz kleines Feuer gemacht, das keinen Rauch abgab. Kaum, daß es brannte, wurde es auseinander gestöbert, so daß das Holz nur mehr glimmte. An der Glut erwärmten wir uns. Die russischen Nächte sind so kalt wie die Tage heiß sind. Das Meer, das die Temperaturen egalisiert, ist zu weit entfernt.

Plötzlich Knacken! Wir huschten sofort vom Feuer weg, um kein Ziel zu bieten. Die Waffen gesichert im Anschlag: wer kam da? Zwei splitternackte Männer, die beim Schwimmen die Uniformen ausgezogen hatten und nun im Adamskostüm waren. Der eine hatte sich mit einem Seil aus Gras ein Mückennetz um sein Patengeschenk gebunden, der andere war so nackert, wie er aus seiner Mutter Leib geboren wurde. Sie baten uns, daß sie uns anschließen dürften. ER lehnte das hart ab mit der Begründung, je größer der Haufen, desto größer die Gefahr der Entdeckung.

Wir schenkten ihnen ein Kochgeschirr. Darin konnten sie sich von unserer Glut für alle Zeit ein Feuer erhalten.

Wir marschierten im Eilschritt weiter. Unerbittlich trieb er uns vorwärts. Nur beim Essen ließ er uns Zeit. Der Hunger quälte im Gedärm. Man getraute sich nicht, das bißchen Brotbrei zu verschlucken. Dann war es unwiederbringlich fort. Wie schön, wenn der Mensch ein Wiederkäuer wäre.

Nun wurde auch noch das Wasser rar. - Und wie oft hatte ich mir schon die Fußzehen gerammt oder war in Dornen getreten. Aber es ging ums Überleben. Wie ein Schäferhund war ER. Ich glaube, er hätte es instinktiv gefühlt, wenn einer von hinten die Waffe auf ihn gerichtet hätte. Er war zu hart gegen uns. Aber noch sahen wir die Notwendigkeit dafür ein.

Plötzlich hörten wir Stimmen. Es waren Landser, wie wir auf der Flucht. Genau so erschöpft und hungrig wie wir. Es wurden immer mehr, die wir über- holten. An niemanden schlossen wir uns an. - Es gab sogar eine Art Weg durch das Gelände. ab und zu fanden wir ein paar Beeren als zusätzliche Nahrung. Doch das war ein Tropfen auf den heißen Stein.

Da besaß eine Kolonne ein Panjepferd. Drei Verwundete saßen drauf. Wie lange hatte das arme Tier die Last schon geschleppt? RRRRrrrrrrum - Panzergeräusch! Alles flüchtete rechts und links in den Wald hinein. Aber es war ein Arbeitsgeschütz einer deutschen Sturmgeschützbatterie. U n z ä h l i g e hingen, einem Bienenschwarm gleich, an dem Fahrzeug. Unzählige Verwundete humpelten an selbst gemachten Krücken, fast alle barfuß, ohne Mütze, einer in Unterhosen.

DIE   RUHMREICHE   DEUTSCHE   ARMEE!!

Parolen schwirrten: eine SS-Division haut uns raus, Polen kämpfen auf deutscher Seite und befreien uns.......

Sieben Tage und Nächte trieb er uns schon. Wir waren am Ende vor Hunger, Durst und Erschöpfung.

Je weiter wir kamen, desto mehr Landser lagen an der Erde. Sie wollten nun lieber in Gefangenschaft geraten als auch nur noch einen Schritt weiter gehen.

In einem ganz schattigen Wald waren einige Tümpel grün schimmerndes Wasser. Etliche kühlten ihre Verwundungen drin. Zwei Soldaten lagen auf dem Bauch und schlürften zwischen den eiternden Beinen der verwundeten Kameraden die trübe Brühe... - Ich dachte: so etwa muß damals Napoleon mit seinen Truppen geflohen sein.

Zehn Tage und elf Nächte hatte der Leutnant uns nun geleitet, getrieben, geführt und bewahrt. Eine Scheibe Brot besaßen wir noch.

Da empfingen uns richtige deutsche Soldaten in richtigen, ganzen Uniformen. Und kein Offizier raunzte rum. Im Gegenteil. Gerettet!

Ehe wir uns versahen, war ER verschwunden. Nur ihm und seiner Erfahrung, seiner unerbittlichen Härte, seinen starken Nerven hatten wir alles zu ver- danken. Wir wußten nun nicht, wo er war und konnten uns nicht mal bei ihm bedanken. Mir tat dies in der Seele weh. - Wir drei kannten uns ja selbst nicht und in dem großen Menschenhaufen verloren auch wir uns. Dabei waren wir in einer Monatsdekade förmlich zusammengeschweißt durch gleiches Schicksal.

Es waren hier Reste einer Ortschaft, Eisenbahnschienen mit Güterwaggons, sogar Plattenwagen. Jeder Ankömmling erhielt genügend klares, feines Wasser zu trinken. Literweise wurde es geschluckt. Und jeder erhielt eine Dose fettes Schweinefleisch und eine Dose Kompott - die Dosen hatte man schon für uns geöffnet.

Wir waren aber keine Menschen mehr, sondern verhungerte Tiere. Mit den Händen wurde wieder und wieder in den Mund gestopft. Ich hatte eine Dose blaue Pflaumen erhalten. In wenigen Minuten war alles verschlungen. - Ach, hätte man uns doch lieber trockenes Brot geben können. Aber das war nicht vorhanden. Wahrscheinlich waren eben grad einige Ladungen Schweinefleisch und Kompott organisiert. - So, wie wir die Nahrung in uns reingestopft hatten, so fiel uns das köstliche Essen aus dem Gesicht. Die Eingeweide verkrampften sich und er ganze Körper zitterte vor Schmerz. Uns war elender als zuvor. Ekel kam aus dem Magen. Uns wurde schwarz vor Augen. War das ein Wunder? Hitze, Überanstrengung, Angst, Hunger - Strapazen ohne gleichen. Und wie lange hatten wir nicht geschlafen? ? ?

Verwundete hatten den Brand bekommen. Anderen krochen die Maden aus den Wunden. Meine ehemaligen Füße glichen blau-gelben, unförmigen stark geschwollenen Klumpen. Der ganze Körper war wund von Schweiß und Dreck. Wenn ich doch nur „unseren Leutnant" noch mal gesehen hätte, um ihm danken zu können. Aber das war nur ein kurzer Gedanke. Eine Übelkeit, die mich gepackt hatte, überwältigte jedwedes Wollen und Denken.

Auffang-Soldaten nahmen uns bei den Schultern und Füßen und packten uns auf die Güterwaggons, wie Bratheringe in die Dose. Ich besaß noch immer meinen Karabiner und die Packtasche, mit den Reitstiefeln zusammengebunden. Wir lagen in der Glühsonne auf den Bretterböden der Wagen. Ein Lager wie im Himmelbett. Wer brachen uns gegenseitig voll. Etliche schissen in die Hosen. Es war doch alles egal. - Den Waggons nach konnten etwa 900 menschliche Wracks verladen sein, ehe sich der Zug in Bewegung setzte. Ganz langsam ging es weiter, ohne daß wir laufen brauchten, ohne jede Mühe. Es war wie im Paradies. Wohl alle träumten von Deutschland, von der geliebten Heimat. Viele, viele Verwundete stöhnten furchtbar. Wegen Mangel an Ärzten und Sanitätsmaterial konnten sie nicht behandelt werden. Mir rannen einfach die Tränen aus den Augen. War ich eine Memme?

Wir waren vielleicht 2 Stunden gefahren, im ca. 20 km/h Tempo. Halt! Was war los? Langsam sickerte durch, die Lok hatte keinen Dampf mehr. Die Kohlen waren alle. Nun sollten alle Landser absteigen und rechts und links im Walde trockenes Holz sammeln. - Das wäre für 90 gesunde Männer ein Klacks gewesen, aber für 900 Erschöpfte war es ein Problem. Nicht ein Drittel kletterte herab. Der Lokführer drohte, er wolle die Lok verlassen. Einige Offiziere drohten, erklärten, baten. Aber die Menschen waren einfach zu fertig. Der Nullpunkt war bei den meisten erreicht.

Ich sammle Holz. Es muß ein klägliches Bild gewesen sein, wie die armen Tiere mit einigen Ästen zur Lok hin schlichen. Nach Stunden ging es dann tatsächlich ganz langsam weiter, das Anfahren verschlang viel Energie.

Ich weiß nicht, wieviel km wir weitergekommen waren. HALT! Die wenigen Landser, die nicht schliefen, schimpften über den „Arsch mit Ohren", den Lokführer. Der war doch aber völlig unschuldig. Endlich kam die Nachricht von Waggon zu Waggon: Partisanen haben die Strecke gesprengt. - Scheinbar war alles gegen uns. - Aus. - Vorbei. - Es hieß, ein Bauzug müßte uns entgegenkommen, um zu reparieren. Aber ob und w a n n einer kam, wußte niemand. Vielleicht aber waren die Partisanen mit einem Überfall zur Stelle?

Wieder tat ich etwas, was irgendwie anders war.

Keiner der Landser konnte oder wollte auch nur einen Schritt weiter gehen. Alle wollten schlafen, schlafen, schlafen. Ich hatte zehn Tage einen guten Lehrer gehabt. Mutterseelenallein marschierte ich - welch hochtrabendes Wort für meine Art Fortbewegung - nun weiter, immer in der Nähe der Schienen. Ich dachte, wenn sie mich hier allein erwischen, in dem Zustand, werden sie gnädig sein. An dem Gejucke im Gesicht und am Hals merkte ich, daß ich wohl einen struppigen Bart haben mußte. Ich fand ab und an ein paar Beeren, die mich nährten. Ich war sehr schlapp und mußte schon wieder dauernd aus den Hosen, obwohl ich doch nichts im Magen hatte. Nur schwarzes Blut kam. - Meine Taschenuhr ging nicht mehr, seit sie an meinem Schwimmkurs teilgenommen hatte. Tag war, so lange die Sonne schien, Nacht war, wenn es dunkel war.

Ich verbarg mich seitwärts der Bahngleise und verbrachte eine Nacht zwischen schlafen, frieren, beten, Angstträumen, lauschen.

In Gefangenschaft wollte ich doch nicht.

Wie Blei so schwer waren meine Beine, als ich meine Wanderschaft fort- setzte. Irgendwann mußte ich doch mal zu Menschen kommen. Es schien, als sollte sich meine Energie doch gelohnt haben. Der Wald hörte auf, leicht welliges Gelände, fast Flachland, begann. Vor mir ein kleines Dorf, eigentlich nur ein paar Holzhäuser - kaum traute ich meinen Augen.

Jetzt half nur noch Mut. Ganz langsam näherte ich mich der Ansiedlung. Der Tag neigte sich, als ich das erste Haus erreichte. Ich klopfte an die niedere Holztür, die nur mit einem Holzriegel verschlossen war. Eine Babuschka kam. Meinen Karabiner hatte ich zum Zeichen der Friedfertigkeit auf die Erde gelegt. „Babuschka, baschaulusta, kleba" (Großmutter gib bitte Brot) „Suda" sprach sie und ließ mich eintreten. Wie in allen Häusern, primitiv. Doch welche Glückseligkeit für mich, bei richtigen Menschen zu sein. Ich glaube, mir kamen die Tränen vor Freude. „Saditze. Moloka nimma, Korowa nimjetzki soldat saprali" - setz dich. Milch habe ich nicht. Die deutschen Soldaten haben die Kuh genommen Und doch war diese uralte Frau gütig wie eben nur Mütter sein können - Vielleicht hatte sie auch Enkel oder Urenkel beim Militär? - Sie reichte mir einen kleinen Pott frisches, klares Wasser. Welche Labsal. Ich zog meine zerlumpte Feldbluse aus. Sie holte eine hölzerne Butte, füllte es mit Wasser - und wusch mir meine unförmigen Füße! - Es war wie im Gleichnis vom barmherzigen Samariter.
Sie tat es so behutsam wie eine Krankenschwester. Dann holte sie zwei Stück selbst gewebtes Leinen herbei und wickelte mir nach russischer Art eine Fußbekleidung. Ich weiß nicht, wie ich es nennen soll. Es war ein Kreuzverband bis an die Kniekehlen. Dann band sie eine Kordel kunstgerecht um das Ganze.
Sie, eine spindeldürre alte Frau, versorgte mich rührend, kniete vor mir, linderte mein Weh.

Ei, wie das angenehm kühlte. Ich sagte immer wieder zu ihr: „Bolschoie spaziba, babuschka" - großen Dank, Großmutter - Sie sprach: „Woyna blocha, matka doma, pan kaput" - der Krieg ist schlecht, die Frau ist zu Hause, der Mann ist tot -

Nun kochte mir diese bettelarme F e i n d i n eine Suppe von zwei Kartoffeln und einem Ei. Ich sehe sie noch heute, wie sie mir das wenige gab und sie streichelt sogar mein Haar. Ich muß doch sehr mitleiderregend ausgesehen haben.

SEI IHR HAUS UND IHRE NACHKOMMEN FÜR DIESE LIEBE GESEGNET!

Was hatte man uns doch alles über diese „Slawen, Untermenschen" an böser Propaganda eingetrichtert? Ich schämte mich vor dieser Frau für alles, was wir Deutschen ihr und ihrem Lande angetan hatten.

Verstehen, begreifen, kann das alles nur, wer in solcher oder ähnlicher Lage gewesen ist.

Die Frau bedeutete mir, daß ich „njet spat damoy m partisan ptroul" - nicht in ihrem Haus schlafen könne, da Partisanen vorbeikommen könnten. Ich sagte: „Da, da".

In der Stube hing, bunt geschmückt, die Ikone. Sie kniete nieder und betete für mich: „Gospedin njimjetki zscholuweg karascho damoy papa y mama" - in etwa: Gott, laß den deutschen Mann heil nach Hause kommen zu seinen Eltern!

Voller Dankbarkeit und beschämt von so viel menschlicher Güte und Gastfreundschaft ging ich davon. Sie wies mir in der Dunkelheit die Richtung: „do swidanja, dawei, pachecheli" - Auf Wiedersehen, auf, reise weiter -
Ich konnte vor Tränen nicht antworten.

MENSCH ES IST EIN UNTERSCHIED OB DU VOM VIELEN WENIG GIBST ODER VOM WENIGEN VIEL

----Hier muß ich einfügen, daß ich meine „Russisch-Kenntnisse" von unseren Gefangenen gelernt habe. Mancher mag über mein Kauderwelsch lachen, ich habe das gelernt, was meine „Lehrherren" sprachen. Mir haben meine spärlichen Kenntnisse geholfen. Mir scheint es wichtig, daß man in einer Fremdsprache vor allem Danke und Bitte sagen kann.

Die Mondnacht nahm mich auf. Es lief sich auf meinen „neuen Beinen" doch schon viel besser. Nach einiger Zeit war ich hundemüde und igelte mich unter einem Gesträuch ein, wo ich wie ein Toter schlief. Doch die Kälte trieb mich hoch

und ich mußte wieder aus den Hosen. Der After war wund, denn es gab nur Gras zum Abputzen. Immer Druck und doch kam nur schwarzes Blut. - Ich hatte zum 3. Mal die Ruhr. Nach einem Stück Marsch mußte ich mich wieder hinlegen. - Wie anders ist doch eine Nacht in der unendlichen Weite und Stille Rußlands. Alles ist anders als in Deutschland. So eine Nacht ist wunderbar erhaben. - Doch mir war hundeelend.
Allein der eiserne Wille zwang mich weiter. Wieder war Sommertag. Da, eine kleine Staubwolke. Ein Verbergen war unmöglich. Ein Panjepferd mit flachem Wagen, das Kummet mit dem Krummholz, hölzerne Achsen, kleine Räder. In dem aus Baumrinde geflochtenen Wagenkasten lagen ein Stari und zwei Molodoys = größere Knaben. Das Pferdchen trabte. Ich glaube, kein Russe kann Schritt fahren. Ich habe gewiß sehr originell ausgesehen in meinem Aufzug. Gewiß war der wenig kriegerisch. Also fragte ich: „Nimjetzki quartier jest?"
Wieder mal hatte ich Glück. Ich durfte mich auf den Wagen setzen. Einige km kam ich so mühelos vorwärts, zwar ein Stück von der Bahnlinie entfernt.
>Feinde> hatten mich mitgenommen, Menschen, die mich ohne weiteres hätten überwältigen können. Ich bedankte mich, nachdem es hieß: „smatri, mali km nimjetzki soldat aeroflot quartier jest" - sieh, wenige km von hier wohnen deutsche Soldaten der Luftwaffe. - Und tatsächlich kam ich nach mühevollem Wandern an einige Russenhäuser, in denen so eine Art Versorgungsstation einer deutschen Fliegereinheit lag. Ein Oberfeldwebel war der Dienstälteste. Etwa 10 Mann gehörten zu der kleinen Truppe. Die hatten noch gar nicht gespürt, wie nahe das Verhängnis schon war. Sie trugen Ia- Uniformen und sogar geputzte Stiefel. Ich schilderte rasch in kurzen Worten die Lage und bekam sofort Kaffee und Kommißbrot. Ein Kübelwagen wurde losgeschickt zur Hilfeleistung für den Zug. Irgendwo war eine Bahnstation, die man verständigen wollte. Ich konnte noch selbigen Tages mit dem Lkw ein ganzes Stück rückwärts kommen. Die Kumpel in Fliegerblau übergaben mich einem Zug. Fünf Waggons mit schwersten Bomben waren mal wieder fehlgeleitet und mußten irgendwohin umgeleitet werden. Ich hockte mit etwa 8 Männern zwischen den großen Bomben und mußte den A... öfter raushalten, weil es drückte und drängte. Was nicht hinten raus kam, kam vorne raus. Ich konnte scheinbar keine Nahrung mehr bei mir behalten.

   Urplötzlich HALT

Zwei feindliche Tiefflieger legten Eier. Was die Beine hergaben, sprang alles fort von der todbringenden Bombenladung. Die Flugzeuge kamen wieder und beharkten uns mit Bordwaffen.
Herr Gott! Sollte es mich nun doch noch erwischen? Fünf Schwerverwundete blieben liegen. Außerdem hatte eine kleine Bombe kurz vor der Lok beide Gleise zerrisssen.

Wie von Furien gejagt hastete ich weiter. Immer an den Schienen entlang. Irgendwo kam ein Pkw. Ich berichtete von den Schwerverwundeten. Dann tanzte es mir vor den Augen. --- Der Film war gerissen. - -

... war ich eigentlich „I c h" ?
Nur mit Mühe bekam ich die Augen auf. Es war alles weiß um mich. -- Dann war ich wieder weg.... ich erwachte wieder. Eine gewölbte, weißgetünchte Decke über mir, wie in einer Kirche. Aber der Raum war so klein.-- Und wieder die Bewußlosigkeit, gegen die ich machtlos war. --- Ein wenig konnte ich den Kopf bewegen. Etwa 10 Meter von mir lag ein Etwas in einem weißen Bett. Es mußte ein Mensch sein, denn eine menschenähnliche Nase sah aus dem unförmigen Verband.

- - Ich war wieder weg. --- lebte ich eigentlich oder war das der Himmel? ! ?

Warum konnte ich nicht denken? Da war doch wohl eben hinter mir ein Engel gewesen?
?? ??? ????
Ich hatte den Kopf auf die Seite gelegt. Da kam der Engel wieder. Es war eine richtige, eine ganz richtige Krankenschwester. Sie hatte eine gewölbte Brust und an den Beinen seidene Strümpfe. Ich bemerkte es, als sie sich zu dem Verbandbündel im anderen Bett neigte. Nun kam sie zu mir und flößte mir 2 Teelöffel Tee zwischen die Lippen. Ich fragte ganz leise, wo ich denn sei?
Sie sagte mit einer Engelstimme in deutscher Sprache: „Haben Sie keine Angst. Sie sind in Kowno."
Ich wollte nach ihrer Hand fassen. Aber ich erschrak. Was ich da unter der Bettdecke hervorholte, dieses Weiße, Dürre, - war das meine Hand? War ich also doch schon tot? ?? ??? ?????

An nichts kann ich mich mehr erinnern.
tetetetetetettet-kleck-tetetetetetett-kleck-tetetetetetetette-kleck-
Das war doch so ein monotones Geräusch wie beim Fahren mit der Eisenbahn. Wieder war ich weg.- - - Ich glaube, ich war doch nicht tot? - weg ----------
Ich glaube, ich lebe. Das ist doch eine Eisenbahn, in der ich fahre. Fast kann ich an die runde, weißgelbe Decke über mir fassen. Ich liege im obersten von drei Feldbetten. Die untere Hälfte der Fenster ist von Milchglas, der obere von Normalglas. Wiesen fliegen vorbei und Telegrafenmasten -- fassen kann ich das alles noch nicht. -- Es dauert sehr lange, bis ich denken kann.
Ich fahre in einem deutschen Lazarettzug, jedoch habe ich keinen Zeitbegriff. Einmal kam ein großer, hagerer Arzt und fragt, wie es uns ginge? Ich konnte nicht antworten. - Bald war ich wieder weg. Einmal kam ein lustiger Landser zwischen die schmalen Gänge. Er hatte sich aus dem KZ Oranienburg freiwillig an die Front gemeldet. Als Verwundeter fuhr er mit uns heim. Er war beim ANTIFA. Was war denn ein KZ und ein Antifa? Wir wußten es damals wirklich noch nicht!
Er machte sich nackt und zeigte uns seinen Körper, der tatsächlich überall tätowiert war. Auf einem Knie hatte er die Scheide einer Frau und wenn er das Bein anwinkelte, vergrößerte sich das Bild.... Aber wir konnten noch nicht lachen. Wir

waren k.o. Aber zuhören konnten wir. Er erzählte: Im KZ mußten sie einmal bei einem Posten einen Kubikmeter Sand, so wie er an den Landstraßen zum Streuen auf- gesetzt war, mit dem Eßlöffel auf die andere Straßenseite tragen. Oder Kübel Wasser mit dem Eßlöffel in den nächst höhere Stock in einen ebenso großen Behälter. Und wehe, wenn der nicht voll wurde. Etliche seiner Kameraden seien irre geworden. Sinnlose Anordnungen und sinnlose Arbeit tötet den Geist.

    Nun, jener SS-Posten hätte bei unserer Schwadron sein sollen in der ganz großen Sch..!

Parolen auch im Lazarettzug: Wir kommen ins Reich. Tatsächlich, wir fuhren durch Ostpreußen. Überall auf den Bahnhöfen und Nebengleisen Truppen, Kriegsmaterial. Einmal war Halt. Deutsche Frauen brachten uns Trinken und Briefpapier, eben jene gelb-grauen Feldpostbriefe und auch angespitzte Bleistifte. Wir konnten unser erstes Lebenszeichen nach Hause schicken.   - Ich hatte mein Bett vollgemacht. Das war mir peinlich. Aber ich war nicht der einzige. Es roch sowieso nach Blut, Eiter, Kot, Kreolin.
 - Tetetetet- teetetetet- nur schlafen, schlafen, schlafen.
Plötzlich trugen die Bahnhofsschilder polnische Namen, die Schrift war nicht zu entziffern. Der Zug war südlich abgebogen. So ein Mist!
Lange Fahrt. Ich war oft weg. Endlich wurden wir ausgeladen. Die schlecht gefederten Sanka fuhren auf holpriger Straße ins Lazarett Ostrowo im Distrikt Warschau.
Parolen, Parolen, immer wieder neue Gerüchte von denen, die aufstehen konnten.- Aber diesmal war was dran. Ostrowo mußte geräumt werden. Wir wurden wieder verladen. An mir hatten die Sanis nicht viel zu tragen. Ich war nur ein Gerippe. - Der Lazarettzug hielt, rollte, hielt: in Liegnitz in Schlesien wurden wir ausgeladen. Per Sanka kamen wir ins Reservelazarett II, eine ehemalige Mädchenschule. Ich konnte schon mal aufstehen, aber die Schwäche trieb mich immer wieder zum Liegen. Schlaf, Schlaf überkam mich dauernd. Schlaf, von dem ich nichts wußte, nichts spürte.... Wie mochte es zu Hause aussehen? Waren Bomben gefallen? Wegen unserer Kupferindustrie? Lebten die Eltern noch und Gretchen? Wo war wohl mein Bruder?
Wo mögen all die Kameraden meiner Abteilung geblieben sein? Später hörte ich, daß nur ganz wenige übrig geblieben waren. Ob unser Oberstleutnant Klasing, der alte Haudegen, aus dem Schlammassel gekommen war? Und ob Schiezel aus Leipzig noch lebte und der kleine Götze und Piepel Stephan aus Limbach und Harry Rauscher aus Freital bei Dresden, unser Bubi? Und der schwarze Sommer aus München-Freising und der tapfere Anderl Kern, irgendwo aus Bayern? Oberwachtmeister Küffners oftmaliger Begleiter. Lebte Walter Mertens noch und Äffchen Kügler? Fragen, Fragen, Fragen. Wo waren meine Schulfreunde Ewald Klanert, Heinz Busch, Erich Große, Paul Gräber? Wo waren die Männer, mit denen ich auf Gedeih und Verderb zusammen war?

Es gab auch Leuteschinder. So z.B. Wm. Lutter aus Leipzig, der mich übel dressiert hatte. Vielleicht ist er in Gefangenschaft geraten und lernt dort, wie man sich ohne Untergebene behilft. Aber solche Typen sind die Ausnahme. - Ja, es ist nichts berauschender, als Macht zu genießen.
-.-.-
Nach etwa drei Wochen mußte das Lazerett in Liegnitz geräumt werden. Aber im Radio hörte man immer noch die Parolen vom Endsieg. Wir wurden wieder verladen.
Tetetetet-teetetetet: HALT. Fliegeralarm!
Das war für uns Ostleute etwas Neues. Weiter - halt - weiter quer durch Deutschland. In Forbach bei Saarbrücken wurden wir ausgeladen. Ein Reservelazarett in einer ehemaligen Schule, dreistöckig.
Milchsuppen, Fliegeralarm, Visiten, Milchsuppen, Fliegeralarm.....
Allmählich wurde mein Körper wieder normal. Zehn Betten standen in unserem Zimmer. Unsere Schwester hieß Anneliese, war schwarz und zierlich und kam aus Berlin. Ich dachte manchmal an unsere Schwester in Liegnitz. Sie kam einmal in Zivil in unser Zimmer. Ein Geschöpf wie Nußpipsschokolade! Hellblond, lockig, das Haar zu einem Mozartzopf eingeflochten. Ein Mädchen wie aus Tausendundeinernacht. Aber wir waren alle schlapp wie die Wanzen. -

Um unser Lazarett war ein hoher, eiserner Zaun. Es gab pro Tag 6 Verpflegungszigaretten. Ich verschenkte meine. Ganz dich am Zaun befand sich ein Tabaksfeld. Und viele Kameraden rauchten stark. Also, ein Freiwilliger im Nachthemd, ein Gürtel darüber geschnallt kletterte im Dunkeln über die Einzäunung. Er stopfte den Hemdsack voll der unteren Blätter. Ja, aber wie nun den Tabak schnell trocken bringen? Landser sind erfinderisch. Einer mußte Leibschmerzen vortäuschen und den Schwitzkasten anfordern - das ist so ein halbrundes Holzgestell mit vielen elektrischen Birnen. So, nun eine Zeitung aufs Bettlaken, den Tabak aufgeschichtet und das Gerät darüber gestülpt. In einer Stunde war es dürr. Aber nur bei weit geöffnetem Fenster konnten wir Nichtraucher den Duft ertragen. Noch gestern hatte der Vogel auf dem Tabak gepfiffen, heute war er schon Asche.

Wie oft war ich im Schlaf in Rußlands Weiten? Immer wieder sah ich das Grauen vor mir. Es waren doch zu viele Kameraden gefallen. Der Sani-Offizier, der immer lächelte, hatte sich nach seiner schweren Verwundung wieder an die Front gemeldet. Lange schon trug er das EKI. Ein Hoden war ihm durch Granatsplitter abgerissen. Er meinte, was soll ich noch auf dieser Welt? Er fiel im Juni 44. Oder Ernst Hirschmann, zuletzt noch zum Uffz. befördert, ein alter Hase bei den Fernsprechern. Bei Tag und Nacht bei Rabbatz auf Störungssuche. Ernst klebte immer vor Dreck, weil die Fernsprecher besonders bei Nacht an der Erde lagen und das von Einschlägen fortgeschleuderte andere Ende der Leitung suchen mußten. Entweder zwang sie Beschuß oder Dunkelheit zu dem vielen kriechen. Wir lächelten immer, wenn Ernst Post von daheim erhielt. Seine Briefe waren adressiert an E.H. den Jüngeren. Absender war sein Vater, E.H. der Ältere. Nun wartete die Braut von dem „Jüngeren" vergeblich auch die Hochzeit. - Oder unser Hauptmann Hoydn, ein Ostmärker, für den wir durchs Feuer gingen. Ein Frontschwein wie Sepp Kramer. Er war schon sehr lange Hauptmann und wurde wahrscheinlich nicht befördert, weil er es sehr mit den einfachen Soldaten hielt. Er war klein und untersetzt und hatte daheim sechs oder sieben Kinder. Jeden Mann, den er einsetzen mußte, überlegte er sich. Viele waren es ohnehin nicht, weil die Einheiten lange nicht mehr kriegsstark waren. Sein Wort war: Manderln, duckts enk. Und wenns eich erwischt, dann hatts das Herrgottl so gewollt." Ihn hatte es auch erwischt.

Wie mochte es daheim aussehen? Bei der Bank? Wo mögen alle sein, derer ich mich so gerne erinnerte? Ob meine Mitschülerinnen noch lebten? Anneli Berdrow mit der kleinen Stupsnase, Riekchen Bollmann mit den langen dünnen Zöpfen, Gretchen Burkhard aus Paßbruch? Ob sie schon verheiratet waren? Wie fein hatten wir doch Schülerfreundschaft untereinander gehalten, wir Jungs mit den Mädchen unserer Klasse. Wie lange war das eigentlich schon her? Indes, auch mich wartete Genesungs- und Einsatzurlaub. Weshalb war gerade ich durch so viel Not und Gefahr entkommen? Stille Fragen.

Es war Spätsommer. Auch hier in Forbach schien die Sonne und trotz allem Übel, das der Krieg brachte, blühten Blumen. Die Schwester hatte einen schönen Strauß auf unseren Tisch gestellt. Aber auch die beiden großen Aluminium-Kannen - eine davon diente in der Früh zum Kaffeefassen - standen allbendlich mit auf dem Tisch. Laut Befehl mußten sie mit Wasser gefüllt sein als Lösch- wasser bei einer eventuellen Bombardierung. Der jeweilige Stubendienst mußte die Kannen gegen 18.00 Uhr gefüllt hoch tragen. In der Früh wurde das Wasser zum Waschen benutzt. Ich selbst war noch meistens zu bettlägrig. Die Fiebertafeln mit den bekannten Zick-Zacklinien in rot und blau und v.a.m lagen gestapelt auf diesem Tisch. Sie waren auf dünne, violette Pappe gesteckt. In der Früh des nächsten Tages sollte Chef-Visite sein. - Doch das Unglück schreitet schnell: Einer der Männer wollte sich am Abend ein Trinkglas voll Wasser aus einer Kanne nehmen. Grölt der Stu- bendienst: „Wenn du Wasser brauchst, hol dir was von unten!" Darauf der Durstige: „Wenn du deine Fresse nicht hälst, kippe ich dir das Wasser in die Lawwe!" „Ach, du traust dich doch nicht!" So ging das hin und her. Er traute sich aber doch und schüttete den Stubendienstler voll. Der, nicht faul, packte die Kanne und goß sie dem anderen über den Körper. - Alles johlte. - Aber das meiste Wasser hatten die Fiebertafeln abbekommen. In kurzer Zeit waren alle Eintragungen darauf verlaufen und unleserlich. Was nun? Der Schwitzkasten mußte her. Die Dinger trockneten zwar, waren nun aber gewölbt und unleserlich. - Als Schwester Anneliese früh kam, weinte sie bitterlich über unsere Ungezogenheit. Sie hatte ja eigentlich auch recht. Selbst, als sie die Dinger auf einen Stuhl legte und sich draufsetzte, half das nichts. Schon kam der Chef mit großem Gefolge. Unsere „Liebe" hatte noch immer verweinte Augen. - Ein böser Blick des Gestrengen und

die Frage, was das sei? Es lag ungeheure Spannung im Raum. Die Rettung kam aus der hinteren Ecke, die sonst immer still war. Der hagere, übergroße Gustav hatte einen schweren Sprachfehler. Er stotterte ganz schlimm. Er richtete sich in seinem Bett zur ganzen Größe seines Oberkörpers auf und fing an: „Herr, Herr - das Wort 'Oberstabsarzt war zu schwer - d d das Fenster g g ging auf und d d die T türe und da ist d d die Blblblumenvase umgekippt und ddda is alles g g g ekommen!"
Der Chef hielt sich sein Taschentuch vor den Mund und verließ gar schnell mit seinem Gefolge das Zimmer. Wir meinten, er hätte sich das Lachen verbissen. Der sonst so stille Gustav hatte die Situation gerettet. Er bekam zu Mittag zwei Portionen Kompott von Annelieschen.

Ich durfte aufstehen. Hinter dem Tabakfeld war ein großer Plan goldgelber Hafer. Es war ein Dreieck. Da, der Bauer bindert. Drei Pferde waren eingespannt. Weil er allein war, mußte er an jeder Ecke anhalten und einige Bunde zur Seite legen, damit die Pferde die wertvollen Ähren nicht zertraten. Vielleicht waren die Bauern- söhne eingezogen? Egal, mich juckte es in den Fingern. Ich lieh mir von einem Kameraden eine schwarze Turnhose, steckte mein langes Nachthemd rein und - ein Satz über den Zaun und ich konnte dem überraschten Bauern helfen. Welche Musik war das Geräusch des Selbstbinders, wenn das Messer die trockenen Halme schnitt, die Tücher das Getreide bis an den Knüpfer förderten und der Auswerfer ein fertiges Bund freigab! Das war Arbeit für friedliche Zwecke. Hafer gab Flocken für die Kleinkinder und Futter für die Tiere. Ich war glücklich und vergaß Zeit und Raum. Ich lenkte die drei Rosse und der Bauer bediente den Binder. Zum Feierabend wurde ich mit auf den Hof eingeladen. Dort gab es Weißbrot, selbstgemachte Butter und Wein. Ich wusch mich ein bißchen und lief zurück zum Lazarett. Es war schon dunkel. Will es der Teufel - mich erwischt der Unteroffizier vom Dienst, als ich über den Zaun klettere. Natürlich meldete mich dieser Spießer! Vielleicht war er ein Garnisonheld? In der Frühe tauschte die liebe Anneliese mein recht schmutziges Nachthemd gegen ein frisches um. - Der Oberstabarzt, zugleich auch Standortältester von Forbach, war als furcht- bar streng bekannt. Wir waren im Saargebiet. Da war Spionage Trumpf. Wie leicht plauderten Landser u n d Offiziere bei einem Liebesstündchen Dinge aus, die militärische Geheimnisse waren! Frankreich war nah. Deshalb gab es ein strenges Ausgehverbot für alle Wehrmachtsangehörigen.
Ich mußte also zum Rapport. Die Kameraden prophezeiten mir, Mann, dein Genesungsurlaub ist im Eimer! Nur weil ich dem hohen Herren glaubhaft nachweisen konnte, daß ich bei dem Bauern und nicht in Gaststätten oder bei leichten Mädchen war, kam ich mit einem blauen Auge davon.
Weil ich mich so stark für Landwirtschaft interessierte, werde man mir eine entsprechende Beschäftigung verschaffen: am Nachmittag durfte ich auf dem Hofe aus den fugen des Granitpflasters das kleine, kurze, sogenannte 'Gänsegras' rupfen. An guten Ratschlägen von Landsern, die aus den Fenstern schauten, fehlte es mir nicht. Aber am nächsten Tag wurde ich entlassen.   E n d l i c h   U r l a u b !

Mit deutscher Präzision hatte man meine Reiterpacktasche mit den wenigen Habseligkeiten stets von Lazarett zu Lazarett mitgegeben. Jetzt, bei der Entlassung, mußte alles Wehrmachtsgut abgegeben werden. Mit List (und Angst) schmuggelte ich meine Packtasche durch. Ich hatte einen Zinnlöffel und den geflochtenen Züge, einen Rasierapparat (aus einer Spende), einen dünn gewordenen Rasierpinsel und zwei Bleistifte. Zügel und Löffel waren das, was ich für mich im Kriege „erbeutet" hatte. - Es soll Leute gegeben haben, die Gardinen, Seife, Schokolade, Silberbesteck, Schmuck und vieles andere mehr „organisiert" und heimgeschickt haben. Wir Landser von der Ostfront waren froh, das nackte Leben zu besitzen.

Mit Laufzettel und neuer Einkleidung war mein Lazarettaufenthalt beendet. Die Fahrt durchs Reich war kein Genuß. Fast alle Bahnhöfe waren zerbomt, überall standen ausgebrannte Waggons, defekte Lokomotiven, Schrott. „Alle Räder müssen rollen für den Sieg" war kaum noch zu lesen an den Loks. Schmutz deckte zu, was eh nur noch wenige glaubten. Daheim war natürlich die Freude über mein Kommen riesengroß. Leider vergehen aber auch 28 Tage sehr schnell. Mein Gretchen war derselben Meinung. Bei Besuchen in meinem Bekanntenkreis stellte ich fest, daß viele gefallen waren. Es herrschte gedrückte Stimmung.

Ein neues Kapitel meiner Soldatenzeit begann. In Nordholland, in der Provinz Hollands, Groningen, wurden neue, sogenannte Volksgrenadierdivisionen aus Ostkämpfern zusammengestellt. Ein General namens Unruh hatte alle Lazarette nach Rußlandsoldaten absuchen lassen. Ich kam zur 256. VGD unter Generalleutnant Franz. Unser taktisches Zeichen war ein auf den Kopf gestellter Bogen. Was war ich doch schon alles? Angehöriger eines Reiterregiments, einer Aufklärungsabteilung, dann, als wir unsere Pferde los waren, nannten wir uns ulkiger Weise „Schnelle Abteilung". Dann wurden wir Div.Füs.Batl. u.a. Und jetzt war ich also Volks-Grenadier! Ich kam zum Nachrichtenzug unter Unteroffizier Papendieck aus Leipzig. Wir hatten wieder Dora-Funkgeräte und neue Funksprechgeräte. In Winsum, einem kleinen Landstädtchen, war unser Standort. Von den holländischen Bauern wurden deren beste Pferde requiriert. Tags waren sie auf einer Koppel, nachts in einer großen Scheune unter- gebracht.

Holland ist ein herrliches, sauberes Land. Neben guten Asphaltstraßen waren Kanäle angelegt. Vor den gepflegten Häusern waren Vorgärten mit Blumen und Ziergrün. In den kleinen Zimmern der Häuser Kissen und Blumen. - - - Und nun sollte ich dieses schöne Land mit meinen Kommißstiefeln zertreten.

Die Bevölkerung verhielt sich reserviert. Das ist verständlich nach so langer Besatzungszeit. Ich sah noch niemals so viele Fahrräder auf den Straßen wie in Holland. Es schien, als kämen die Kinder schon mit einem Velo zur Welt. In einem abseits stehenden Haus fand ich ein nettes altes Paar. Der Bauer hieß Bartels Goldhoorn. Dort bekam ich öfter mal eine Tasse Milch.

Die Pferde waren noch nicht in die Pferdestammrolle aufgenommen. Ein Schimmel war recht unfreundlich zu den Menschen, die wohl im Zivilberuf Schneider oder Bäcker waren und keine Ahnung hatten vom Umgang mit Pferden.

Weil die Schimmelstute gar so garstig quiekte, wurde sie oft, aus sicherer Entfernung natürlich, mit der Mistgabel geneckt und dadurch immer böser. Sie bekam nur Heu und kaum Wasser. Sie biß um sich und wurde immer grantiger. Im Nachrichtenzug wollte keiner den Gerätewagen fahren. Jeder sagte sich, da muß ich ja noch zusätzlich das Pferd versorgen. Ich meldete mich dann freiwillig als Fahrer. Der Futtermmeister, Unteroffizier Weiß, wollte eines nachts die Stute erschießen und in den Kanal werfen. Um 200 Marketender-Zigaretten handelte ich ihm den Schimmel ab. „Komm mir dann aber nicht, daß du einen anderen Bock haben willst", sagte der Futtrich. Schon das Verpassen des Sielengeschirrs war ein Zirkusstück. Ich erhielt so einen kleinen Kastenwagen, wie ihn die Gärtner benutzen, wenn sie ihre Erzeugnisse auf den Markt fahren. Es war keine Bremse dran, denn hier gab es keine Berge. Außerdem ist zum Aufhalten ein Umgang an den Sielengeschirren dran.

Mit Brot und Zucker schloß ich allmählich Freundschaft mit dem Pferd. Beim Anspannen brauchte ich zwei Mann zur Hilfe. Sie mußten den Wagen vorsichtig von hinten ranschieben, ohn daß die Schere an die Pferdebeine kam. Sonst schmiß der Schimmel tüchtig. Oft rissen meine Helfer aus wegen der Mistkrücke.

Das Tier war etwa 8-jährig, ein langschweifiger Apfelschimmel mit breiter Brust und starken Sehnen. Hinten hatte er zwei steile Wände. Beim Putzen war er sehr kitzelig und schnappte oft nach mir. Er war nicht direkt weiß, eher schmutzighellgrau. Aber wie ich bald feststellen konnte, hatte er einen ungeheuer freien Schritt und war zäh wie eine Katze.

Es war wohl bei Tilburg oder Nymwegen, wo wir zuerst zum Einsatz kamen. Es gab große Verluste durch Luftwaffe und Ari. Wir merkten gleich, daß hier eine ständige Bedrohung aus der Luft kam; im Gegensatz zur Ostfront, wo nur selten Feindflugzeuge erschienen. Auch der Materialeinsatz erschien hier geballter. Jedoch war Hoffnung, mit dem Leben davonzukommen, wenn man verwundet in Gefangenschaft geriet. Laut nationalsozialistischer Propaganda wurden ja von den Russen Verwundete nicht behandelt, sondern erschossen. Aber das waren nur Ausnahmefälle. Welche Kriegpartei hielt immer und überall die Genfer Konvention buchstabengetreu ein??? Auf jeden Fall bedrückte einen hier nicht die Weite des unendlichen Rußlands.

Dann tobten Kämpfe am Waal. Das ist einer der Arme vom Rheindelta. Ich denke, eine Stadt hieß Gronichen. Hier verbarg ich mich tagsüber mit meinem Schimmel in einer Gastwirtschaft. Die Jagdbomber - Jabos - waren ständig da. Nachts sollte ich mit einer Fähre übersetzen, um Nachrichten-Geräte, Batterien usw. vorzubringen. In der Gaststube waren viele Zivilisten - die wohl alle darauf warteten, daß der Krieg ein Ende hätte. Sie trugen gestrickte Pudelmützen und schwarze Lederol-Jacken. Einer sprach mich an, ob ich eine Frau mit einem Säugling mit „rüber" nehmen würde. Ich wußte, daß das verboten war. Zivilisten durften nicht westwärts des Walls. Aber in der Gaststube war ich allein gegen sehr viele. Ich sagte darum: „Mal sehen".

Es war ja Herbst und wurde zeitig dunkel. Da war die Frau mit dem kleinen Bäberchen. Sie war groß, dunkelblond, warm angezogen. Das Kind trug sie in einem Umschlagtuch. Sie bat mich so herzlich, daß ich n u r ja sagen konnte. Wenn sie mich erwischten, drohte mir Schlimmes, z.B. der Vorwurf der Zusammenarbeit mit den „Untertauchern" - den Holländern, die sich verborgen hielten, um nicht zur Zwangsarbeit nach Deutschland deportiert zu werden. - Ich machte der Frau verständlich, daß sie sich flach auf meinen Wagen legen sollte unter der Plane. Falls das Kind sich muckste, solle sie ihm den Mund zuhalten, sonst... ich machte die Geste des Erschießens für sie und mich.

Wie konnte ich nur so ein Risiko eingehen? Warum? Es könnte doch eine Spionin sein. Ich weiß es nicht.

Die Fähre war ein breites plumpes Schiff: Krads, Pkw, Lkw, Fahrräder, Landser und ich mit meinem Schimmel-Fuhrwerk vertrauten sich der kleinen Besatzung an. Es waren Kriegsmarine-Soldaten. Alles war verdunkelt. Alles mußte schnell gehen. Vieles mußte in dieser Nacht hinüber und herüber. Es war eine ziemliche Strömung und ein rechter Wellengang. Nein, bei der Marine möchte ich nicht sein! Wasser hat keine Balken. Es gab aber Soldaten, denen ging es übler als mir. Nach ausgestandener Bangigkeit waren wir drüben. Die Ausfahrt war voller Schlamm. Ich fuhr mit meinem aufgeregten Schimmel hinter einen Lagerschuppen und ließ die Frau runter. Ich hätte mir nun meinen Lohn „nehmen" können, sie war ja in meiner Gewalt. Aber ich dachte: wenn ich so eine Schwester hätte in dieser Situation... manchmal geht es sonderlich zu in des Menschen Herz. Sie dankte mir und sogleich hatte sie die dunkle Nacht verschluckt.
Ich suchte nun anhand der vielen taktischen Wegweiser, die aufgestellt waren, meine Einheit. Überall Bewegung: nach vorn, nach hinten. Ich kam in eine Gegend, die total verschlammt war. Obwohl mein Gefährt oft bis an die Achsen im Schlamm stak, ließ mich mein Schimmel nicht im Stich. Schließlich hatte ich ihm auch für die kalten Nächte aus Gasplane eine Decke hergerichtet. Da mußte er ja auch ein bißchen dankbar dafür sein...
Ostwärts wurde am Tage übergesetzt. Die Fähre war übervoll. Plötzlich nahmen zwei Flugzeuge Kurs auf uns! Hier gab es keine Deckung - hier half nur Kopf einziehen und mit Glück rechnen. Der Steuermann nahm Kurs auf eine ganz kleine schmale Insel, wohl eine Art Sandbank. Wen bemerkte ich da? Hier, mitten im Wasser des Rheins war doch ein Trautmann aus meiner Heimatstadt Hettstedt. Er war hier Kradmelder bei einer Sani-Einheit. Zu Hause war er einer der ersten SA-Leute der Stadt, war Tambour-Major beim SA-Spielmannszug. Und wenn er mit breiten Schritten in braunen Stiefeln, den SA-Dolch weit von sich streckend, auf dem Bürgersteig kam, mußten die alten Leute auf die Fahrbahn treten. Sein Bruder war SA-Standartenführer. Trautmann sprang als erster von der Fähre, bis zum Bauch ins Wasser. Ich rief ihm zu: „Mensch, wir sind nicht mal getroffen und du scheißt vor Angst in die Hosen. Das ist hier ein bißchen anders als vor den Spielleuten zu marschieren!" Er schlotterte vor Angst. Es war ja keinem zum Lachen - aber das war ja eine Sorte Soldat! - Bald darauf fuhren uns die Matrosen heil an Land.

Bei einem Stellungswechsel legte ich mit meinem Schimmel laut Karte 116km zurück und hatte nur zum Füttern angehalten. Er war immer noch so keck, daß er nach jedem Fremden schnappte. Er lief ungern Trab, aber seine Schritte waren furchtbar raumgreifend. Die Ohren spielten unablässig. - Plötzlich wurden wir wieder verladen. Den Schimmel in den Waggon zu bringen, war ein Kunststück. Mit noch drei Kameraden und sieben anderen Pferden lebte ich im Güterwagen. Parolen gingen hin und her. Wir fuhren ins Reich. HALT! Fliegeralarm. Wieder weiter. Halt. Weiter. Uns war alles egal. Wir hatten einen Preßballen Heu, einen Ballen Stroh, zwei Sack Hafer, die Geschirre, unsere Ausrüstung - und - wenig Platz. Die Pferde standen mit der Hinterhand an den Wagengiebeln. An einem starken Tau waren sie angebunden, auf jeder Seite vier. Je länger wir fuhren, um so mehr dösten sie. Die Beine taten ihnen weh vom langen Stehen auf engem Raum. Hinlegen war unmöglich. Auch wir waren müde. Einer aber mußte immer wachen. Nachts gab eine verdunkelte Stallaterne fahles Licht. Durch diese Lampe bestand Brandgefahr. Also Vorsicht.

    Ein Kamerad, der Fritz, war ein Pierjonje bei Gleiwitz. Er hatte daheim Frau und zwei Kinder und betrieb eine kleine Landwirtschaft. Einmal hielten wir nicht auf freier Strecke, sondern auf einem ehemaligen Bahnhof. Masten, Gebäude, Signale, alles von Bomben zerstört, vom Feuer gefressen. Nur abseits die Toiletten standen noch unversehrt. Sogar die Wasserspülung funktionierte noch. Auch ein gußeiserner Ausguß war vorhanden. Über dem Wasserhahn war ein Schild: Kein Trinkwasser! - Die Landser standen an dem Örtchen Schlange. So vornehm war man ja lange nicht aus den Hosen gewesen. Am Wasserhahn wurde gewaschen, rasiert, die Drell-Tränke-Eimer gefüllt. Viele Pferde mußten getränkt werden. Und sie hatten großen Durst. Einer wusch sich auch die Füße, der andere den Allerwertesten, einer rubbelte seine Fußlappen aus. Noch immer hielt der Zug. Die Landser waren erfrischt auf die Waggons geklettert. Endlich fuhren wir weiter. Nach etwa 10 Minuten schob unser Fritz die Waggontür auf und die Hosen runter. „Mensch, schieb bloß die Tür zu! Alle waren aus den Hosen nur du nicht. Es war so viel Zeit und Gelegenheit". Da antwortete Fri-itz ganz aufgeregt: „Mensch, was kann ich scheißen, wenn ich nicht habe Appetit auf Scheißen!"- Wir haben dröhnend gelacht. Es war mal wieder echt oberschlesisch ausgedrückt. Fritze war ja auch sonst ein guter Kamerad. Von manchem bekam er zerdrückte Zigarren oder Zigaretten für seine gebogene Pfeife. „Fritze, du wirst mal hier den ganzen Popel noch anstecken mit deiner Pfeife. Dann brennt aber nicht nur unser Waggon, sondern der ganze Zug!"
Seine Antwort: „Was ist das egal. Sterb ich von die Granaten eine oder von die Feuer." - Uns war es aber nicht ganz egal. Wir fuhren durch die Pfalz. Endlich ausladen. Die Pferde waren aufgeregt und froh, endlich wieder die Beine zu gebrauchen. Es ging über den Rhein ins Elsaß.

    Der riesige Weißenburger Forst nahm uns auf. Es war Abend. Ich mußte mit meinem Nachrichtenwagen an einer Kreuzung warten, bis die Nachrichtenleute kamen und frisches Funkmaterial faßten. Allein mußte ich nun dem Gefechts-Troß nach. Das Dorf, wo ich hin sollte, hieß „Hatten". Endlich fand ich es. Der Posten rief schon von weitem: „Parole?" Ich wußte sie, konnte passieren. Jedoch waren in Hatten so viele Einheiten untergezogen, daß mir der Posten keine Auskunft über unseren Haufen geben konnte. Ich fuhr also fast durchs ganze Dorf. Aber nirgends sah ich die kleine dreieckige Blechfahne mit unserem taktischen Zeichen. Es war Mitternacht. Stille. Dunkelheit. - Da gewahrte ich zwischen zwei Fensterläden einen schwachen Lichtschein. Ich klopfte an die Haustür. Eine Frauenstimme fragte ängstlich: wer da?

„Aufmachen! Deutscher Soldat!" Die Tür wurde geöffnet. Ich wurde in die Stube gebeten. Eine Petroleumlampe hing von der Decke, von drei schwachen Kettchen gehalten, und verbreitete ein warmes, mattes Licht. Um den Tisch saßen eine weißhaarige Großmutter und ein Mann von etwa 55 Jahren, ein Mädchen von etwa sechzehn Jahren und eines von ca. 19 Jahren. Die stattliche Frau und Mutter stand an der Stubentür. Ich stellte mich vor und begrüßte alle der Reihe nach, das ältere Mädchen zuletzt. Da sprang es wie ein geheimer Gedanke, wie ein unsichtbarer Funke zwischen uns beiden über. Gab es das? Sie war so lieblich wie eine Fee. Der Händedruck, von den anderen wohl nicht bemerkt, hatte uns ganz zusammengebracht. Sie sprach den ganzen Abend kein Wort weiter. Ich erzählte die Situation, in der ich mich befand. Für meinen Schimmel fand ich Platz direkt neben dem gastlichen Haus in der Scheune einer sehr alten, schwerhörigen Witwe. Nachdem ich mein Pferd versorgt hatte, wurde ich an den Tisch gebeten. Das ganze Soldatengeschirr wurde abgeschnallt und ich war recht froh, mal wieder ein richtiges Dach über dem Kopf zu haben. Es wurde Weißbrot, geräucherte Rotwurst und Wein serviert. Der Mann war Weltkriegsteilnehmer gewesen und bald kam ein Gespräch in Gang. Indessen hatte die Hausfrau für mich ein provisorisches Lager bereitet. „Mein Mädchen" war ganz still verschwunden. Wir wußten aber beide, daß dies eine ganz seltsame Begegnung war. Man wünschte sich eine gute Nacht. -
Am Morgen suchte ich unseren Troß. Ich meldete, wo ich untergezogen war. Es sei zu weit weg vom Haufen! Doch nach hundert Einwänden durfte ich bleiben. Nachdem der Schimmel bestens versorgt war, testete ich erst mal, bei wem ich unter Dach war. Die Leute hatten eine kleine Landwirtschaft und Kohlenhandlung, eine braune, schwere Stute mit Namen Lisett und zwei Simmentaler Kühe. Es war Familie Charles M. Die jüngere Tochter hieß Irene, die „meine" hieß Lina. Sie war in meiner Größe, hatte dunkle Augen und dunkles Haar. Man rief sie Linchen. Natürlich versuchte ich, in ihrer Nähe zu sein. Es war eine Glückseligkeit, wie sie wohl nur ganz wenige Menschen in ihrer ganzen Tiefe und Erhabenheit erlebt haben. Als es dunkelte, trafen wir uns vor der Haustür. Es war Vollmond. Zeit und Raum waren zum Nichts geworden. -
Dieses edle Menschenkind war voller Vertrauen zu mir. Wir sprachen nicht viel. Sie erzählte mir nur, daß sie ihr Vater einem viel älteren Bäckermeister versprochen habe. Es war, als zöge uns ein Magnet zusammen. Wir küßten uns. Schuldig bin ich in sofern an ihr geworden, daß ich ihr nichts von Gretchen erzählte. Doch wer

wollte über mich richten? Ich war in der Blüte meiner Jugend. Und, vielleicht, im Morgenrot schon tot. Voller Stolz kann ich beim Lichte meiner Augen sagen, daß ich mich selbst besiegte. Ich konnte ihr einfach nichts tun. Es war alles so wunderbar, so voller Vertrauen, so unbeschreiblich schön. Es wäre ein Verbrechen gewesen, wenn ich mir genommen hätte, was ich mir vielleicht hätte erbitten können.

Noch einen Tag konnten wir zusammen sein. Ich kann die Stunden nicht beschreiben, die so schnell verrannen. - In den Abendstunden wurde Stellungswechsel befohlen.

Von dem Großel, der Großmutter, bekam ich eine Tüte Walnüsse, von der Mutter 2 Taschentücher, ein Paar Strümpfe und ein Paar Fußlappen. Von Linchen einen Karton mit bester Verpflegung. Ich sollte des Nachts zurückkommen, Sie wollten mich die paar Tage verbergen, bis der Ami käme.

Doch dies konnte ich aus zwei Gründen nicht tun:

    1.) Ich war ein deutscher Soldat!
    2.) - da war noch Gretchen

Die Mutter, weise und spürend, wie nur Mütter sein können, sagte zum Abschied: „Heinz, Sie gehen nicht nur von uns allen fort, Sie nehmen auch Linchens Herz mit"

Warum war Krieg?

Bei knisternder Kälte und kniehohem Schnee marschierten wir am 29. Dezember 1944 bei Bärental in der Nähe von Bitsch in die Bereitstellung. In einen hohen Berg waren Kasematten getrieben, die das ganze Battaillon mühelos verschluckten. Etwa 35km war die müde Truppe marschiert. Seelenlos, vom Befehl getrieben, im Gänsemarsch, schlichen wir abgekämpften Soldaten einer hinter dem anderen her. Jeder hatte schwer zu tragen. Ich war seit Hatten mit meinem Schimmel stets in der HKL. Er war äußerst geländegängig und Schußfest. Anstelle des holländischen Tafelwagens hatte ich jetzt einen F-8-Karren. Das war ein zweirädriges Gefährt mit Eisenrädern und einer zusammenlegbaren Schere aus Eisenrohr. Der Blechkasten war etwa 1,40m lang, 1m breit und 70cm hoch. Am hinteren Giebel war eine Anhängevorrichtung. An die konnte man, einem Eisenbahnzuge gleich, Anhänger an Anhänger koppeln. Auf guter Straße hatte ich drei, jetzt zwei Wagen wegen Eis und Schnee und den vielen Bergen. In dem einen waren Funkgeräte und Zubehör, in dem anderen noch ein Funkgerät und Brote und Notverpflegung für die Truppe verladen, z.B. Erbsen mit Fleisch in Dosen & Esbitkocher. Es war Nacht geworden, ehe wir an die Steilhöhe kamen. Überall Hochwald. Ich sagte meinem Unteroffizier, daß ich einen Wagen abhängen müsse. Es sei zu schwer für das Pferd. Da meinte Papendieck, dieser Arsch mit Ohren, dieser Pfeifenkopf aus der Großstadt, die Kameraden sollten schieben. Doch die waren alle ausgepumpt bis aufs Weißbluten. Also, ich hängte doch einen Wagen ab.

Es war schon eine Überanstrengung für meinen braven Schimmel, e i n e n Wagen hoch zu schaffen. Schnee und Laub hemmten das Fortkommen in einem bösen Hohlweg.
Als ich den zweiten Wagen holen wollte, war das Funkgerät samt den Erbsen gestohlen! O weh! Natürlich meldete der Kapo den Verlust gleich an das Regiment, anstatt dies erst mal unserem prima Hauptmann Saalfrank zu sagen. D a s gab eine Aufregung. Am 30.12. sollten wir angreifen. Zum Glück wurde der Angriff um 24 Stdn verschoben und ein anderes Gerät konnte zwischenzeitlich besorgt werden. Wir lagen also in dem Berg, der ausgehöhlt war wie ein Schweizer Käse. Während in den langen dunklen Gängen eiskalter Luftzug war, ließ es sich in den einzelnen Grotten ganz gut leben. Die Beleuchtung bestand aus Hindenburgkerzen. An die hatte ich stets eine böse Erinnerung. Wenn man den Docht in der kleinen mit Brenntalg gefüllten Pappschachtel anzündete, wurde der Talg flüssig und heiß. Wir lagen damals in Rußland ein einem engen Loch und konnten uns nur ganz wenig bewegen. Mein Kumpel rannte versehentlich die in einem Erdlöchlein stehende Kerze um, die hinter uns brannte. Mir lief das heiße Zeug in die Haare, verbrannte mir ein Stück Kopfhaut. Andernstags sah ich mit dem erstarrten Talg in den Haaren aus wie ein Indianerhäupt- ling. Hugo Hilpmann schnitt mir die Haarbüschel mit einer Fingernagelschere aus.

Alle Waffen wurden nochmals gereinigt, MG-Munition gegurtet, Eierhandgranaten verteilt usw. Irgend ein Offizier, der aus den Hosen mußte, wurde bei der not- wenigen Beschäftigung durch Granatsplitter von Baumkrepierern schwer verwundet. Ansonsten konnten wir ja nicht direkt beschossen werden in unserer Hinterhangstellung.

Es war Sylvester. Wieder ging ein Jahr zu Ende. Es war ein bitteres Kriegsjahr für uns und auch für unsere Gegner. Ach, hätte sich Deutschland doch nicht so viel Schuld aufgeladen: die Judenfrage, die schlechte Behandlung der Zivilbevölkerung in allen besetzten Gebieten, die Eigenmächtigkeiten der kleinen Hitler im In- und Ausland, die Beschnüffelung kritischer Bürger - alles wäre leichter zu ertragen, wie besser wären die Zukunftsaussichten.
Viele Feldpostbriefe wurden an jenem Tag geschrieben. Wir, die 256. Volks-Grenadierdivision unter Generalleutnant Franz, sollten um 23.05 angreifen - 55 Minuten vor der Jahreswende. Während ansonsten Wasser für den Sylvesterpunch heiß gemacht wurde, sollten wir ausgemergelten Männer im Sturmangriff amerikanische Stellungen erobern und westwärts vorstoßen bis zu den Punkten, die der deutsche Generalstab mit schwarzweißen Fähnchen in seinen Karten markiert hatte.
Auch ich war, ohne meinen Schimmel, den ein älterer Kamerad in Obhut nahm, mit zum Angriff befohlen. Es war eine sternklare, dennoch dunkle, eisige Nacht, in der wir uns fast lautlos formierten. Eine letzte Zigarette rauchten die Landser. Gegen 21.45 schleppten wir uns durch den kniehohen Schnee, der vor Kälte richtig sang, im Gänsemarsch in die Ausgangsstellungen. Von Schweiß triefend lagen wir

im Schnee, um die eigene Artillerievorbereitung über uns ergehen zu lassen. Wenn sie doch nur stundenlang schießen würden! Aber es waren wohl nur Minuten --- oder Sekunden? Grausam ist solche Spannung. Pünktlich 23.05 - die Uhren waren genau abgestimmt worden mit der Ari und den höheren Stäben - ging die erste Welle vor. Schon während unserer Ari-Vorbereitung waren unsere Pioniere mit ihren Drahtscheren vorgerobbt und hatten Lücken in die feindlichen Stacheldrahtverhaue geschnitten. Das ist eine böse Aufgabe, auf dem Rücken zu liegen und die Wirrnisse zu lichten. - Und schon gingen die ersten feindlichen Leuchtkugeln hoch und im Glitzern des Schnees hob sich alles Dunkle ab wie Schokoladenstreusel auf einem Zuckerguß.

Die Amerikaner schossen mit allen Kalibern und Infanteriewaffen. Ihre Materialüberlegenheit war geahnt groß. Es wurde ein furchtbares Blutbad. Ich gehörte zur dritten und letzten Angriffswelle. Schwarz vom Pulver hoben sich die Granattrichter vom Schnee ab wie riesengroße Regenschirme. Es surrte, zischte, stank, dröhnte und bebte. Was ist der Mensch in solch einem Wüten des Materials, das man geschaffen hat, Leben auszulöschen?

Um 01.45 war unser Bataillon restlos und sinnlos im stärksten Abwehrfeuer des Gegners zerschlagen. Überall schrien Verwundete. Ihnen fror das Blut gleich beim Auslaufen und erhöhte so noch den Wundschmerz. Es war gräßlich.
 Im Morgengrauen robbten wir zurück: Rest: 27 Seelen!
Und keinen Meter Bodengewinn erzielt. Wohl hatte der Feind auch Verluste, aber was half u n s das? Für gar viele Kameraden war der Jahreswechsel die Scheide vom Leben in den Tod geworden. Vielleicht lautete der Wehrmachtsbericht: „Im Westen kämpfen unsere Truppen hoffnungsvoll um den Endsieg!"
 War nicht alles sinnlos? Wir waren doch so müde, körperlich und geistig. Wie schon müßte es sein, einfach einzuschneien. Erfrieren war vielleicht schmerzloser als ein Bauchschuß? Oder überzulaufen? Sich in irgendeinem Gefangenenlager auszuschlafen, vielleicht auch satt zu essen??

 Wie viele Gefallene lagen nun im Niemandsland? Gewiß werden sie als vermißt gemeldet und Frauen, Mütter und Bräute leben in verzehrender Hoffnung. Väter werden weißhaarig und verschlossen, weil sie vielleicht aus eigenem Erleben 1914-18 wissen, was „vermißt" heißt.
 In Rußland begriffen wir den russischen Soldaten, der für seine Heimat kämpft. Aber wir konnten die amerikanischen Soldaten nicht verstehen. Sie waren hier auf völlig fremder Erde. Mit ihrer Überlegenheit an Ausrüstung, Verpflegung, Motorisierung, Luftwaffe und Ari war es für sie doch wohl nur ein besseres Manöver, hier gegen uns zu stehen. Aber auch dort war Befehl eben Befehl.
 Wir wurden mit den Resten anderer Einheiten zusammengeworfen. Bald würde es in einen neuen Schlamassel gehen. Aber überlaufen, nein, das konnte man nicht. Man war deutscher Soldat! Und für den gab es nur Befehl und Pflichterfüllung.
 Immer wieder fiel mir jenes Wort aus der Schule ein: Man liebt den Verrat, aber

man haßt den Verräter. - Viel später erst merkten wir, w i e w i r von unserer Führung verraten und mißbraucht worden waren.

Man hatte eben das Gefühl, daß eben weiter ging, auch ohne Hoffnung, ohne Zukunft. Ich konnte meinen Schimmel wieder in Empfang nehmen und die beiden Wagen. Wir kamen in eine zerschossene Ortschaft. Außer den lästigen Fliegern - meist Jabos - hatten wir für zwei oder drei Tage Ruhe. Dann marschierten wir in eine neue Stellung, um die Reste der SS-Div. „Reinhard Heydrich" abzulösen. Diese war mit ihren Muli-Tragtieren aus Karelien hierher gekommen und auch völlig aufgerieben. Doch auch jetzt, bei der Stellungsübergabe, war eine arge Kühle zwischen unseren Offizieren und denen der SS, die sehr bezeichnend war. Die SS-Leute waren lauter junge Burschen, die aussahen, als ließen sie GOTT einen guten alten Mann sein und den Sperling einen Vogel.

Wir sollten uns um ihre Gefallenen kümmern. Das lehnten unsere Offiziere ab. So blieb ein Restkommando der SS vor Ort und beförderte die starr Gefrorenen ins Tal. Wie, möchte ich nicht schildern. Als wir dann mit Zivilisten zusammen kamen, die in den verwüsteten Dörfern geblieben waren, wurden wir wie Befreier angesehen. Schändlich, wie sich die SS-Verbände benommen hatten. Und das in deutschen Landen: Nähmaschinen zum Fenster rausgeworfen, Betten aufgeschlitzt, Vorräte unbrauchbar gemacht, von anderen Schweinereien ganz zu schweigen. Ihre Drohung war immer das Er- schießen. Das bei einer Bevölkerung, die schon seit 1937 RAD, Organisation Todt, Wehrmacht u.a. ertragen mußte durch den Westwall-Bau.

Nun wurde die Futterversorgung für den Schimmel immer schwieriger. Entweder waren die Gehöfte ausgebrannt oder die verbliebenen Bauern litten selbst Not. Einmal holte ich auf eigene Verantwortung Heu aus dem Niemandsland. Es ging alles gut. Reguläre Fourage gab es selten. Also war man Selbstversorger. Besonders bei Verwundetentransporten wurde das arme Tier völlig überlastet. Manchmal hatte es auch gute Tage. Gegen Fremde war es immer noch unleidlich. Man hatte dem Pferd wahrscheinlich viel Böses angetan, das es nicht überwinden konnte. Was den Kameraden wertvoll war, brachten sie bei Rast zu mir in die Nähe von Schimmel. Es war dort so sicher wie vor einer Hundehütte. Bemerkt sei nämlich, daß die Leute von unserer Ari mausten wie die Raben. Einmal wollte mir der Stabs-Veterinär den Schimmel abnehmen, um ihn in seinen Dogcart zu spannen. Ich sagte ihm, das Pferd sei keine Traber und es sei unleidlich. Was half's, ich mußte es doch vorführen.

Als ob er es ahnte, bleckte er seine gelben Zähne, legte die Ohren an und hob sich auf die Hinterhand. Mit der Beschlagnahme wurde es nichts. Er bekam daraufhin von mir ein halbes Kommißbrot. So ein Roß!

Am 31. Januar mußte ich das treue Tier wegen Nierenverschlag zur Veterinär-Kompanie abgeben. Ich bot den Männern 200 Zigaretten, wenn sie ihn mir wieder gesund machten. Ich habe den Schimmel aber nie wieder gesehen. Ob er den Fangschuß hinter das Ohr bekam? Er war ein ganz echtes Frontpferd gewesen, fast immer in der HKL und ein zuverlässiger Kamerad.

Einmal war ich sogar mit ihm über einen Laufgraben gesprungen mitsamt dem Wagen. Solange die Erde nicht gefroren war, hatte ich ihm öfter einen Splitterschutz aus- geschachtet und er blieb auch folgsam darin stehen, obgleich er sich kaum bewegen konnte. An einer Landstraße kamen wir einmal in heftiges Ari-Feuer. Ich hatte mich an einem Chausseebaum in den flachen Graben gelegt und hielt das Pferd kurz am Kopf. Wie schreckte das Tier bei den Einschlägen zusammen und preßte seinen Kopf an den Baum, als wolle es sich schützen. Die Nüstern waren groß und rot. Das Feuer der Einschläge, dieser superhelle Schein, und der Geruch des Pulvers machten es nervös.
Gequälte, mißbrauchte, stumme Kreatur.

Irgendwoher bekam ich einen Dunkelfuchs. Trotz der fünf Kriegsjahre war er kugelrund und kaum größer als ein Panjepferd, langschweifig, ohne Abzeichen. ich nannte ihn Seppl. Er war ein Wallach, ein bißchen faul, aber lammfromm.
Ich glaube, es war in der Nähe von Saarburg. Mit Seppel kam ich des Nachts beim Gefechtstroß an, denn wegen der Flieger wurde gewöhnlich nur nachts gefahren. Über Tag mußte ich fliegergerecht untergezogen sein. Der Futtermeister Weiß und Obergefreiter Meyer, ein dicker Linkshänder, gingen einen Fleck für Seppel suchen. In einem Garten stand eine Wellblech-Garage. Das wäre ein prima Stall für ein so kleines Pferd. Als die beiden das Schloß erbrochen hatten, war dort die Verpflegungsstelle einer Flakeinheit, kenntlich an einer dort hängenden Uniformbluse. Eine Taschenlampe hatten die Kundschafter mit. Und Meyer hatte immer eine Zeltbahn am Koppel für den Fall, daß es etwas „zum Organisieren" gab - das ist der Fachausdruck für militärisches Stehlen. Dort lagerten also Graupen, Erbsen, Bohnen, aber kein Brot und kein Zucker, auf den alle Landser scharf waren. Aber an zwei Stangen hingen Würste an der Decke. Meyer knüpfte die Zeltbahn zu einem Behälter und packte ein, was an Würsten zu tragen war. Also beladen kamen die beiden an. Seppel konnte noch zu einigen anderen Pferden gestellt werden. Heu war genug vorhanden. Alle Kameraden bekamen eine Wurst auf die Faust. Es war eine Bierwurst im Darm, etwa wie Schinken- wurst. Natürlich fehlte Gewürz dran. Da saßen wir also zu sieben oder acht Mann im Morgengrauen im Heu und jeder hatte eine Wurst vor sich wie eine Blockflöte. So ein Exemplar war etwa 8cm dick und 40 cm lang. Wir haben einmütig festgestellt, daß der Mensch eher ein eitles Kommißbrot essen kann als eine eitle Wurst. Noch dazu ohne Salz und Mostrich. Wir alle waren knuddeldick und jeder hatte noch einen Rest übrig. Die anderen Würste wurden aufgehoben. Meyer mußte mit seinen schweren, gut gepflegten Füchsen Verpflegung an die Front fahren. Wie wir von Zivilisten erfuhren, hatte der Ortsbauernführer seinen Boden voller Hafer. Der Futtrich und ich verwik- kelten ihn in ein Gespräch. Wir schimpften mit ihm über die Mauserei der Organisation Todt, des Reichsarbeitsdienstes und mancher Wehrmachtsteile. Indessen schleppte Meyer zwei große Säcke voll Hafer über die Hintertreppe auf seinen Wagen und packte Kommißbrot drauf. Es war aber in der Zeit schlammig und an den Fußstapfen im Haus und auf der Treppe hatte der Geizhals den Diebstahl alsbald bemerkt. Er alarmierte die Feldgendamerie. Die war

überall da, wo nicht geschossen wurde. Alle Gespanne wurden systematisch nach Diebesgut kontrolliert. Aber unser Meyer konnte so naiv und unschuldig dreinschauen. Er kam durch. Schließlich hatte er Frontverpflegung geladen, die warm vor mußte und wenn man ihn lange aufhielt, würde er es dem Kommandeur melden. Bei der Rückfahrt von der Front wurde niemand überprüft und so konnten wir unseren Pferden nachts mal wieder Hafer füttern. Sie kannten diese Delikatesse schon fast nicht mehr.

Indes wurde die Lage immer brenzliger. Stellungswechsel. Eines Nachts haben wir eine sehr hoch gelegene Stellung an einem Ort namens „Fisch" bezogen. Für Mensch und Pferd war es eine Plage gewesen. Dort stand ein Königstiger, der größte Panzer der deutschen Wehrmacht, riesig in seinen Abmessungen, gigantisch im Aussehen. Sein Gewicht ist mir nicht bekannt. Er sollte uns Infanteristen beim Angriff unterstützen. Als die Besatzung die Motoren angeworfen hatten und aus der Deckung fuhren, schoß der Ami. Der ungeheure Motorenlärm hatte den Koloß verraten und unser Chef sorgte dafür, daß er ins Tal fuhr, ohne einen Schuß abgefeuert zu haben.

Ich kam mal zur Küche, die auch pferdebespannt war. Der Koch war ein ganz kleiner Wicht. Er hatte eine so dreckige Uniform an, daß man Angst haben mußte, er blieb irgendwo kleben. Normalerweise konnte so ein Mensch kein Koch sein. Aber er, er konnte aus dem Nichts und in jeder Situation ein Essen kochen, das auch schmeckte. Er war ein Sachse. Weil Leute knapp waren, hatte er einmal beim Chef gefragt, ob denn nicht die Waffenmeistergehilfen helfen könnten, Kartoffeln zu schälen. „Jawoll! Waffenbullen Kartoffeln schälen!" Während der Koch nun Wasser holte, setzte ihm einer der Waffenbullen aus Rache einen Haufen auf den Hackklotz. Der Koch bemerkte dies alsbald und beschuldigte die Kartoffelschäler. Die meinten natürlich, sie seien schuldlos. Meinte der kleine Erwin ganz entrüstet: „Streitet's doch nicht ab, s' roocht doch noch!"

Unser Regimentskommandeur hieß von der Damerau. Ich weiß allerdings die Regimentsnummer nicht mehr (463?). Beim Marsch durch die Vogesen traf ich einen Landsmann aus Hettstedt, Talstraße. Es war der Obergefreite Willi Fischmann, ein bewährter Stoßtruppführer. Er kam aber schon Mitte Januar in amerikanische Gefangenschaft.

Einmal mußten alle Mannschaften an den bespannten Fahrzeugen schieben, weil die Pferde vor Glatteis kaum stehen konnten; es war dunkle Nacht. Durch unsere Mundart kamen wir zusammen. Es war Hermann Otto aus Friesdorf. Welch ein Zufall. Er war mit 17 Jahren eingezogen worden und nach einem Jahr Dienst in diversen Stellen kam er im Herbst 1944 in Holland zu unserer Division. Er war ein Melder und hatte ein ganz ausgezeichnetes Orientierungsvermögen, fast einen sechsten Sinn. Daher war er immer Mode, wenn es hieß: Melder einlaufen. Dabei war es in den riesigen Wäldern der Vogesen stockdunkel und einsam.

Hermann kam mit Kommandeur Saalfrank und dessen Stab in Gefangenschaft. Es wurde Frühling. Plötzlich wurden alle Brücken und Übergänge über die hinter uns angelegten Panzergräben gesprengt. Pferde erschießen, Fahrzeuge vernichten, die Stellung ist zu halten! So knapp und präzise lautete der Befehl. Mein Seppel war

das einzige Pferd in der HKL. Ich erschoß ihn nicht. Ich bot Pferd und Anhänger an einen verbliebenen Zivilisten. Dafür zahlte er eine Flasche Wein und versicherte obendrein noch, daß dies ein besonders guter Tropfen sei. Welch ein Preis!
Kurz vor der Gefangennahme von Hptm. Saalfrank mußte ich zu ihm kommen. Das Verhängnis hatte seinen Lauf genommen. Ich war wegen Befehlsverweigerung und der sich daraus ergebenden Gefährdung der Schlagkraft der Truppe - in Abwesenheit - vom Kriegsgericht

zu sechs Wochen Festungshaft verurteilt. Zu verbüßen nach Kriegsende. Hatte ich doch in der Nacht vom 29./30.12.1944 einen Befehl des Nachrichtenzugführers Uffz. Papendieck nicht ausgeführt –

Hauptmann Saalfrank sagte: „Vattern, nimms nicht so schwer. Ich muß Dir's verlesen."
Ich erhielt den ganzen Schrieb als Kopie. Mir traten Tränen in die Augen, aber nicht aus Furcht oder Scham, sondern aus Bitterkeit über dieses ungerechte Urteil. Das Papier faltete ich zusammen und legte es in mein Soldbuch. Ich trug schwer daran.

Wir waren mit anderen reduzierten Einheiten zusammengeworfen und hatten Offiziere, an deren Namen ich mich nicht erinnere. Beim Adjudant, einem bornierten Leutnant, hatte ich schwer verschissen. Ich war mal MG-Schütze I - obwohl ich nie ausgebildet war - , dann Melder. Wir lagen an irgendeiner Fernstraße. Die Ortschaft uns gegenüber in einem sanften Tal hieß Thomm. Dort lag der Ami. Das Dorf hinter uns hieß Fahrschweiler. Dort sollte ich vom Ortsgruppenleiter der NSDAP den Schlüssel zu einem Werk -Bunker- holen. Es war die zweite Westwall-Linie. Die einzelnen Versorgungs- und Munitionsbunker waren mit Buchstaben gekennzeichnet. Wenn Herr Leutnant „Melder!" rief, war ich stets dran. Also auf, nach Fahrschweiler. Als ich außer Sichtweite war, ging ich recht langsam und hängte meine Knarre um wie ein Förster. Es war schönes Wetter und der Leutnant konnte mich ....
Als ich etwa 200m vor der Ortschaft war, brausten 4 Jabos daher und warfen Bomben ab. Es war eine Angelegenheit von Sekunden. Ich verharrte hinter einem Baum und ließ den Spuk vorüber. Also, Heinz, manchmal ist es gut, wenn man sich Zeit nimmt.
Gleich am Anfang des zum Teil brennenden Dorfes verband ich eine alte Frau mit meinem Verbandspäckchen. Ein Splitter hatte die Ferse eines Fußes abgerissen. Ich weiß noch, daß sie selbstgestrickte, schwarze Strümpfe an hatte und die Sehnen hingen ihr weiß am Fuß. Das Haus des Herrn Ortsgruppenführers war zerbomt und ich ging unverrichteter Dinge zu meinem Haufen zurück.
Unweit unserer Stellung war eine einzelne Gaststätte an der Verkehrsstraße. Sie war noch vom Eigentümer und dessen Familie bewohnt. Plötzlich fing das Gehöft nach Beschuß mit Leuchtspurmunition an zu brennen. Ich half retten, was noch zu retten war. Mein Stahlhelm war mir dabei sehr nützlich. Ich riß Kleider aus den

Schränken und Geschlachtetes aus der Kammer. Im Stall tobten zwei Pferde. Die brennende Decke stürzte schon ein und ich versuchte, die Tiere zu erschießen. Doch zwei Magazine reichten nicht, sie zu töten, sie verbrannten lebend.
Wieder nachts Stellungswechsel. Es war recht kalt. Am Tage sollten wir zu zweit das Gelände erkunden. Es war eine mit Eichenbusch und Haselsträuchern bewachsene Höhe, die wir durchpirschten. Plötzlich einige Amis vor uns, die uns in guter Deckung hatten rankommen lassen. Ihre MPs hatten sie auf uns gerichtet und riefen: „hands up". - Ich spürte es mehr als ich es sah, daß mein Kumpel seinen Karabiner fallen ließ und die Hände erhob.
Einer Gazelle gleich sprang ich abwärts in die Büsche. Die Salver der MPs pfiffen hinter mir her. Es waren meistens Querschläger. Es ist unglaublich, was ein Mensch in Todesangst leisten kann. Ich rannte wie Nurmi. Und ich schaffte es ins Tal. Ich wollte doch nicht in Gefangenschaft. Unten traf ich auf Reste des Regiments.

Wir bekamen Beschuß von einigen Panzern und wurden immer weniger. Parolen schwirrten. Aber es waren halt nur Parolen. Und ich hatte noch immer mein Soldbuch mit dem Spruch des Feldkriegsgerichts: 6 Wochen Festung!
Und wenn ich überliefe, könnte ich den Amis beweisen, daß ich ein Kriegsgegner war und für den Feind arbeitete. - Pfui, Gedanke - Ich war deutscher Soldat, einer in Feldgrau.
Da war ein neuer Ordonnanz-Offizier, groß, blond, schlank, Brille. Es stellte sich heraus, daß er von Bischofsrode bei Eisleben sei.
Er wollte Astrologie studieren. Aber jetzt war Krüger erst mal Soldat wie ich. Wir machten aus, daß, wer zuerst nach Hause kommt, die Angehörigen des Anderen verständigen sollte. Leider weiß ich den Ortsnamen nicht mehr: war es Saarbeuren oder Saarburg? Irgendwie kam ich mit dem Krüger zusammen. In der Dunkelheit wurden wir in einen Bunker verwiesen, der wahrscheinlich zur 3. Linie des Westwalls gehörte. Er besaß keine Schießscharten, war etwa 4 x 4 m groß und 180 cm hoch. Der Eingang war relativ klein, zu ebener Erde ca. 70 x 70 cm. Die schwere Panzertür ließ sich nur schwer bewegen. Im Schein der Hindenburgkerze wurden wir gewahr, daß der Bunker schon voll belegt war. Die Luftlöcher schafften den benötigten Sauerstoff kaum und Luft, Mief und Zigarrenqualm waren zum Schneiden. Krüger hockte sich hin und schlief sofort ein. Er war kein Riese und wohl mehr Student als Soldat. Ich bemerkte, daß kein anderer Offizier weiter im Bunker war und daß die Landser Angehörige eines Strafbataillons waren. Ich stellte mich schlafend um mehr zu erfahren. Sie planten, den Leutnant umzulegen und überzulaufen. Ei, das waren ja heitere Aussichten!
Ich konnte im Dusteren den Krüger wecken und halbwegs informieren. Höchste Aufmerksamkeit war geboten. Im Morgengrauen dann heftiges Infanterie- und Ari-Feuer. Man hatte scheinbar trotz der guten Tarnung oder durch Erbeutung der Lagepläne unser Werk ausgemacht und schoß Punktfeuer. Ganz langsam fing der graugrüne Zement an, von der Decke zu bröckeln. In kurzen, aber gleichmäßigen Abständen hauten die Einschläge auf. Wir hatten uns beide bis zum Eingang

vorgerobbt, der schon offen war. Krüger kroch nach einem Einschlag raus ich nach dem nächsten hinterher. Und wo waren wir gelandet? Direkt auf dem Friedhof! War das ein Omen? Zwischen den Grabsteinen und Grabeinfassungen hatten wir einigermaßen Splitterschutz. Plötzlich unheimliche Ruhe. - Von der Höhe herunter, von der uns aufgefahrene Panzer beschossen, ertönte es aus einem Lautsprecher: „Soldaten der 256. Volksgrenadier-Division, ergebt euch! Der Ring um euch ist geschlossen. Kämpft nicht mehr für den Bluthund Hitler. Geht in ehrenvolle amerikanische Gefangenschaft! Werft euere Waffen fort! Bringt nur Kochgeschirr und Eßbesteck mit! Wir versprechen euch humane Behandlung. Ihr könnt alsbald an euere Angehörigen schreiben. Ihr erhaltet gute Verpflegung und Rauchware. Ergebt euch! Jeglicher Widerstand ist zwecklos! Kommt mit erhobenen Händen oder weißen Tüchern der Bahnlinie entlang. Wir geben euch bis 9.00 Zeit. Danach wird gnadenlos geschossen. Wir haben euch umzingelt. Opfert nicht euer Leben für eine verlorene Sache. Deutsche Soldaten, ergebt euch!"

Das war klar genug ausgedrückt.

Daraufhin wurden sofort in der Ortschaft weiße Tücher aus den Fenstern und Dachluken gehängt. Verständlich, denn die Menschen wollten nicht angesichts des Feindes ihre Habe noch mehr zerstören lassen. Es sollte ein Ende haben mit Angst und Grauen.

Wir, Krüger und ich, hielten uns noch verborgen. Und schon kamen Landser aller Waffengattungen an der Bahn entlang, mit bärtigen Gesichtern, hohl, abgehärmt. Jetzt konnte man erst mal sehen, daß es hier noch einen ganzen Teil deutsche Wehrmacht gab - und wie die Landser fertig waren. Ich selbst konnte mich nicht im Spiegel sehen, weil ich keinen besaß.

Die einzelnen Gesichter könnte man nicht beschreiben. Es lag so viel Enttäuschung, Hoffnungslosigkeit, Angst und doch auch etwas Hellwaches darin. Für manchen brach eine Welt zusammen, die doch schon längst keine heile mehr war.

War alles - Manneszucht, Treue, Fahneneid, Vaterlandsliebe, Soldatentum im Geiste von Tannenberg, Langemark, Verdun, El Alemain, Tobruk, Stalingrad, Yasma, Kursk - alles   der „große B e t r u g"? Kadavergehorsam, blindes Befehleausführen, sinnlos und das schon seit Jahren?

Zivilisten belebten die Straßen. Wir versuchten, in dem Trubel zu entkommen. Ich sah noch, wie der Leutnant in eine schräge Tür hinein rannte. Zivilisten knallten die beiden Türflügel zu. Er war gefangen, von Deutschen! Es ging alles blitzschnell. Er hatte scheinbar nicht bemerkt, daß dies der Eingang zu einem Keller war, der in der Gegend von der Straße aus angelegt war.

Ein älterer Mann wollte mir ein weißes Tuch in die Hand drücken. Ich stieß ihn zur Seite und rannte in die nächste offene Haustür, durch den Flur hindurch, ein paar Treppen hinunter in den Hof. Ich weiß noch, daß Kaninchenkisten dort standen. Ich konnte eine Lattentür öffnen und durch den Grabegarten stürmen. Irgendwo war Deckung. Meine Lungen keuchte zum Hals raus. Da, wieder der Lautsprecher:

„Soldaten der 256. Volksgrenadier-Division und anderer Waffengattungen! 376 Offiziere, Unteroffiziere und Mannschaften haben die Waffen niedergelegt. Sie haben ihr Leben in Sicherheit gebracht und sich eine neue und gute Zukunft gesichert. Aber noch beobachten wir einzelne Soldaten, die versuchen, zu entkommen. Wer nach 11.00 noch mit Waffen angetroffen wird, genießt nicht mehr den Schutz der Genfer Konvention und wird als Freischärler betrachtet! Soldaten, ergebt euch!"

Soweit ich die Lage überblicken konnte, gab es für mich nur einen Ausweg und das war der vor mir liegende Weinberg. Ich ließ meinen Karabiner liegen, machte mich so leicht wie möglich, schnallte das Koppel unter die Feldbluse, die Pistole auf den Rücken geschoben und Gott vertrauend robbte ich den Weinberg hinauf. Das war ein mühsames Geschäft, weil der Boden aus Schiefer bestand. Am Anfang ging es ganz gut zwischen den unbelaubten, kurzen Weinstöcken. Aber dann mußte man mich ausgemacht haben. Ich bekam MG-Feuer, das aber von weit her kam, aus sicherer Entfernung. Doch manchmal spritzte es arg nah neben mir auf. Seltsam, daß man in solchen Augenblicken die Gefahr nicht so schrecklich empfindet. Vom vielen Robben wurden mir beide Ellenbogen wund, die Knöpfe rissen von der Feldbluse, die Knie scheuerten sich durch, das Hemd klebte vom Schweiß. Durch den Hosenschlitz krochen Dreck und kleine Steinchen, die Stiefelspitzen gingen entzwei, Stoffetzen hingen bald an den Ärmeln.

Endlich gelangte ich in einen ehemaligen Laufgraben, der mit Netzen abgetarnt war. Ich war aber auch völlig erschöpft. Nach einer Pause kroch ich weiter, der Graben ging zu Ende. Ich bekam wieder Feuer. Aber auch die längste Pein hat ein Ende. Über die Bergkuppe entkommen war ich der Feindsicht entronnen. An einem Tümpel stillte ich meinen Durst, igelte mich ein und versuchte zu schlafen. Aber nach dem argen Schwitzen fror ich nur.

Wie seltsam. Im vorigen Sommer floh ich nach Westen. Jetzt floh ich nach Osten. Den unendlichen Weiten Rußlands war ich entkommen. Die Angst, verwundet liegen zu bleiben, hatte mir so große Energie verliehen. Vielleicht hatte der Russe doch Gefangene gemacht?

Seltsam. Für den Führer Adolf Hitler empfand ich nichts. Er war immer in „Braun" und es wäre eventuell ein anderes Verhältnis zu ihm gewesen, hätte er von jeher die graue Uniform getragen. Er verkörperte mehr die SA und die Partei. Ach, wer hatte schon über all das nachgedacht? Wir waren Soldaten, hatten Befehle auszuführen. Weshalb floh ich eigentlich hier? Wohl war der massierte Einsatz von schweren Waffen und Flugzeugen hier im Westen weit größer. Aber es war doch irgendwie alles menschlicher. Das mag ausmachen, daß deutsche Zivilisten, deutsche Städte und Dörfer den Landser doch mehr beeindruckten.

Als es dunkelte, konnte ich in einem Wald untertauchen. Es war ein Buchenhochwald. Ich versuchte, östliche Richtung einzuschlagen. Hunger verspürte ich nicht. Alles an mir war in Spannung. Es galt, ganz leise aufzutreten und die Ohren auf Empfang zu haben. Da - Licht. Es war nach Mitternacht. Das Herz sprang förmlich zum Hals heraus. Freund oder Feind? Das Licht ging aus, an anderer Stelle blitzte es kurz auf. Wenn es Deutsche sind, war ich gerettet...

Aber es waren Amis. Ein Panzerverband war hier bei nächtlicher Rast. Ich hörte es an den Zurufen etlicher Männer. Und da hoben sich auch schon die Umrisse der Fahrzeuge wie Schemen am Nachthimmel ab. Ich lag wie fest gewachsen an der Erde. Sah ich Gespenster? Bewegten sich die Bäume oder was war mit mir? Eine ganze Zeit lag ich so, ehe ich mich vorsichtig auf die Füße stellte. Wenn nur jetzt kein Scheinwerfer anging, dann war es aus. Aber ich mußte vorbei. Etwa 30 Panzer vermeinte ich zu erkennen. Dazwischen Lkw und Jeeps. Eine regelrechte Fahrspur war entstanden, die ich gut ausnutzen konnte, um das Brechen trockener Zweige zu vermeiden. Ganz, ganz langsam bewegte ich mich - als plötzlich zehn Meter vor mir ein Zündholz angebrannt wurde. Ich erkannte deutlich den weißen Stern an einem Panzer. Nur wer so was erlebt hat, vermag sich meinen Schrecken, meine Angst vorzustellen. Zum Glück drehte mir der Posten den Rücken zu. Er mag nicht geahnt haben, daß ihm ein „German" so dicht war. Einer Schnecke gleich bewegte ich mich vorwärts, hielt den Atem an. Dann aber lief und sprang ich, was die Beine hergaben.

Irgendwo legte ich mich auf die Seite und überdachte das Geschehen. - Wie oft war ich eigentlich schon in so brenzligen Situationen gewesen? Und seltsam, immer allein. Warum hatte ich keinen Gefährten? - Ausgenommen meinen „schwarzen Hauptmann" bei Bobruisk, der wohl mein Lehrer war -

Wie anders war doch der Abend, als ich in Kuhardt/Westmark an Weihnachten mit einem dunklen, schönen Mädchen vor dem Hoftor stand? Und eben auch nur, weil mein Schimmel ein Eisen verloren hatte. Und weil mich diese Leute zum Essen einluden. Wie hieß doch dieses langhaarige Mädchen? Ihr Name tauchte in meinem Gedächtnis nicht mehr auf. - Nacht ist nicht gleich Nacht. Dieses Menschenkind wollte mich in seine Fürbitte aufnehmen.

Wer ist schon in dunkler Nacht ohne Kompaß im Hochwald nur nach Gefühl gelaufen? Meine überanstrengten Knie zwangen mich, über Tag versteckt zu ruhen, manchmal zu schlafen. Und mein Magen knurrte. Gegen Abend lief ich weiter. Einfach so. Ich kam in ein Tal und hörte Wasser rauschen. Ein schmaler, aber Hochwasser führender Fluß lief in einer Schlucht entlang. Es klang unheimlich. Endlich fand ich einen schmalen Fußsteg, der ans andere Ufer führte. Er wurde fast vom Wasser überspült. Und Wasser liebte ich gar nicht. Nur zum Waschen. Mit viel Vorsicht gelangte ich auf die andere Seite und stieß bald auf einige Häuser. Gleich am ersten Fenster klopfte ich. Schüchtern wurde gefragt, wer da sei. „Aufmachen! Deutscher Soldat!" Eine Kerze wurde angezündet und die Haustür geöffnet. Ich kann mich kaum erinnern, in deutschen Landen so viel Ärmlichkeit gesehen zu haben. Ein Ehepaar, etwa Ende 60, empfing mich mit warmen Worten. Ich schilderte meine Situation und sogleich standen Brot, Saft und schwarzer Kaffee auf dem rohen Brettertisch. Ich saß auf der Wandbank und aß und aß. Es ist unglaublich, was ein menschlicher Magen fassen kann. Ja, vorgestern seien noch deutsche Soldaten durchs Dorf gekommen. Doch nun warteten alle auf die Amerikaner, damit alles ein Ende hätte. Soweit ich mich erinnere, hieß das Dorf Riveris an der Ruwer.

Weil meine Knie so nackt in die Welt guckten, bekam ich von dieser lieben Frau eine Unterhose geschenkt. Sie bestand zwar nur aus vielen Flicken, war aber ganz und blank. Ich glaube fest, daß sie keine bessere besaß. Vor den beiden alten Leuten zog ich mich um und die Frau nähte mir mit Schweinschneiderstichen meine Hose groß zusammen. Dennoch blieb ein Loch, weil der Stoff einfach fehlte. Mütze und Feldbluse bildeten ein Kopfkissen und eine alte Wolldecke bedeckte mich während des erquickenden Schlafes auf der schmalen, harten Holzbank. Es war wie im Himmel. - Ohne Gefahr, ein Dach über dem Kopf, ohne Hunger und Durst. Waren doch die Nächte noch besonders kalt und ich besaß keinen Mantel. In der Früh bekam ich eine Tasse warme Ziegenmilch und wurde mit vielen guten Wünschen entlassen. - Leider weiß ich die Anschrift der guten Leute nicht - Wegen der sichtlichen Armut meiner Herberge hatte ich es unterlassen, um ein Stück Brot als Wegzehrung zu bitten. In d e r Richtung solle ich gehen und auf die Amis aufpassen. Ich hatte mein Koppel wieder übergeschnallt, damit ich trotz der defekten Uniform einem Soldaten ähnelte.

Nun marschierte ich der Sonne nach und kam gegen 14.00 an die B-Stelle einer deutschen Flak-Einheit. Dort meldete ich mich und ließ mir vom Oberfeldwebel auf einem Zettel bestätigen, daß ich mich gemeldet und auf der Suche nach meiner Einheit sei. Er unterschrieb nur ungern, viel lieber hätte er mich bei seinen 2 Mann behalten. Aber ich konnte mich bei den 3 Männern gut satt essen. Über den genauen Frontverlauf wußten sie jedoch auch nichts genaues. Aber die Gefahr war groß, von der Feldgendarmerie als Deserteur aufgegriffen und erschossen zu werden. Deshalb die kleine Urkunde. Ich war wirklich auf der Suche nach meiner Truppe. Gegen Abend traf ich eine motorisierte Kolonne der Ar, doch sie hatten von unserem taktischen Zeichen auch nichts gesehen. Ich bekam von einem Fahrer 1/3 Brot und verbrachte die Nacht unter freiem Himmel frierend in einem Gebüsch. Das Laub war locker und trocken. Trotzdem wurde ich oft von der Kälte geweckt. Mein gewachsener Bart wärmte halt nicht den ganzen Körper. Am Vormittag traf ich viele Fahrzeuge und sogar einige unserer Division. Nun war ich gerettet. Ich konnte mit- fahren und wurde zum Divisionsgefechtsstand gebracht. Das waren ganz prima Bunker in einem Hochwald. Überall standen die taktischen Wegweiser. Das sind kleine dreieckige Blechfähnchen mit der entsprechenden Beschriftung. Hier sah es so friedlich aus, als sei gar kein Krieg. Eine Ordonnanz brachte mich zum Allerhöchsten, dem IA. An zahlreichen Posten kamen wir vorbei. Endlich ging es einige Stufen runter in einen Bunker. „OGefr. Fiedler, 1. Btl. Inf. Reg. 256 zur Stelle!" - „Rühren" Jetzt ging die Fragerei los. Wo kommen Sie her? Wo sind ihre Kameraden? Wo sind sie langgekommen? Warum sind Sie allein? Was haben sie unterwegs für feindliche Kräfte bemerkt? Wie stark waren diese Einheiten?

Ich mußte ganz schön zerzaust ausgesehen haben mit Bart, Dreck und zerlumpter Uniform.
„Warum haben die 376 Leute nicht denselben Weg genommen wie Sie?"
Anwesend waren nur der Divisionskommandeur Generalleutnant Franz und er

Generalstabsoffizier. Sie hatten breite rote Streifen an den Hosen. „Herr General, ich hatte einen besonderen Grund, mich durch zuschlagen." „Und der wäre?" „Ich fühle mich zu Unrecht vom Kriegsgericht verurteilt!"
Da entnahm ich meinem Soldbuch das Papier und übergab es dem Generalstabsoffizier. Der las es und reichte es dem General. Ich mußte nun berichte, wie sich das alles zugetragen hatte. Sie gingen beide an das kleine Fenster und unterhielten sich leise. Dann kam der General auf mich zu und zerriß vor meinen Augen das Urteil! „Die Sache ist erledigt. Und nun gehen Sie 3 Tage zum Troß, schlafen sich aus und lassen sich neu einkleiden!"
Ich erhielt noch 2 Äpfel und 2 Frontkämpferpäckchen und war entlassen.

MEINE EHRE WAR WIEDER HERGESTELLT

Mit einem Lkw konnte ich zum Regiment mitfahren und kam von dort zum Troß. Dort schlief ich mal richtig aus und bekam eine neue Uniform. Auch mit Wasser und Seife habe ich nicht gespart und mittels eines geliehenen Rasierapparats war das Wohlbefinden wieder hergestellt. Inzwischen mußte der Troß wieder verlegt werden mit den müden, ausgemergelten Pferden. Je mehr ihrer ausfielen, desto größer wurden die Lasten für die Gespanne. Es war erstaunlich, was Kammerbullen für Bekleidung auf den Fahrzeugen rum- schleppten. Wenn ein Landser mal eine Hose oder Feldbluse brauchte, waren Zahlmeister außer sich. Und hier wurden Tonnen von Textilien durch die Gegend gefahren. Aufgrund der immer heikler werdenden Situation sollten alle Sachen auf eine Sammelstelle zum Verbrennen gebracht werden. In einem Dorf verteilten wir wie der billige Jakob auf dem Jahrmarkt fabrikneue Dinge wie Hosenträger, lederne Laufschuhe, Unterhosen, Hemden und Wolldecken. Es machte uns Spaß, wie sich die Kinder und Erwachsene darum rauften. Einige Frauen backten uns trotz der Notzeit einen kleinen runden Apfelkuchen, den wir gleich warm verzehrten. Unseren Pferden hatten wir einen Gefallen getan und die Amerikaner brauchten unsere neuen Unterhosen und Hemden gewiß nicht.

WAS IST EIN KRIEG FÜR EINE IDIOTIE!

Ich wurde wieder zur Fronttruppe abgestellt als Infanterist mit vielen Aufgaben: Horchposten, Spähtruppe, Melder, MG-Schütze. Ich weiß heute wirklich nicht mehr, w o wir überall waren. Bald ging es nach Süden, bald nach Norden oder Osten, sogar mal ein Stück westwärts. Ich weiß nur noch, daß wir bald keine Einheit mehr waren, sondern nur noch eine Kampfgruppe von drei Offizieren und 16 Mann.
Waren wir überhaupt noch eine Schachfigur im Brettspiel des Krieges? Wir operierten oft selbständig und Verpflegung gab es nur ruckweise. Wir lagen in einem Hochwald, Berge und Täler zogen sich weit hin. Durch die allgegenwärtige Gefahr kam man nicht zum Denken. Wie sollte das alles mal enden? Wie sah es in der Heimat aus? Was macht Gretchen, die Eltern, Onkel Walter? Wir kamen in

eine Ortschaft. Ich glaube, sie hieß Schöndorf. Dort gab es mal dienstfrei bis 16.00. An der Kirchweih wollten wir uns treffen. Bis dahin konnten wir nach belieben verweilen. Die Zivilbevölkerung war nicht evakuiert. Ich bat in einem Haus um ein Mittagsmahl. Es gab dort Linsensuppe und einen Waffelkuchen dazu. Ich war in der Familie des Lehrers gelandet. Ich meine, er hieß Binz. Zwei Zwillingsknaben von etwa 18 Monaten ließen mich für kleine Zeit den Krieg vergessen. Ich hatte den einen auf dem Schoß und fütterte ihn mit Brei.

Eines Tages, wieder im Wald, sollte ich unserem linken Nachbarn unsere Absetzbewegung melden. Neuer Standort für uns sollte das Forsthaus Malborn sein. Aber wo das sein sollte, konnte mir keiner sagen. Gegen 19.00 trollte ich los, Koppelzeug mit 60 Schuß Munition und einer Portion Hoffnung, daß wieder alles gut geht. Trotz allem Suchen und Forschen fand ich keine Forsthaus Malborn. Ich hastete weiter und weiter und fing an zu schwitzen, obwohl ich keinen Mantel trug. Es wurde dunkel wie in einem Bärenarsch. Nicht eine lebende Seele weit und breit. Es war Mitternacht vorbei, als sich der Wald lichtete. Äcker breiteten sich aus und bald entdeckte ich eine Ortschaft. Aber sie schien wie ausgestorben. Nicht mal Hunde bellten. Ich ging durch das Dorf und meine Schritte hallten geisterhaft durch die Stille. Ich mochte rütteln und schütteln, alle Türen und Tore waren fest verschlossen. Jetzt fror ich nach all dem Schwitzen wie ein Hund. Es war märchenhaft dunkel und still. Fast hatte ich die kleine Ortschaft schon durchschritten, als ich zwischen den Ritzen eines Fensterladens Licht gewahrte. Wie wiederholten sich die Erlebnisse? Fast war alles unwahrscheinlich. Ich klopfte an die Tür, erst sachte, dann gröber. Eine ängstliche Stimme fragte: „Wer ist da?" „Aufmachen, Deutscher Soldat!" Die Tür wurde geöffnet und ich trat in die Stube. Der Tisch war an die Seite gerückt. Auf ihm stand ein brennendes Talglicht. Eben dessen Schein hatte mir hier Leben verraten. Auf dem Sofa richtete sich ein alter Mann auf. Die Frau, die mir geöffnet hatte, konnte an die 40 sein. Und auf Bettzeug an der Erde lag ein junges Mädchen, die Nichte des Hauses. Man hatte sie hierher gebeten, für den Fall, daß durch Feindeinwirkung Schaden entstünde. Die drei Menschen waren also in der Stube einquartiert. Falls ein Geschoß das Dach traf, war hier doch etwas mehr Schutz. Ich fragte, wo denn das Forsthaus Malborn liege. „Ach, das ist sehr weit von hier. Kein Fremder findet es bei Nacht" Dieses hier sei das Dorf Malborn. Es gehörte wohl schon zum Hunsrück. Ob ich mich denn ein bißchen aufwärmen dürfe? „O ja", sagte der Großvater. „Aber eigentlich haben wir damit gerechnet, daß die Amis kämen. Schon am Vortag sind etliche amerikanische Panzer hier durchgefahren. Im Nachbarort haben sie den Kirchturm zerschossen, weil dort ein Beobachtungsposten der deutschen Artillerie saß. Wenn ich Spaß verstünde, könnte ich mich auf das Bettzeug legen, dann würde ich bald warm sein."

Ich ließ mich nicht nötigen. Waffen, Stiefel und Feldbluse legte ich ab und kroch in das warme Lager. Das Mädchen konnte vielleicht 21 sein. Ich versprach, ganz brav zu sein. Und ich war es auch. Die Müdigkeit war zu groß. Das Weibsen trug einen Trainingsanzug. So viel wußte ich noch. Das Lager war weich und warm und ungewohnt.

Als ich erwachte, lag ich allein und es war schon bald hell. Nebenan in der Küche kochte schon das Wasser für den Malzkaffee. Ich durfte mich waschen und rasieren und wir tranken gemeinsam Kaffee. „Sie" war dunkelbraun und hatte volle Brüste. Sie hieß Erna M. und nach herzlichem Dank für die liebevolle Aufnahme und Bewirtung, mit guten Wünschen versehen, brachte mich Erna noch ein Stück des Weges. Bald verschluckte mich wieder Wald.

Wie oft hatte ich nun schon solche Erlebnisse? Und wie würde es weitergehen? Deutsche Landser wurden nicht mehr erwartet. Man konnte sich bald schuldig fühlen, wenn man wo anklopfte. Aber die Menschen hatten ja auch ein Recht, endlich ohne Angst zu leben. Doch was kam dann auf sie zu?

Die Sonne schien durch die kahlen Baumkronen. Hie und da grünte es schon ein bißchen. Die Natur hatte hier sechs Jahre Krieg überlebt. - Bald überholte mich ein vollbesetzter deutscher Kübelwagen. Ich fragte nach dem Forsthaus Malborn. Da meinte ein Oberstleutnant: „Da brauchen Sie nicht mehr hin. Der Krieg ist aus. Sehen Sie zu, daß Sie sich durchschlagen!"

JETZT WAR ES SO WEIT

Was nun? War das Soldatendasein für uns nicht schon zum Beruf geworden? Wie sieht es in der Heimat aus? Wo mag mein Bruder sein? Ob er noch lebt? War die Post, die wir in die Briefkästen der Ortschaften gesteckt hatten, auch angekommen?

Was werden die Feindmächte mit Deutschland machen? Was wird aus den deutschen Frauen und Mädchen? Wird alles ein noch größeres Chaos?

Doch zum Grübeln war nicht Zeit. In Gefangenschaft wollte ich nicht. Also, was nun?

Fragen, auf die ich keine Antwort wußte. Man hatte sie so lange vor sich hergeschoben, ohne sich ihnen zu stellen. Hatte doch jeder Tag seine eigene Sorge gehabt.

Jetzt galt es noch mehr aufzupassen. Hellwach mußten Augen und Ohren sein. Während ich, solange ich zur Truppe gehörte, marschierte, mußte ich jetzt wie Wild pirschen.

Kamen da sechs Pferde durchs Holz, ohne Zaum und Geschirr. Pferde, wie sie unsere Ari hatte. Sie hielten sich paarweise, so, wie sie sonst wohl an Sielen gegangen waren. Die stattlichsten waren ein Paar Dunkelfüchse, langschweifig, mit gepflegten Mähnen. Sie hatten augenscheinlich einen guten Fahrer gehabt. Aber wer wollte schon seine Pferde erschießen? Obwohl Befehl dazu vorlag. Keiner brachte es fertig, seine Kameraden zu töten, die gute, aber noch mehr böse Tage mit ihren Fahrern erlebt hatten. Manchmal hat man auch als Erwachsener kindliche Gedanken. So erging es mir just in diesem Moment, als ich die herrlichen Tiere sah. Ich schnallte meinen Leibriemen ab, den wir Kavalleristen als Hosenträger trugen. Es waren Kehlriemen aus den Kopfstücken der Pferde, schnallte ihn um den Hals des einen Dunkelfuchses und das Pferd kam von allein mit. Ich wollte versuchen, mit den beiden Tieren nach Hause zu kommen! Mit einem Stückchen Telefondraht band ich meine neuen Partner des Nachts an einem Gebüsch fest, in dem ich selbst frierend die Nacht verbrachte.

Aber schon am nächsten Vormittag mußte ich einsehen, daß mein Vorhaben ein Ding der Unmöglichkeit war. Wenn ich über die Straße mußte, fuhren die amerikanischen Flitzer, Lkw und andere Fahrzeuge so dicht hintereinander, daß ich nicht unbemerkt auf die andere Seite gelangen konnte. Wo kamen nur die vielen Amis her?

Schweren Herzens ließ ich die Tiere wieder laufen. Gewiß haben ihnen die Amis nichts getan. Unter ihnen mag es auch Tierfreunde geben und man soll in seinem Gegner nicht nur immer das Böse suchen.

Alsbald fand ich ein Armeefahrrad, sogar einsatzbereit. Es hatte einen englischen Lenker, der mittels eines kleinen Hebels abgenommen werden konnte. Es war ein Rad, wie es unsere Radfahrerschwadron benutzt hatte. Damit fuhr ich auf schlechten Waldwegen, abseits der Asphaltstraßen. Ich beobachtete längere Zeit ein Dorf, das in einer Talmulde lag. Es schien dort friedlich zu sein und fernab des Kriegsgeschehens. Es war hoch über Mittag und ich sollte doch wieder mal etwas im Magen haben. Hunger quält nämlich die Eingeweide sehr.

Also, ich schob mein Vehikel dicht an den Häusern entlang. Eine Tür stand offen, dahinter Stimmen. Ich stellte mein Rad keck ans Haus und betrat den Flur. Die Leute waren so verblüfft, als sei ich ein Sioux-Indianer. Alles hatten sie scheinbar erwartet, nur keinen kriegsmäßig ausgerüsteten deutschen Soldaten. Ich bat um Essen. Das könne man mir nicht geben, die Not sei groß. Scheinbar hatte ich ein Haus mit wenig hitlerfreundlichen Leuten erwischt. Aber, wie schon gesagt, Hunger tut weh. Ich bot mein Fahrrad an für eine Scheibe Brot und ein Ei. Ganz herablassend ging man darauf ein. Ich verschlang die Nahrung gleich im Stehen, weil man mich nicht zum Sitzen aufgefordert hatte. Die Frau betrachtete indessen mein Fahrrad. Trotz meiner nicht gerade rosigen Lage kam ich mir vor wie Hans im Glück. Wie blitzschnell doch Erinnerungen an das Märchenbuch aus der Kindheit auftauchten. Ein Mädchen ging aus dem Haus in Richtung Dorfmitte, etwa 18 Jahre alt. Dem Augenschein nach war es ein „leichtes Fräulein". Ich bat sie, nachzuschauen, ob das Dorf feindfrei sei und mir ein Zeichen zu geben. Ich schaute gedeckt hinter ihr her. Nach etwa 100m winkte sie mir zu. Ich schritt fürbaß.

Aber, als ich um die Ecke kam, waren viele amerikanische Fahrzeuge da und die Einwohner standen um die feindlichen Soldaten. Dieses gräßliche Mädchen hatte mich in die Falle gelockt! Ehe die Amis der vielen Menschen wegen zum Schuß kamen, war ich in ein an der Straße entlang führendes, ca. 2m tiefes Bachbett gesprungen. Den Karabiner ließ ich fallen, um leichter laufen zu können. Ich weiß noch, die Ufermauern waren von rohem, grauweißen Stein und von einer Art wildem Wein bewachsen. Zum Glück machte der Bachlauf eine leichte Biegung, so daß ich außer Sicht kam. Ich lief gegen die Strömung, der Bach führte nicht viel Wasser.

Es war ein Rennen auf Leben und Tod.

Ich konnte mir nicht die Zeit nehmen, rückwärts zu schauen. Verfolgte man mich? Der kalte Angstschweiß kam aus allen Poren, ich hatte Seitenstechen und es stach beim Atmen bis in den Mund. Furcht kann körperlicher Schmerz sein. Ich wollte doch nicht hinter Stacheldraht. Eine blaue Bohne in den Rücken? O Gott hilf! Das Dorf hatte ich lange hinter mir. Endlich fand ich so eine Art Gartenlaube. Darin warf ich mich auf die Erde, um zu verschnaufen. Doch die Angst vor Entdeckung trieb mich bald weiter. Ich mußte unbedingt den Wald erreichen. Wieder eine Nacht, die durch scharfen Wind grimmig kalt war. Und ich war durchgeschwitzt.

Von Ferne hörte ich Hundegebell. Verfolgte man mich etwa mit Bluthunden? Nun, ich hatte noch 2 Eierhandgranaten, so leicht sollte man mich nicht kriegen. Aber es kamen keine Verfolger. Die Kälte trieb mich zum Weiterlaufen. Im Morgengrauen versteckte ich meine Patronentasche, Koppeltragegestell und die Eierhandgranaten. Die Koppel schnallte ich unter. Gasmaske hatte ich schon lange keine mehr, zum Glück hatten wir sie nie richtig gebracht!

Es galt, leicht und, für den Fall der Gefangenschaft, unbewaffnet zu sein. Immer noch irrte ich umher. Ich hielt mich nach Möglichkeit an Waldrändern auf, um beobachten zu können, ohne gleich gesehen zu werden.

Es war früher Nachmittag. Von weitem hörte ich Stimmen. Ich legte mich unter ein Randfichte., deren dichte, breite Äste bis zur Erde reichten und mich gut deckten. - Siehe, sorglos wie die Schotenpflücker kamen drei junge Mädchen, etwa 14 - 15 Jahre, daher. Sie schnatterten wie die Gänse. Zwei von ihnen trugen zwischen sich ein Einkaufsnetz, das sie lustig schlenkerten. Darin war   - ein Brot! Als sie etwa 10 Schritte vor mir waren, stand ich auf. Das gab ein Gekreische, als hätten sie Igel im Schlüpfer. Ich beruhigte sie aber schnell und bat um ein Stück Brot. Das gaben sie mir auch ganz bereit- willig. Sie versprachen mir hoch und heilig, mich an keinen Menschen zu verraten.

Weil ich aber schon schlechte Erfahrungen gemacht hatte, wechselte ich meinen Standort und verzehrte erst dann das köstliche Geschenk. In der Dunkelheit kam ich an einen Fluß, fand aber keine Brücke. Ich versuchte, durch zu waten, doch bald reichte mir das Wasser bis an den Stiefelrand. - Wie ich später hörte, könnte das die Nahe gewesen sein, die Stadt am anderen Ufer sei Frauenburg. - Ich weiß es nicht. Ich weiß auch nicht, ob ich nahe an Idar-Oberstein war. Oder war das noch zu der Zeit, als wir Kampfgruppe waren? Hier verblaßt die Erinnerung.

Jedenfalls fand ich an einem bewaldeten Hang ein kleines Holzhaus. Ich klopfte an. Es klang recht hohl und schien unbewohnt zu sein. Durch ein Fenstergeviert kroch ich hinein, nachdem ich mühsam einen Fensterladen entfernt hatte. Es war so eine Art Wochenendhaus. Ein Radio war darin. Aber es funktionierte nicht. Wahrscheinlich war die Batterie oder der Sammler leer. Mit meinem Feuerzeug leuchtete ich mal kurz. Es waren Stoffvorhänge angebracht. Wohl noch aus der Zeit der Verdunkelungspflicht. Es fanden sich auch zwei Kerzenstummel. Zwei Betten waren vorhanden. Die Federbetten oder Decken fehlten. Nur die Matratzen waren da. Von dem wenigen Brennbaren entfachte ich ein Feuer in dem gußeisernen Füllofen, so eine Art Allesbrenner. Warm wurde es zwar nicht, aber schon der Gedanke an Feuer und Qualm machte es gemütlich. Hirschgeweihe und Rehgehörne schmückten die Wände. In den Wandschränken fand ich leider nichts Eßbares, sondern nur einige Rehklagen. Das sind kleine Pfeifen, mit denen der Jäger das Wild täuscht. Genau kenne ich mich mit solchen Dingen nicht aus, weil ich mich nie für die Jagd interessiert habe. Letztendlich fand ich aber doch in einem Glas einige süße Mandeln. Wieso gerade Mandeln hierher kamen, blieb mir ein Rätsel. Ich kaute sie lange und mit Wohlbehagen und schlief dann im Bett ein, obwohl ich keine Zudecke hatte.

Bis die Sonne hoch am Himmel stand, schlief ich den Schlaf des Gerechten. Doch dann kam wieder die Furcht vor dem Entdecken. Also weiter. - Wie ich später hörte, war mein Nachtquartier die Jagdhütte des Landrats gewesen, von der Bevölkerung geplündert. -

Weiter gen Osten, soweit dies der Feindverkehr zuließ. Laufen, aufpassen, horchen, schauen.

Ich scharrte dürres Laub zusammen und trockenes Gras und lagerte mich zwischen mannshohe Fichten. Hier war es schön schauer und ich schlief recht gut. Wie mußte ich eigentlich ausschauen? Gewiß wie Robinson. Wie lange schon hatte ich mein Hemd auf dem Leib. Was sollte werden? Hatte es überhaupt einen Sinn? Hätte ich doch lieber im Elsaß desertieren sollen? Fragen, auf die ich keine Antwort bekam.

Ich dachte darüber nach, wie ich einst vom Krieg profitiert hatte. Das war, als ich mit Otto Treydte aus Klostermansfeld die Bankfachschule in Halle besuchte. Durch die starken Truppentransporte hatten die Personenzüge sehr viel Verspätung und wir machten im Wartesaal noch Schularbeiten. Das war lange her!

Nun trieb ich mich wie ein Landstreicher herum und daheim war so viel Arbeit auf dem Feld. Ob mir wohl der Stacheldraht erspart blieb? Ich hegte Hoffnung. Bis hierher hatte mich doch GOTT geführt. Ich kam an ein Dorf, das ich bei Dunkelheit anpirschte. Ich bat um Essen und Orientierung. Ich war im Regierungsbezirk Trier. Soweit ich mich erinnere, hieß das Dorf Thalfang. Es gehörte zur evangelischen Mark. Man riet mir, wegen Verrätern nicht im Dorf zu bleiben. Ich bekam für 2 Tage Verpflegung und lief weiter. Das Gelände war sehr bergig.

Im Tal gewahrte ich eine Wassermühle. Die Nacht verbrachte ich halb mit schlafen, halb mit Geländeerkundung. Ich hielt mich mehr am Oberhang auf, weil das Tal kühler war. Über Tag beobachtete ich das Leben auf dem Mühlenhof aus einem Versteck heraus. In der Dunkelheit schlich ich mich ran. Scheinbar war alles feindfrei und in Ordnung. Ich klopfte artig an und wurde auch sogleich hereingelassen. Es waren alte Leute, hier auf der Kuhnt'schen Mühle. Der Mann einer jüngeren Frau war auch irgendwo Soldat. Ich durfte mich gleich mit an den Tisch setzen. Man war bereit, mich aufzunehmen. Doch nicht offiziell. Ich konnte mich mal wieder richtig waschen und bekam eine kleine Kammer zugewiesen. Über Tag half ich in der Mühle mit. Mittels einer großen Schwinge mußte ich das Mahlgut ein paar Treppenstufen hoch tragen und in einen Trichter schütten, der über zwei Mahlsteinen angebracht war. Scheinbar waren etliche Mahlgänge notwendig, ehe das Getreide genügend ausgemahlen war. Der alte Müller war ein kleiner, hagerer Mann, der immer aussah, als sei er mit mir wochenlang unterwegs gewesen. Er war sehr wortkarg, doch keineswegs unhöflich zu mir. Er reparierte die meiste Zeit an einem alten Bulldog.

Für den Fall, daß irgendwelche Überraschungen eintreten, war ein Versteck für mich ausgemacht. Nämlich ein Ding, das einem Kasperltheater ähnlich sieht. Es ist ein Kasten mit einem Vorhang aus Drell davor. Ich glaube, in einer Mühle nennt man so ein Ding einen Plansichter, genau weiß ich das aber nicht. Ganz feiner Mehlstaub fliegt ja überall herum und um zu verhindern, daß das kostbare Gut neben das Gehäuse fällt, ist wohl der Vorhang nötig. Eines Abends bellte der Hund arg und ich mußte vom Abendbrot schnell weg hinter den Vorhang. Es war aber nur ein Mann aus einem der umliegenden Dörfer gekommen. Von der Militärregierung war es verboten worden, deutsche Soldaten zu verbergen.

Bald erzählte man, Kuhnt's Mühle hätte einen Polen als Arbeiter, der eigentlich deutsch aussähe. Gefahr? Eines Tages erschien plötzlich eine amerikanische Militär- Patrouille auf dem Hof. Ich weiß nicht mehr, was ich gerade arbeitete. Ein Satz in die Scheune war eins. Ich weiß aber noch, daß ich mit affenartiger Geschwindigkeit eine hohe Leiter hinaufkletterte und mich im Stroh unter den Ziegeln abwärts rutschen ließ. Durch einen Spalt in den Ziegeln konnte ich sehen, daß die Amis nach etwa 20 Minuten weiter fuhren. Welcher Schreck, welche Angst! Noch schlimmer war, daß ich auf dem glatten Stroh kaum Halt fand, um mich wieder hoch zu hangeln. Erschöpft kam ich nach einiger Zeit ans Tageslicht. Niemand sprach ein Wort. Ich merkte, daß es an der Zeit war, das gastliche Heim zu verlassen. Leute hatten berichtet, daß irgendwo ein Bauer erschossen wurde, weil er einen Soldaten versteckt hatte. Ich bekam eine alte Ziviljacke geschenkt, einen Rasierapparat ohne Klinge, 1/2 Weißbrot, ein kleines Stück geräucherten Schinken und 1/4 Pfund gute Butter. Das waren Köstlichkeiten. Mit großem Dank nahm ich Abschied.

Seltsamer Weise hielt es mich in dieser Gegend.

Eines Tages wusch ich mein einziges Hemd im Bach. Die Sonne schien schön warm und ich freute mich des Lebens. Da gewahrte ich unweit meines Schlafplatzes eine weidende Kuh. Ich pirschte mich heran. Die Kuh kam doch nicht von allein hierher. Im Schatten eines Haselstrauches saß ein Weib. Schön wie der helle Tag. Jung wie die Morgensonne, glänzendes dunkles Haar hing ihr gewellt über die Schultern. Sie hatte eine weiße Bluse an und darüber ein Miederjäckchen. Ihr Rock war rot, die braungebrannten Beine mit weißen Söckchen steckten in Sandalen. Sie saß versonnen da und dachte wohl an sonst was.

Ich beobachtete sie eine Weile. Es war wie im Märchen. Ich ging auf sie zu. Sie erschrak arg. Bald waren wir im Gespräch und hätten es wohl kaum gehört, wenn Amis gekommen wären.

Sie hieß Maria Sp. und war mit ihrer Familie aus dem Saargebiet nach Riedenburg evakuiert worden - Kreis Morbach, Bezirk Bernkastel - dazu gehörte auch die Mühle. Die Fee war genau so alt wie ich und wartete auf ein

Lebenszeichen von ihrem Liebsten, der auch bei den Soldaten war. Nun wußte ich, daß sie tabu war. Sie war die Braut eines Kameraden. Sie hoffte, bald in ihre Heimat zu dürfen. Ihre einzige Kuh, die sie von daheim hatten mitnehmen dürfen, hatte hier gekalbt und weil das Futter rar war, sollte das hier auf der Sommerseite grasen. Schließlich versorgte sie viele Babys im Dorf mit Milch. Zwei mal trafen wir uns noch in jenem Tal. Sie brachte mir einen Rasierpinsel mit, eine Klinge, ein Taschentuch und ein Paar Fußlappen. Lauter Wertgegenstände für einen Vagabunden. Ein Hagebuttenstrauch war unser toter Briefkasten, unter dem sie mir etliche Tage eine Butterbemme versteckte. Warum sie die Versorgung nicht aufrecht erhielt, weiß ich nicht. Und wieder kam etwas Neues auf mich zu.

Einige Kilometer bachabwärts stand wieder eine Wassermühle. Mein Magen knurrte arg und ich klopfte abends an. Es gab Pellkartoffeln und Rotwurst. Ein regelrechtes Fest- essen. Man versprach mir, daß ich bei Einbruch der Dunkelheit zum Essen kommen dürfe. Es war die Thees-Matze-Mühle. Ein früherer Besitzer hatte Mathias Theesen geheißen. Der Müller war auch eingezogen und sein Bruder Alois versorgte die Mühle, die viel kleiner als Kuhnts Betrieb war. Es war ein kleiner, schwarzer, etwas ausgewachsener Mann. Die Frau hieß Trina, war vierzig Jahre alt und hatte eine kleine Tochter mit Namen Gertrud, genannt Diddi. Zeitweise war auch deren Tante mit Namen Thekla anwesend. Eine Tante Anna wohnte auswärts. Ich erbat mir eine Axt, mit der ich an den umliegenden Hängen dürre Äste abhackte und ausputzte. So machte ich mich ein bißchen nützlich für Familie Corneli.

Scheinbar beruhigten sich die Amis mit ihrer Jagd auf deutsche Landser. Ich zog regelrecht zu Cornelis. Meine Kammer war klein und schmal. Ein Stuhl und ein Bett mit einem geblümten Überzug war das ganze Inventar. Braucht ein Mensch mehr? Alles war piksauber. Unter mir war der Pferdestall und der Bach floß direkt an meinem Fenster vorbei. Ich lag nackt, wohlig hingestreckt auf meinem Bett. Welche Wonne - scheinbar ohne Gefahr und ich dankte Gott und der Frau Trina. Der Alois schaute zwar etwas finster drein, wohl weil ein Esser mehr am kargen Tisch war. Ich lebte mich bald ein. Ich schlief bei offenem Fenster. Bald spürte ich aber auch die Armut meiner Gastgeber. Sie besaßen ein Soldatenpferd, das aber kein Fleisch auf den Rippen hatte und wenig Kraft besaß. Zwei Kühe, recht mager, standen im Stall oberhalb des Wohnhauses. Weil das Stroh alle war, sammelte ich Ginster und hackte ihn als Streu, gemischt mit Herbstlaub ergab es eine einigermaßen weiche Liege für die Tiere. Aber guten Mist gab das natürlich nicht. Für das Pferd strüffelte ich Laub von den hier viel vorhandenen Haselsträuchern als Futter. Viel Korn ließen die Dörfler nicht mahlen, weil Notzeit war. Die Kleie brauchte jeder selbst nötig. Es waren nur einige Pfund, die für die Mühle abfielen. Das Pferd strich sich vor schwäche an den Vorderhufen. Ich bastelte ein Paar Streichklappen.

„Lat Trina ihre Acker worn uff de Grohberg". - Man sagte nicht Trina, sondern lat Trina und lat Thekla. Der Grohberg war ein arger Berghang auf der Höhe. Es stand wenig Land dort. Mit dem Wendeflug brachen wir mit dem mageren Pferd ein Stück Land um und warfen ein Gemenge von Hafer und Gerste darauf. Das wurde beigeeggt. Kunstdünger gab es nicht. Auch für wenige Saatkartoffeln wurde gepflügt. - Eines Tages wurde ich auf Riedenburg hinauf geschickt. Ein Mädchen konnte dort Haare schneiden. Ich hatte bald einen Bubikopf - dort wurde ich wie ein exotisches Tier bestaunt. Aber auch das verging. Lat Trina ging sonntags in die Kirche. Die Bevölkerung ist dort katholisch. Täglich gab es wohlschmeckendes Essen, soweit dies aus den vorhandenen bescheidenen Mitteln zu erstellen war. Abends gab es oft Pellkartoffeln mit Quark oder saure Milch.

Lat Trina hatte schon einige Fehlgeburten gehabt und Klein-Diddi nur ausgetragen, weil sie während der Schwangerschaft täglich ins Nachbardorf - etwa 5km - gelaufen war, um dort eine Spritze zu bekommen. Verständlich, daß sie mit großer Liebe an dem Kind hing.

Nach 20.00 Uhr durfte niemand mehr draußen sein. Befehl der Militärregierung. Oft war es viel später, ehe wir vom Grohberg kamen. Pferd und Kühe hatten ja noch grasen müssen am Waldrand. Sonst gab es ja kein Futter.
Eines Abends, es war fast 22.00 Uhr und schon fast dunkel, etliche hundert Meter oberhalb der Mühle: Scheinwerferlicht. Bald konnten wir auch Gestalten ausmachen. O weia. Was sollte das nun wieder bedeuten? Mit klopfenden Herzen, jedes Geräusch vermeidend, zogen wir in die Ställe. Es gibt eine menschliche Neugier, die mutig macht. Also machte ich mich trotz Trina's Bedenken auf, um zu sehen, was los ist. Das Licht und Motorengebrumm mußte doch eine Ursache haben. Als Zeichen meiner Friedfertigkeit nahm ich eine Schaufel auf die Schulter. Und was sah ich? Zwei baumlange Amerikaner - sie bemühten sich, einen Jeep flott zu machen. Sie hatten wohl Wachtmeister-Rang. Der Jeep war in der feuchten Wiese festgefahren. Scheinbar hegten sie keinen Argwohn gegen mich, als ich gleich mithalf. Sie hatten schon Zweige von einer Weide abgehackt und untergepackt. Doch trotz Allradantrieb schien das Auto wie festgewachsen. Also versuchte ich ihnen zu erklären, unweit sei ein Haus und ein Pferd. Einer der beiden kam mit. Lat Trina schaute von weitem zu, als ich das Pferd anschirrte. Alles bei der Petroleumlampe. Ich nahm Schwengel, eine Kette und eine starke Fichte als Hebebaum mit. Das Pferd schaffte aber das Auto nicht heraus, der Schwengel brach entzwei. Nach vieler, vieler Mühe gelang es uns endlich, den Jeep frei zu kriegen. Wir alle schwitzten tüchtig. Auf meine Einladung hin kamen die Amis mit ins Haus. Sie wuschen sich gründlich. Wir radebrechten so, daß wir mehr ahnten, was gemeint war. Einer der Hünen ging an den Kühlschrank und holte eine Kaffeetasse heraus. Also sollte die Frau Kaffee kochen. Dann ging er zu seinem Auto und kam mit einem Pappkarton zurück. Ei, was kam da zum Vorschein? Brot - in Scheiben geschnitten und in Silberpapier gewickelt - Butter in Schachteln, Käse, Zucker, Kaffee stark gepreßt, Zigaretten, Streichhölzer, Fleisch und Wurst in Dosen und vieles mehr. Es schien ein Originalkarton amerikanischer Heeresverpflegung zu sein. Wir durften mit zulangen. Freund und Feind speisten gemeinsam.

Es geht doch wunderlich zu auf dieser Welt.
Wir bekamen folgendes mit: die beiden wollten jagen und sollten um 5.00 Uhr in Moorbach sein. Dabei waren sie in der Nähe des Bachbettes versackt. Sie fragten

selbstverständlich nicht, wer ich sei. Den Rest des Essens ließen sie uns zurück, sogar ein Stück Seife. Wo sie die her hatten, weiß ich nicht. Man sah es wohl an den aufgehängten Kindersachen, daß ein Baby im Haus war und dafür sollte die Seife sein. Nach langer, langer zeit war in diesem Haus ein Duft von Bohnenkaffee...

Wieder kam ein besonderer Tag. Alle Einwohner ab 16 Jahren mußten sich vom Bürgermeister registrieren lassen. Was nun, was tun? Um nicht für immer vogelfrei zu gelten, mußte ich hingehen. Nachdem alle Bürger dran waren und der Ansturm vorüber, faßte ich mir ein Herz und ging in das kleine Büro. Es saß nur eine junge Angestellte in dem Raum. Ich grüßte und fragte ganz harmlos, ob sie noch Angehörige unter den Soldaten hätte. „Ja", meinte sie, „mein Bruder und mein Freund". „Fräulein, hören Sie gut zu. Keiner der beiden soll heil heimkommen, wenn Sie mir nicht helfen!" Sie erschrak heftig. Das waren harte Worte von mir. Ich schilderte ihr kurz meine Situation und bat sie um einen Registrierschein. Sie meinte, das dürfe sie nicht. Ich erklärte ihr: „Fräulein, denken Sie sich, einer der Ihren wäre in meiner Lage und sein Schicksal hinge vom Mut eines jungen Mädchens ab!" Da faßte sie nach einem Formular, das übrigens blanko unterschrieben war und fertigte mir eine „Zeitweilige Registrierungskarte" an. Nun war ich Landwirtschaftsgehilfe und wohnte in Riedenburg Nr. 98; Lfd.-Nr. des Scheines war 335. Noch zwei Fingerabdrücke und ich war im Besitz eines wichtigen Dokuments. Es machte mich zu einem legalen Menschen. - Am liebsten hätte ich das Fräulein geküßt, aber ich unterließ es. Lat Trina freute sich mit mir über das Papier vom Military Government of Germany.

Jetzt schien mir alles leichter. Ich konnte auch mal nach Thalfang und Riedenburg gehen. Arbeit gab es alle Tage und die Not der Zeit ertrugen wir gemeinsam. Ich hatte sogar ein Nachthemd bekommen, es war von Lat Trinas Mann. Es war ein bißchen eng und klein, aber es ging. Freude hatte ich alleweil an dem munteren kleinen Bächlein, das Trinkwasser lieferte, als Waschanstalt diente und die Mühle antrieb.

Einige Kilometer bachabwärts war noch eine dritte Wassermühle. Da wohnte Kochs Jette, nun eine alte Frau. Man erzählte sich, als sie jung war, habe sie beim Überspringen des Baches ein Kind verloren, es in ihre Schürze gelegt und heimgetragen. - So sorglos ich lebte auf der Mühle, so zog es mich doch sehr nach Hause. Post ging nicht. Flüchtlinge brachten Gerüchte mit: Die Russen kämen weiter westwärts. Was würde wohl zu Hause los sein?
Ich war hier in der Fremde, in der ich doch auch heimisch geworden war. Gesund, das Haar von der Sonne hellblond gebleicht, am Körper braun gebrannt wie ein Inder, so lebte ich hier am Rande des Hunsrücks. Und daheim sorgten sich wohl alle um mich, die mich lieb hatten. Viele Fragen für sie ohne Antworten.
Ich besprach mich mit Frau Trina. So gerne, wie sie mich jetzt, wo es um die Heuernte ging, behalten hätte, so hatte sie doch auch Verständnis für meine Situation.

Amerikansiche Militärpatrouillen waren nicht mehr durch das Tal gekommen. Aber mit dem Registrierausweis war es bei strenger Strafe verboten, den Kreis zu verlassen. Was nun?
Sollte ich in letzter Stunde alles aufs Spiel setzen? Ich war ja heilfroh, daß mich bisher niemand verraten hatte. Also blieb mir nichts anderes übrig, als in die Höhle des Löwen zu gehen. Lat Trina lieh mir eine Hose zu der Jacke von Kuhnts Mühle, sodaß ich nur noch mit den Knobelbechern Soldat war. Diese aber waren von den langen Hosenbeinen verdeckt. Man mag es mir von weitem angesehen haben - diese Sachen waren nicht auf meinem Mist gewachsen.
Ich machte mich also so schmuck als möglich und marschierte im Morgengrauen nach Marbach Amt Bernkastell, direkt zur amerikanischen Kreiskommandantur. Es wäre gelogen, wenn ich sage, ich sei kaltblütig zu dem Posten am Eingang gegangen. Er trug ein weißes MP am Helm. „You have pass?" Ich zeigte meinen Registrierschein vor und machte ihm klar, daß ich zum Kommandanten möchte. In einem Vorraum mußte ich warten. Da, auf einmal ging die Türe auf. Ich stand dem Sternenbanner gegenüber und einem älteren Offizier, der etwa Major sein konnte. An einer Schreibmaschine saß ein junger Soldat und ein junger Offizier stand am Fenster. Wenn man im Gefecht Feinde vor sich hat, weiß man, was man zu tun hat. - Da waren nun drei, denen der deutsche Obergefreite schon einige Male entwichen war, weil er nicht in die Kriegsgefangenenlage Bad Kreuznach oder Remagen wollte.

Mir war heiß wie in einem Backofen. „Was wollen Sie?" fragte der Soldat in gebrochenem Deutsch. Er war anscheinend der Dolmetscher. „Ich bitte um einen Ausweis, damit ich zurück in meine Heimat kann." „Haben Sie keinen Ausweis?" Ich nestelte verlegen meinen Registrierschein aus der Tasche. „Wie sind Sie nach Riedenburg gekommen?" Jetzt mußte ich lügen ohne rot zu werden. Ob mir das gelang? „Ich war als Rüstungsarbeiter in diese Gegend verpflichtet und habe in dem Durcheinander meine Papiere verloren." Regelrecht körperlich empfand ich die Spannung, die jetzt im Raum lag. Es waren Sekunden wie vor einer Brückensprengung.

Der alte Offizier sah mich so durchdringend an, daß ich das Gefühl hatte, nackt zu sein. Ich brauchte all meine Kraft, um ihm einige Zeit in die Augen zu schauen, die ich aber schließlich unter der Last der Unwahrheit niederschlug. Und vielleicht war dieses Letzte das Entscheidende. Ich jedenfalls hatte trotz unserer Fremdheit das Empfinden. Er ließ mir sagen, daß er mir auch keine ordnungsgemäße Papiere geben könne; dagegen bekäme ich einen Traveller-Scheck, der vierzehn Tage Gültigkeit hätte. Ich sollte sehen, daß ich in dieser Frist heimkäme. Ich hatte Piskaborn bei Wernigerode angegeben, also möglichst weit westwärts.
Fast hätte ich vor Freude militärische Haltung angenommen, die Hacken zusammengeknallt und „Jawoll" geantwortet. Aber dieser relativ alte Mann hatte mir wohl sowieso bis tief in die Seele geschaut. War sein Handeln ein Stück Fairness gegenüber dem besiegten Feind? Wie kommt es doch überall auf den

einzelnen Menschen an.

Glücklich wie ein Lotteriegewinner trollte ich der Mühle zu, in der Tasche den blau gedruckten Traveller-Scheck, in englischer Sprache. Zwar kein voll gültiges Papier, doch besser als mein Registrierschein, der mich an das Dorf Riedenburg bannte. Lat Trina hatte zwar fest damit gerechnet, daß ich weiter eine Hilfe sein würde. Sie war aber dennoch so verständnisvoll, daß sie mich mit den besten Wünschen für mein Heimkommen gehen ließ. Die stille Mühle war mir eine ganze Zeit Heimat gewesen, hatte mir Schutz und Obdach gewährt und die Menschen waren gut zu mir, so daß ich kurz hin- und her überlegte, doch das Heimweh siegte bald.

Als Wegzehrung bekam ich unter anderem 7 Eier. Ich verzehrte sie aber sogleich als Spiegeleier - man weiß nie, was einem noch wiederfährt und in all den Jahren hatte ich gelernt: besser „ich habe" als ich „hätte". Meine Siebensachen steckte ich in einen schmalen Sack, in dessen Ecken ich je eine Kartoffel steckte und mittels Strick zum Rucksack machte. Ein Haselnußstecken wurde der Krückstock. Bei gutem Wetter und nach sehr herzlichem Abschied - besonders von Klein-Diddi - marschierte ich los in Richtung Heimat, dem Harze zu: kleine weiße Wölkchen standen am blauen Himmel, Insekten schwirrten. Es war, als sei nie Krieg gewesen. Vom Obergefreiten war ich zum Kapitän aufgerückt, zum Kapitän der Landstraße.

Jahrelang war ich als Landser Angehöriger der Schwadron. Die Schwadron war irgendwie die Glucke in guten und bösen Tagen. Mit ihr, von ihr und für sie lebten wir. Die Kameradschaft war das Band, das uns unsichtbar zusammenhielt. Der Befehl regierte nur den Mann, die Kameradschaft aber den Menschen.

Aller Rhythmus des Lebens wurde von der Einheit und ihrer jeweiligen Situation bestimmt. Jeder Lazarettentlassene, jeder Urlauber, alle wollten zu „ihrem Haufen" zurück. Auch wenn oft alles Sch.... war. Für die Schwadron haben wir organisiert, wie der besonders verbrämte Ausdruck für „stehlen" in der Landsersprache hieß. Für die Schwadron haben wir gelogen, gestritten, kurz alles gemacht. - Nun war ich schon eine Zeit so ganz formlos aus diesem Kreise entlassen. Die Mühle war die Insel, auf die ich mich geflüchtet hatte nach dem Ende, der Auflösung der militärischen Organisation. Das Leben auf der Mühle gab mir Aufgabe und Geborgenheit. Und nun war alles wieder ganz anders. Jetzt war plötzlich ein Vakuum entstanden. Ich gehörte zu den Millionen, die der größte und unseligste Krieg seit 1618 aus der Bahn geworfen hatte. Menschen, Herbstlaub gleich, wurden von der Windsbraut Krieg im Wirbel in die Luft geschleudert, um irgendwo und irgendwann, beschädigt oder verdorrt, auf Erde zu fallen. Entwurzelt aus Familie, aus Heimat und Hof, aus Gauen, aus ganzen Völkerschaften waren die Menschen.

Auf der großen Hunsrück-Höhenstraße, der ich auf kürzestem Weg zugeeilt war, fuhren motorisierte Fahrzeuge aller Art auf zwei Spuren. Der Asphalt flimmerte vor Wärme. Wäre meine Situation eine andere gewesen, hätte ich singen können: „Wozu ist die Straße da? Zum Marschieren.." Aber nun galt es in 14 Tagen von der

Nahe bis in den Harz zu gelangen.

Überwiegend waren es amerikanische Truppenfahrzeuge, welche die Straße in beiden Richtungen befuhren. Junge, hatten die einen Fuhrpark. Da waren wir Waisenknaben dagegen. Vom Jeep bis zum überschweren Spezialtransporter war alles zu sehen. Oftmals fuhren ganze Wagenkolonnen vorbei. Meistens wurden sie von Farbigen gesteuert. Waffen, Kriegsmaterial, Pioniergerät, vor allem Treibstoff alles rollte auf Rädern. Aber ach, wie oft sah ich auf Dreiachsern zusammengepfercht deutsche Kriegsgefangene. In unge- heuerem Tempo jagten die Brummer dahin. Zwischendurch schlängelten sich als reine Fahr- künstler die kleinen Jeeps mit MP-Besatzung.

Die Armeefahrzeuge durften nur Zivilisten mit weißer Armbinde, das waren ehemalige Ostarbeiter, mitnehmen. Die wenigen Zivilfahrzeuge, die rollten, hatten an der linken Tür eine Aufschrift: Civilian Vehicle Pool Nr. .. Aber die Deutschen hielten auf mein Winken nicht an. Es war vielleicht mehr Vorsicht der Fahrer als Böswilligkeit. Die Zeiten waren unsicher.

Da, plötzlich, standen hinter einer Kurve am Gebüsch der Straße einige Fahrzeuge. Die Mannschaften waren Neger. Das Herz wollte mir in die Hose rutschen. Wenn sie mich kontrollierten? Wieder mal half nur Kaltblütigkeit. Ich besaß noch ein paar Zigaretten. Eine davon holte ich hervor und ging auf die Gruppe zu. Durch Zeichensprache erbat ich Feuer. Ich bekam dies sofort und sogar noch ein paar Kekse. Die Farbigen grinsten, was waren das doch für nette Menschen. Vielleicht freuten sie sich, daß sie hier in Germany nicht die Nigger waren wie im freien Amerika.

Freudestrahlend und dankbar zog ich weiter. Es gibt ja für essen und trinken und rauchen international verständliche Gesten. Und die waren auch hier wirksam gewesen. Nur war seltsam, daß ich der einzige war, der ostwärts wanderte. Auf Fahrrädern, die arg be- laden waren, begegneten mir etliche, denen man eine lange Reise ansah. Immer wieder winkte ich den wenigen Privatautos, die mich überholten. Da rollte ein roter Pkw rechts von mir auf die Seite. Es war ein Zweisitzer, ein Sportwagen, ungeheuer lang gebaut, modernste Scheinwerfer und Ausstattung. Eine Frau stieg aus. Eine Frau? Nein, eine Schönheit. Sie war schätzungsweise 30 Jahre jung, schlank wie eine Tanne, Beine wie ein Fotomodell, langes, dunkles, welliges Haar. Nur viel Lippenstift und Schminke mißfielen mir. Autohandschuhe, graues Kostüm. Dazu ein Parfüm, wie ich es noch nie gerochen hatte.

Sie fragte mich in gebrochenem Deutsch, wo ich hin wolle. „In den Harz." „Where is it?" - Nachdem ich die Bewegung in ihrer Fahrtrichtung und weit, weit angedeutet hatte, begriff sie. Sie öffnete den ungeheuer großen Gepäckraum des Wagens. Dort hinein legte ich meinen Stock und Rucksack. Dann durfte ich mich neben sie setzen und ab ging die Post in Richtung Ost/Nordost. Ich wagte es kaum, nach ihr zu sehen. Sie hatte ein rassiges Profil und ... war gewiß große Klasse. Allmählich kam ein Gespräch in Gang. Ich sagte ihr die Wahrheit. Wer in solcher Zeit als Frau einen Fremden mitnimmt, sollte nicht belogen werden. Sie hörte mir still zu. Dann erzählte sie mir, daß die Französin sei. Ihr Mann sei

Deutscher, z.Z. in Metz interniert. Sie wolle aus einem Dorf im Westerwald Schmuck zurückholen, den sie während des Krieges dort deponiert hatte. zwischendurch schenkte sie mir zwei Butterbrötchen und die zeit verging flugs. Bei Koblenz mußten wir über den Rhein. Es war eine Pontonbrücke der Amerikaner, die wir zu passieren hatten. Der Schlagbaum war heruntergelassen. Ein Posten mit MP trat an unser Auto und fragte die Frau: „You have pass?" Sie wies sich aus. Ich aber schwitzte fürchterlich. Jetzt zeigte der Ami auf mich. Sie sprach ein paar englische Worte - er öffnete die Durchfahrt. Ganz langsam rollten wir über den starken Bohlenbelag, der kaum schaukelte. Ich glaube, ich war 5 cm größer, als wir drüben ankamen.

Am anderen Ufer stauten sich Menschen über Menschen. Mit Karren, Hand- und Hundewagen, mit Fahrrädern und Pferdegespannen wollten sie linksrheinisch. Sie mußten aber eine strenge Quarantäne durchlaufen und wurden - entlaust.

Meine gütige Fahrerin gab Gas. Irgendwo setzte sie mich ab, weil sie links abbiegen mußte. Man mag sich vorstellen, wie dankbar ich mich verabschiedete. Ich sah dem feschen roten Zweisitzer nach. Er hatte mich in wenigen stunden fast 200km vorangebracht. Noch- mals Dank jener Französin mit dem guten Herzen!

Nun ging es weiter. Immer mehr „Reisige" traf ich. Jetzt auch schon einige in meiner Richtung. Doch Vorsicht ist die Mutter der Porzellankiste, am besten, ich blieb allein.

Trippelnd, mal ruhend, mal Verpflegung erbettelnd, kam ich voran. Einmal nahm uns, etliche Landser und mich, ein Lkw mit - ein alter Opel Blitz.

Irgendwo übernachtete ich auch mal auf einem Gut. Da kampierten schon viele Frauen und Mädchen. Aber ich wollte mir zu guter Letzt nicht noch eine ansteckende Krankheit einhandeln. Die nächste Nacht schlief ich in einer Fichtenschonung. Es war dort schön schauer und ich ruhte wie in einem Himmelbett.

In der Nähe von Kassel konnte ich mit der Eisenbahn ein Stück mitfahren - im Güterzug ohne Fahrplan, ohne Fahrkarte. Das Erbetteln der Nahrung wurde immer kritischer. Hin und her wogten die Massen auf den Landstraßen. Von Nord nach Süd, von Ost nach West und umgekehrt wälzte sich der Strom der Heimwollenden. Als hätten Riesenfüße in einen Ameisenhaufen getreten, der Europa hieß.

Als ich über Naumburg - so ein Umweg durch mitfahren im Lkw - nach Querfurt kam und das durchwanderte, roch es schon nach Heimat. Eine Kutsche überholte mich, gezogen von einem Paar herrlicher, langschweifiger Goldfüchse. Ein Ehepaar - 40jährig - und zwei Mädchen saßen in dem leichten Gefährt. Ich durfte mitfahren - natürlich nur auf dem Trittbrett. Von den wunderschönen Tieren waren ich ganz fasziniert. Sie trabten dahin ohne jede Anregung, gleichmäßig, ohne zu schwitzen, gen Eisleben. Im Laufe der Unter- haltung erfuhr ich, daß die Familie von Ostpreußen kam und noch zwei Paar Pferde in Querfurt stehen hatte. Sie wollten zur Kommandantur in Eisleben, um die Genehmigung zur Weiterfahrt nach Braunschweig zu erwirken. Der Mann lud mich ein, mit ihm zu kommen. Wenn ich gewußt hätte, ob daheim alles zerbombt oder meine Lieben am

Leben wären, wäre ich mitgefahren.

Doch nun, so kurz vor dem Ziel umkehren? Nein! In Eisleben suchte ich den Omnibus-Bahnhof. Er war in der Lindenstraße an einer Gaststätte. Nach einiger Zeit kam ein Mercedes-Dreiachser. Der fuhr über die Grunddörfer nach Hettstedt. Neun Landser wollten mit mir in die gleiche Richtung. Mecklenburg, Magdeburg, Hamburg, Aschersleben waren ihre Reiseziele. Zur Schande der zivilen Fahrgäste mit ihren Wochen- und Monatskarten muß ich sagen, daß diese sehr stur waren und auf ihrem Mitfahrrecht beharrten. Aber vielleicht war es täglich so. Wenngleich einige nur bis Wimmelburg wollten, der Bus war übervoll. Den Fahrer ärgerte das über die Maßen. Aber er war gegen das Volk machtlos und gute Worte halfen nichts. Hier war sich anscheinend jeder selbst der Nächste. Er saß schon hinter dem Lenkrad - und stieg plötzlich wieder aus: „Männer, wenn ihr mir ver-sprecht, vorsichtig zu sein, die Köpfe flach zu legen, will ich euch mitnehmen. Klettert auf das Dach!"

Hinten am Bus war eine eiserne Leiter angebracht und um das Dach war ein schmales Geländer angebracht zur Beförderung von Stückgut. Also nichts wie rauf auf das Fahrzeug! Wir gaben auch wirklich gut acht und kamen gut an. Ich glaube, der Fahrer fuhr besonders langsam? Jedenfalls war er ein prima Kerl, der das Herz auf dem rechten Fleck hatte. Auf dem Hettstedter Marktplatz bekam er etliche Zigaretten von uns. Eiligen Schrittes ging ich zur Promenade. Meine Eltern waren zutiefst erschüttert, als ich sie begrüßte.

       ich
           war

               d a h e i m ....

Nachwort

von Brigitte Römpp

Diese „Lebensbeichte" von Heinz Fiedler habe ich im Juni 1998 abgeschrieben mit geringen Korrekturen. Es gibt noch einen Epilog - dieser erscheint mir aber im Abstand der Jahre nicht mehr zeitgemäß. In vielen Gesprächen mit Heinz Fiedler sind wir auch zu diesem Schluß gekommen. Wir hoffen nun, daß sich möglichst viele Menschen ein Bild machen von den Ereignissen einer unvorstellbar grausamen, aus heutiger Sicht mit mißbrauchten Tugenden verdorbenen Zeit - einem Teil der jüngeren deutschen Geschichte. Nicht alle Erlebnisse sind festgehalten. Progrome, die Einsätze der „Sonderkommandos", wurden hier nicht registriert und wohl auch damals schon nicht ins Gedächtnis aufgenommen, weil sie nicht ins Bild vom „guten Soldaten" paßten. Heinz Fiedler ist der „typische Deutsche" seiner Zeit, im positiven Sinne, der gutgläubig die Ideale der Propaganda übernimmt, nicht ahnend, wie sehr er mißbraucht wird. Er hat sich persönlich wohl kaum etwas zu Schulden kommen lassen (außer vielleicht „organisieren"), und doch ist er Teil des Getriebes, das so lange das Morden ermöglicht hat. Wir „Nachgeborenen" wollen verstehen. Es steht uns nicht zu, Schuldzuweisungen zu verteilen. Aber es gibt so viele „warum". Ich denke, der Bericht von Heinz Fiedler ermöglicht einige Antworten. Übermächtig war die Idiologie der Zeit, die Propaganda mit dem neuen Medium Radio, der schon von den Dichtern des 19. Jahrhunderts angeheizte Nationalismus, die Armut großer Teile der Bevölkerung und und und. Eine Entschuldigung für das Unentschuldbare ist das nicht. Aber wenn man hoch erhobenen Hauptes in eine neue Zukunft gehen will, muß man seine Altlasten bewältigen, nicht unter den Teppich kehren. Meine eigenen Reisen nach Rußland und der hier aufgezeichnete Bericht sind ein Versuch in dieser Richtung.

Der 6. Tag

Mein Name ist Wilhelm Fritsch, Leutnant der Reserve bei der 445. I.D. Morgen ist mein Geburtstag, der 29. Im Zivilberuf bin ich mit Leib und Leben Forstmann. Beim Fürsten von Hohenlohe habe ich zuletzt gearbeitet, bis man mich zur soldatischen Ausbildung nach Grafenwöhr geholt hat. Das war am 22. September 1939. Exerzieren, Marschübungen, Schießausbildung, Schützengräben ausheben, das hat man uns alles gelehrt, ab November 39 dann am Westwall, in Bienwald. Der letzte Teil des Offizierlehrgangs fand wiederum in Grafenwöhr und der Waffenschule Erlangen statt.

Meine Offiziere waren Lt. Ohland, Oberstlt. Harder, Olt. Singer, Feldwebel Utzschneider und andere. Meine Kameraden waren Hugo Scholl, Uffz Kaminsky, Uffz Klages, Girgner, Dörfler, Döttinger... soll ich sie alle aufzählen?
   Als guter Schütze und leidenschaftlicher Reiter bin ich gerne Soldat. Zuhause wartet meine Verlobte Annelies. Sobald die Sache hier erledigt ist und ich nach Hause komme, wollen wir heiraten. Und Kinder haben. Ob wir in Patershausen bleiben, auf dem Hofgut meiner Eltern, ist noch nicht sicher. Auch der Fürst bietet mir gute Anstellungschancen.

Im Moment geht es mir nicht so gut. Gerade dämmert der Morgen. Es mag gegen vier Uhr früh sein. Der sechste Tag im August. Am 22. Juni sind wir in Brest ausgeladen worden und begannen den March durch Weißruthenien. Das wird eine Sache von wenigen Wochen. So jedenfalls sprachen die Generäle zu uns, als es los ging. General Halder sprach von rund 14 Tagen, einer „Hasenjagd". Jetzt sind es doch schon 10 Wochen. Viel Gewicht habe ich verloren, alles schlottert an mir, obwohl ich immer schlank war. Die Hitze macht mir wohl zu schaffen. Dann die Mücken, Myriaden gibt es hier, Blutsauger. Denn überall sind Sümpfe. Die Wege führen immer wieder durch den Morast. Nur unsere Offiziere reiten. Wir müssen marschieren. Nebenbei kämpfen wir auch. Meist geht das flott: die Artillerie zeigt unsere Feuerkraft, wir sehen und hören die Antwort. Danach gehen wir vor. Nicht immer ohne Widerstand. Gestern z.B. haben meist russische Tiefflieger allein 83 Pferde getroffen. Das Blut überall! Die anderen Pferde müssen dann mehr ziehen, kommen langsam voran. Unsere Feldküche haben wir seit drei Tagen nicht mehr gesehen. Vielleicht kommt sie heute. Entsprechend gab es nur Brot, etwas Käse, fast nichts zu trinken.
   Wenn wir abends unser Biwak bauen, fallen wir todmüde auf unser Lager. Nur die Wachmannschaften gehen leise hin und her.
   Die erste Strecke von Brest bis Baranovici ging ja noch recht gut voran, obwohl die Kämpfe heftig waren. Aber unsere Artillerie und die gesamten schweren Waffen waren da noch gut organisiert. Jetzt sind wir so weit auseinandergezogen. Es dauert immer länger, bis die Einheit, die wir gerade brauchen, vorne ist. Schlimm waren die Märsche von Baranovici bis Sluck. Aber seit Sluck wird es jeden

Tag noch schlimmer. Das Land verschluckt uns. Sumpfige Wälder mit Birken, dazwischen Sand und Heide. Wieder Wälder, Sumpf. Endlos. Hier ein paar Gehöfte, dort ein Dorf. Die russischen Verbände stellen sich uns beharrlich in den Weg. Man hat sie uns ganz anders beschrieben. Mutige Scharfschützen haben die. Oft sind sie gut getarnt auf einem Baum. Oder sie stecken in den Strohmandeln auf den Feldern. Sie lassen uns seelenruhig herankommen. Dann - irgendwen trifft eine Kugel, todsicher. Mir ist es ein Rätsel, wie sie sich verständigen und verbergen. Alles ist so flach. Da denkt man doch, daß es keine Schlupfwinkel gibt.

Längst sind die Lieder verstummt, die in den ersten Tagen des Einmarsches wie ein Sturm über das Land fegten. Trocken sind die Kehlen, durstig die Soldaten, voll Sand die Schuhe. Viele wünschen sich dahin zurück, wo sie zu Hause sind. Die Mückenschwärme vor den Augen, ist das das Ziel? Die Weite der Landschaft mündet wie in ein Meer der Weite. Unschuldig liegen die Weiler an unserem Weg, die wir erobern. Strohgedeckte Holzhäuser. Manche liebevoll geschnitzt und bemalt. Heimat für Menschen, die wir so schnell wie möglich erledigen sollen.

Unser Biwak heute ist in Tschirkowitschi, eines dieser unzähligen immer gleichen Dörfer. Aber vor uns liegt die Beresina. Die Mückenschwärme werden immer größer, was doch kaum möglich erscheint, und verraten die Nähe des Flusses. Dieser Fluss ist ein erstes wichtiges strategisches Ziel in diesem endlosen Land. Unser Führungsstab liegt in Rakschin. Der heutige Angriff auf das nächste Dorf, Rudnja, sollte gleich nach 7 Uhr beginnen. Aber Oberst Schulze, unser „Chef" des III. Bat. des I.R. 445 der 134. I.D., hat sich dagegen gestemmt, weil wir seit 3 Tagen keine warme Verpflegung bekommen haben und so in seinen Augen „kampfuntauglich" sind. Recht hat er. Mit knurrendem Magen läßt sich wenig Kampfgeist erwecken. Oberst Schulze hat sich eh dauernd in der Wolle mit Kdr General der 134. I.D. Oberst Kunze. Er wirft ihm „Schlamperei" und ungenügende Vorbereitung des Angriffs vor.

Der Verpflegungswagen erreicht uns überraschend kurz vor acht. Großes Hallo. Hastig schlingt jeder herunter, was er kriegen kann. Ich erwische eine Kelle Gemüsesuppe, die Fleisch nur von weitem gesehen hat. An Aufstellung zum Angriff ist nicht zu denken. Erst gegen 9 Uhr machen wir uns bereit. Um 9.30 beginnt der Angriff des 6. Tages im August 41. Ziel ist das vor uns liegende Dorf Rudnja, dann der Beresina-Übergang bei Schazilki.

Russische Flugzeuge heulen heran und werfen 6 Bomben. Hinter uns brüllen und wiehern die getroffenen Pferde. 20 sterben. Die begleitenden Landser sind erschrocken. Kaum können sie die Füsse heben. Wie Blei hängt ein Gewicht an ihnen. Ist es sinnlos? Dieser Angriff? 10 Landser werden tot geborgen, 10 kommen verwundet auf den Verbandsplatz. Die Division bittet das Generalkommando um Schutz durch deutsche Jäger. Es scheint eine Ewigkeit, bis ein einzelner auftaucht. Wie ein Kranich gleitet er um unsere Einheiten. Augenblicklich verstummen die feindlichen Bombenflieger.

Um 10.25 marschieren wir auf den Rand von Rudnja zu. Heftiges feindliches

Feuer schlägt uns entgegen. Wir müssen einen Bach überqueren, dessen Schilfgürtel feindlichen Schützen gute Deckung bietet. Die einzige Brücke wurde wohl in der Nacht abgebrannt, denn sie glimmt noch. Aber daneben ist eine Furt, gut genug für uns, um, manchmal bis an den Hüften versinkend, durchzuwaten.

Leutnant der Reserve Miedtank führt unsere 9. Kompanie. Meist bin ich noch vor ihm. Ich will schnell ans Ziel. Welches Ziel? Heim zu Annelies, heiraten.

Um 11.30 sind wir mitten in dem kleinen Dorf Rudnja, vielleicht 30 Datschas. Nach zuerst heftiger Gegenwehr verziehen sich die Russen nun. Um 12.05 haben wir die Kontrolle über das gesamte Dorf. Aber unsere Einheit ist bisher allein bei dem Vorstoß. Die 446. (I.R.) ist weit hinter uns rechts am Waldrand. Uns fehlt jede Unterstützung von schweren Waffen, um den Gegner auf Distanz zu halten.

Feindliches MG-Feuer trommelt uns entgegen. Granatwerfer bellen. Schüsse einzelner Scharfschützen hallen scharf. Sehr unfreundlich, der Ortsausgang von Rudnja Richtung Kakel. Unser Bataillonsgefechtsstand liegt in einem Erlengebüsch nordwestlich des Baches. Hier verharren wir, bis die 10. Kompanie nachgeführt wird.

Wir nutzen die Verschnaufpause. Mein Bursche, Hans Hüttenhain aus dem Odenwald, reicht mir einen Becher Wasser. Es ist ein heißer Tag und der Durst ist groß. Der Infanteriezug Striezel wirkt nun Richtung Friedhof Kakel und verschafft uns Luft.

Wir machen uns bereit für den nächsten Sprung. Rechts des Sandweges in den Kornmandeln sind noch Scharfschützen versteckt. Ich richte mich etwas auf, um mit dem Feldstecher die Lage zu erforschen. Ein leises Pfeifen - peng - Durchschuss durch meinen linken Unterarm. Alles passiert so schnell, ich spüre kaum Schmerzen. Langsam quillt das Blut vor und wird mehr.

Sofort eilt mein Bursche an meine Seite, um mich zu verbinden.

„Paß auf, Hans, daß es dich nicht auch noch erwischt", sage ich noch.

Unter mir liegt ein Soldat, getroffen durch Schulterblatt und Rückgrat. Augenblicklich tot. Bin ich das?

Kameraden schließen ihm die Augen, falten ihm die Hände, nachrückende Einheiten bestatten ihn an jener Stelle, wo er fiel und umgeben sein Grab mit einem Holzzaun. Darin steht eine Holzkreuz mit seinem Namen.

Der Angriff geht weiter. Am Abend brennen Häuser in Schazilki. Der Bat.-Gefechtsstand wird in einem Judenhaus eingerichtet.

Das Resumee des Tages: Bat.-Kdr Oberst Schulze notiert in seinem Kriegstagebuch: „ Leutnant der Reserve Fritsch, 9. Kompanie, der Forstmann und draufgängerische Soldat blieb auf grüner Heide, die er so liebte. Gefallen am 06.08.1942." Oberst Schulze überlebt den Krieg.

Der Divisions-Stab mit Kdr. General Kunze notiert: „Der Gesamteindruck des Tages ist eigentlich unbefriedigend. Der Angriffsgeist der Infanterie leidet am Mangel eines sichtbaren Angriffsziels in der Unendlichkeit der russischen Landschaft."

Das fertige Grab im Jahr 2000

Ein Tag im Frühling oder
Der Schrei des Kranichs

> Geheim:
> Wehrmachtkommandantur Gomel: 22. Mai 1942: Das Sicherungsregiment 608 wird herausgezogen und der Sicherungsbrigade 203 unterstellt. Neuer Standtort ab sofort ist Gomel.

    Ein freundlicher Maitag zieht herauf mit milden Temperaturen und weißen Wolken am Himmel. Johannes hat die Zieharmonika auf die Ladefläche des Lkw geladen, meine Gitarre liegt griffbereit. Wir 8 Soldaten von der Sicherungsbrigade und 4 weissrussische Helfer sollen von Bobruisk nach Slobin fahren, um Verbandsmaterial zu holen. Wir freuen uns riesig über diesen Auftrag und das bei diesem Wetter!

    Wir vom Sicherungsbtl. 608 haben den letzten Winter überstanden, bei dem es immerhin 200.000 mal den „Gefrierfleischorden" gab für Erfrierungen 3. Grades. Pro Monat gab es 150.000 - 200.000 Tote, von denen wir viele begraben mußten. Ganz zu schweigen von den russischen Gefangenen, denen man augenblicklich ihre wattierten Mäntel und die Filzstiefel wegnahm. Von diesen „Scherzen" haben wir genug.

    Wir hören jetzt immer häufiger von Desertationen, mal 2, mal 15 Mann. Neulich sind in der Nähe von Jaschtschizy sogar 55 Mann desertiert. Manche sollen sich Partisanen anschließen. Wir müssen immer Patrouille fahren. Wir werden gerufen, wenn Partisanen auftauchen und wenn es Opfer gibt.

    Deshalb freuen wir uns auf diesen Ausflug. Keine unangenehmen Befehle, keine unangenehmen SS-Aufpasser. Nur wir 8, Johannes, Michel, Klaus, Erwin, Otto, Max und ich, Ernst Buschstamm, die wir am liebsten zusammen auf der Stube oder wo auch immer Musik machen und singen, wir dürfen nun zusammen mit den 4 jungen einheimischen Männern auf diese Fahrt gehen. Wir rechnen 3 Stunden pro Fahrt plus nochmals ca. 2-3 Stunden für das Laden in Slobin. Also müßten wir abends wieder zurück sein und das Verbandsmaterial im Lazarett abliefern.

Johannes und Michel nehmen im Führerhaus Platz, zusammen mit Stephan, dem ortskundigen Weißrussen. Denn man weiß nie, ob man nicht auf Nebenstraßen - sprich Feldwege - ausweichen muss wegen irgendwelchen Panzerkolonnen oder unvorhergesehenen Ereignissen.

Wir übrigen machen es uns auf der Ladefläche bequem. Ich halte meine Gitarre im Arm. Auch wenn Johannes nicht mit dem Schifferklavier begleitet, Klaus hat noch seine Mundharmonika dabei. Zu manchen Liedern können unsere russischen Begleiter einen wunderschönen Hintergrundchor summen. Schließlich treten wir auch immer wieder zu Geburtstagsfeiern und anderen Anlässen auf, um für die musikalische Umrahmung zu sorgen. Die Kameraden mögen das. Sogar andere Einheiten der Heeresgruppe Mitte fordern uns gelegentlich an.

So starten wir endlich frohgemut in diesen schönen Frühlingstag. Frühling in Weißrußland, das heißt wundersame Lichtspiele der Sonne in dem zarten Laub der Birken. Mal heller, mal dunkler, wirken die frischen Blättchen wie die Einladung zu einem Fest, die weißen Stämme leuchten dazu feierlich. In den Zweigen huschen die Vögel bei ihrem Brutgeschäft. Über unseren Köpfen kreisen Störche paarweise oder im Pulk, die Flugbahn manchmal durchkreuzt von einem Kranich, der mit lautem Trompeten nach seiner Liebsten ruft. Oder sie ziehen in ihren charakteristischen Einserformationen über uns hinweg.

Unsere Straße parallel zur Rollbahn ist natürlich nicht geteert. Morastige Abschnitte wechseln mit sandigen. Durch Wäldchen, Felder, Brachland. Manchmal gesäumt von Birken. Den Fahrer beneide ich nicht. Denn oft sind die Furchen so tief gewühlt, daß man ein Aufsitzen befürchten muß oder die Wasserlöcher lassen nicht erkennen, ob Gefahr für einen Achsbruch besteht. Deshalb müssen wir uns auf die Kenntnisse und die Intuition der ortskundigen Helfer verlassen. Für gewöhnlich fahren ja auch die Fahrzeuge im Konvoi und können sich so gegenseitig Hilfe leisten. Ein einzelner Lkw wie unserer ist eher die Ausnahme. Schon eine gute Stunde dümpelt unsere Fahrt so vor sich hin. Wir haben noch keine Lieder angestimmt. Der Takt, in dem das Auto schaukelt, ist zu holperig. Gerade durchqueren wir ein Wäldchen. Noch eine Biegung, dann öffnet sich der Wald zu Feldern. Aber, um dorthin zu kommen, muß man ein Bachbett queren. Und die Brücke aus Bohlen, die sonst hinüber führt, ist „zerlegt". Zwar sind die Stützkonstruktionen vorhanden. Aber als Auflage schaukelt nur eine Bohle schräg, die übrigen sind verstreut auf beiden Ufern.

Johannes pfeift scharf als Warnung, daß er den Lkw abbremst. Stephan springt als erster heraus. Der Bach mag 5 m breit sein und das Bachbett ist zu dieser Jahreszeit gut gefüllt. Keine Chance, ohne die Brücke zu queren. Also müssen wir die Bohlen einsammeln und frisch verlegen. Kein Problem. Wir sind zwar keine Pioniere, aber 12 Mann. Zuvor wird aber noch eine Zigarette geraucht.

„So ein Spaß, so ein Ausflug", summt Max vor sich hin. „Ausflug gut, Brückenbau schlecht", knurrt Gerhard.
Wir sind ein eingespieltes Team. Uns braucht keiner Kommandos zu geben. Johannes trägt mit mir eine Bohle, Stephan und die anderen 3 Weissrussen sind drüben und legen von der anderen Seite. Jeder kennt jeden Handgriff.

Pfeifen, Zischen, Knall.
Erschrocken schreit ein Kranich und fliegt auf.
Jemand hat das Feuer auf uns eröffnet. Unsere Waffen liegen hinten auf dem Lkw. Unerreichbar. Wir haben uns instinktiv hingeworfen. Eine Gestalt springt aus den Büschen am Waldrand. Ich erkenne deutsche Hoheitsabzeichen und rufe: „Nicht schießen! Wir sind deutsche Ka....."
Eine Kugel aus nächster Nähe hat das Leben von Ernst Buschstamm beendet. Auch alle anderen 11 Männer werden getötet, auf einen Haufen geworfen, mit

'Benzin übergossen und angezündet.

Der Führer der Einheit meldet an das Hauptquartier: „Befehl ausgeführt. Alle Deserteure erschossen."

Andere Truppenteile werden unverzüglich ausgesandt, die Überreste der Kameraden zu holen, „die einem Partisanenüberfall zum Opfer fielen", wie man den Angehörigen mitteilt. In aller Eile laufen die Vorbereitungen für eine riesige Trauerfeier an. 8 Särge stehen, mit großen SS-Fahnen geschmückt, am nächsten Tag aufgebahrt in der Stadthalle. Diese 8 Kameraden waren beliebt und bekannt, von den 4 Weissrussen spricht niemand. Die Trauer und Ohnmacht von vielen hundert Kameraden richtet sich nun als Wut gegen die „feigen Partisanen". Ziel erreicht. Am nächsten Tag zieht das Bat. nach Gomel ab.

So geschehen am 22. Mai 1942 in Weissrussland und noch viele, viele Male in diesem Krieg „fürs Vaterland".

Zurück in die Zukunft

Den Sommer 1999 verbrachten „meine vier Kinder", Dima und Genia Schumow und Tanja und Dima Rudnitzky bei mir. Ihre Eindrücke waren sicher zwiespältig, erwarteten sie doch, daß hier die gebratenen Tauben herum fliegen. Aber kann man von Kindern erwarten, dass sie durchschauen, was selbst die Erwachsenen nicht merken? Auf der anderen Seite sind Kinder unbestechlich. Was sie später zu hause erzählen, wird ernst genommen. Ermöglicht wurde der Aufenthalt durch die Mitgliedschaft in einem der zahlreichen Vereine „Kinder von Tschernobyl", die sich bemühen, die Folgen des Reaktorunglücks gerade für die junge Generation zu mildern. Ich sehe darin die Chance, durch die Unterstützung und die Begegnung mit den jetzt Lebenden die schlimme Vergangenheit zu überbrücken in eine vernünftige, normale menschliche Zukunft.
So begleitete ich auch einen Konvoi an Ostern 2000, in dem sich Spenden für das Krankenhaus in Paritschi und ein Waisenhaus in Radoskowitschi befanden. Wir begleiteten den Konvoi mit einer Gasteltemfahrt, d.h. Familien, die im Sommer Kinder zu Erholung aufgenommen hatten. Ich war gespannt, Rudnja und „meine Kinder" wieder zu sehen.
In aller Frühe am Sonntag, dem 16. April machte ich mich auf den Weg. Der Himmel zeigte sich vielversprechend: Vom ersten Tageslicht wurde die Alpenkette angestrahlt. Über mir formierten sich zarte Wölkchen wie die Schwinge eines riesigen Engels.
Frohgemut starteten wir also von Ottobrunn mit einem in Belarus zugelassenen Bus mit einer Durchschnittsgeschwindigkeit von kaum mehr als 60kmh auf die 2000km lange Strecke nach Gomel.
An diesem herrlichen Frühlingstag erreichten wir Frankfurt/Oder gegen 18.00 Uhr. Nach 90 Minuten Grenzabfertigung dürfen wir weiter durch Polen über Posen nach Warschau. Es ist eine mondhelle, ruhige Nacht. Erst nach Warschau verschluckt uns die Dunkelheit mit Nebelschwaden. Früh erreichen wir Brest. Im ersten Morgenlicht richten viele Storchenpaare das Nest für den Tag, denn sie sind noch am Brüten. An der Grenze erwarten uns hungrige Hunde und 1 Stunde Abfertigung. So treffen wir auch unseren Konvoi auf dem Rastplatz gleich hinter der Grenze. Die Strecke führt uns über Kobrin, Baranovici, Sluck und Bobruisk, just die Strecke, die wir bei unseren ersten Fahrt mit dem eigenen Auto gefahren sind! Bei Slobin überqueren wir den Dnepr und erreichen Gomel um 17.30.
Nach dem Einchequen im Hotel Tourist und dem Abendessen versinken wir für die Nacht in unseren Hotelbetten.
Am nächsten Morgen verteilen sich alle in die verschiedenen Richtungen: Sperrbezirk um Gomel, Radoskovici nördlich von Minsk, Dombrosch, Kalinkowitschi.
Für mich sind Tanja als Dolmetscherin und Wassilij als Fahrer bereit. Nachdem der Leiter des Konvois erklärt, wir dürfen nicht vor 12.00 in der Base auftauchen, wo

die Zollabnahme vor der Übergabe der Hilfsgüter erfolgt, fährt uns Wassilij zuerst in die Bezirkskinderklinik. Der Direktor stellt die Probleme der Klinik vor: immer zahlreichere Fälle von tschernobylgeschädigten Kindern, nicht genug Geld für Medikamente und Nahrungsmittel...
Danach ist Zeit für eine kleine Sightseeing Tour durch Gomel. So schön kenne ich Belarus bisher nicht: großzügige Gebäude mit Theater, Schloß und Kirche an einem ausgedehnten Park über dem Slosh. In einer kleinen alten Kapelle zünden wir zwei Kerzen an und jeder hängt so seinen Gedanken nach, denn Tanja ist ein wunderbarer Gesprächspartner.
Als wir an der Basis ankommen, sind die Zollformalitäten erledigt und wir können meine 4 Kartons für Paritschi und 4 Kartons für das Waisenhaus einladen. Genau um 17.00 sind wir bei Stephan in Rudnja. Natürlich gibt es ein großes Hallo, denn Stephan wartet vor dem Haus, Sascha hat seit Stunden versucht, uns zu erreichen, ist sogar nach Gomel gefahren. Jetzt wartet er in Paritschi. Also sofort noch die 40km dorthin abgebrettert.
Angekommen, lösen wir ungläubige Freude aus. Hier haben sie noch nie etwas von den Hilfslieferungen abbekommen. Und gerade hier sieht es immer trostloser aus. Nur alte Männer und Frauen sehe ich. Jene, die auch vor 57 Jahren schon leiden mußten. Sie haben Hilfe und Zuwendung verdient. Auch hier wirkt die Anwesenheit von Tanja positiv. „Bitte kommen Sie wieder!" sagt die Oberschwester, halb im Scherz, halb hoffnungsvoll. Zurück in Rudnja hat Natascha ein üppiges Abendbrot hergerichtet. Alle wie sie am Tisch sitzen: Stephan und Natascha, Sascha und Andrej (wieder unser Fahrer vom letzten Mal), Tanja und Genia (der Fahrer aus Gomel) und ich genießen die Mahlzeit und die Unterhaltung, die mit Hilfe von Tanja hervorragend klappt. Dann müssen Tanja und Genia nach Gomel zurück, Sascha nimmt mich zum Übernachten mit nach Svetlagorsk. Hier treffe ich Valeria und die Kinder. Aber nach Genia und Dima muß ich viele male fragen, bis Sascha anruft und sie noch um 23.00 Uhr in den Bus steigen, um mich zu sehen. Herzliche Umarmungen. Die Kinder sind in den wenigen Monaten, seit ich sie zuletzt gesehen habe, wie die Spargel in die Höhe geschossen. Müde und zufrieden endet der Tag nach Mitternacht.
Der nächste Tag gehört dem Grab in Rudnja.

Seltsam, wenn ich mich dieser Stelle nähere, schlägt mein Herz Purzelbäume.

Den Zaun haben sie knallgelb gestrichen: Der Präsident kommt in den nächsten Tagen hier vorbei: Potemkinsche Dörfer.
Wieder hilft mir Sergej, das Grab zu säubern. Die Babuschka Schumow und ihr Sohn, der Vater von Dima und Genia kommen hinzu. Ihre Worte verstehe ich immer, auch wenn ich kein Russisch kann. Es ist ein Gefühl von Nähe. Begleitet von den guten Wünschen all dieser lieben Menschen fühle ich mich geborgen und versorgt.
Mit dem von mir so geschätzten Andrej als Fahrer und den restlichen 4 Kartons starten wir nach Minsk. Eigentlich wollte ich noch einen ehemaligen Oberst in

Minsk besuchen, aber durch mehrere Pannen kommen wir nur langsam vorwärts.

Das Land hat sich seit meinem ersten Besuch vor 6 Jahren verändert. Es wird viel gebaut, die Strassen ausgebessert, überall sind neue Erdölpumpen und Pipelines zu erkennen. Es passiert etwas in diesem Land. Manche Dörfer sind gepflegt idyllisch, andere ärmlich, andere neu. Das Land verändert sein Gesicht. Hoffentlich zum Besseren!
Nach etlichen Pannen erreichen wir Radoskovici, 40km nördlich von Minsk erst am späteren Nachmittag. Die letzte Panne haben wir vor dem Polizeigebäude. Zufällig kommt Anatolij, der Direktor, vorbei und nimmt mich gleich mit.
Während Sascha und Andrej nach einem Teller Borscht gleich zurück müssen, treffe ich hier Kinder wieder, die im Winter zur Erholung in unserer Gegend waren. Einige erkennen mich wieder. Alle sind freundlich, aufgeschlossen und anschmiegsam. Immer wieder kommt eines, dessen Deutschkenntnisse zum Dolmetschen ausreichen.
Sie gestalten einen Festabend für uns, der mit Brot und Salz, den traditionellen Zeichen der Gastfreundschaft beginnt.
Mein Schlafgemach ist ein Spielzimmer über dem Polizeipräsidium.
Die Schlafsäle der Kinder sind um 8.00 am anderen Morgen blitzblank und aufgeräumt, wenn die Kinder erst zum Frühstück und dann zum Unterricht gehen.
Das Waisenhaus hat Platz für etwa 250 Kinder. Es sind mehrere Gebäude, alle aus dem Anfang des (20.) Jahrhunderts stammend. Dazu ein riesiges Freigelände mit Bolzplatz, Garten, Hühnern, sogar 2 Pferden. Mir gefällt eigentlich alles sehr gut, besonders die unkomplizierte Art der Kinder. Nur die Heizung und die Sanitäranlagen wären bei uns undenkbar.
Wir, denn ich bin hier wieder mit einem Teil unserer Reisegruppe vereint, sagen Radoskowitschi „Auf Wiedersehen" und erreichen Minsk nach einer halbstündigen Busfahrt. Kaum wieder zu erkennen, die graue Stadt von 1995. Minsk leuchtet in frischen Farben, Kirchen und Klöster sind ebenso hergerichtet wie kommerzielle Gebäude. Die Menschen tragen modische Kleidung, kein Unterschied zu unseren Städten auf den ersten Blick. Auf dem Basar gibt es Edelsouvenirs zu kaufen, „nur 5$ „ ruft es aus allen Ecken. Denn Dollar sind die begehrte Währung. Einmal halte ich ein dickes Bündel einheimischer Währung hin - es reicht nicht, ich bekomme es zurück.

Am Abend zurück in Gomel erwartet uns ein Abendessen in einem Gasthaus mit Lokalkolorit: gefüllter Hecht - der jedem Sternelokal zur Ehre gereicht hätte.
Beim Abschied am anderen Morgen erklärt mir Nicolai, der maßgebliche Partner für Hilfslieferungen, ich könne jederzeit Spenden nach Paritschi mit seinen Bussen befördern - das Werk von Tanja. Denn es ist sonst sehr schwierig, die bürokratischen Hürden zu überwinden.

Mit dieser vierten Fahrt bin ich endlich ganz und gar im Weißrußland von heute angekommen.

Eigentlich ist meine abenteuerliche Fahrt erst hier zu Ende. Die Zukunft hat schon begonnen.

„Meine 4 Kinder" im Sommer 1999 im Allgäu

Gastfreundschaft mit Salz und Brot (Waisenhaus Radoskowitschi 2000)

Tschernobyl ist allgegenwärtig

Literaturhinweise

1. Dirks/Der Krieg der Generäle, Berlin, Propyläen 1999

2. Die Wehrmacht/Mythos und Realität, Hrsg. Rolf-Dieter Müller & Hans-Erich Volkmann, München, Oldenbourg 1999

3. Hartmann/Halder, Hitlers Generalstabschef, Paderborn 1991

4. Victor Klemperer/ Ich will Zeugnis ablegen bis zum Letzten Berlin 1995

5. privat: Kriegstagebuch von Oberst Schulze

6. BA-Ma (Bundesarchiv-Militärarchiv Freiburg:

    RH/26/134/122

    RH/26/203/2

    RH/26/134/13

    RH/26/203/1